民主与建设出版社，2018

书在版编目（CIP）数据

日利亚的风俗与文化 /（尼日利亚）托因·法罗拉著；
之等译 . —北京：民主与建设出版社，2018.12
名原文：Culture and Customs of Nigeria
BN 978-7-5139-2380-4

. ①尼…　Ⅱ . ①托…　②方…　Ⅲ . ①尼日利亚—概
　Ⅳ . ① K943.7

中国版本图书馆 CIP 数据核字（2018）第 276535 号

版权登记号：01-2018-9039

尼日利亚的风俗与文化
NIRILIYA DE FENGSU YU WENHUA

出 版 人　李声笑
著　　者　（尼日利亚）托因·法罗拉
责任编辑　刘　芳
封面设计　逸品书装
出版发行　民主与建设出版社有限责任公司
电　　话　（010）59417747　59419778
社　　址　北京市海淀区西三环中路 10 号望海楼 E 座 7 层
邮　　编　100142
印　　刷　北京文昌阁彩色印刷有限责任公司
版　　次　2018 年 12 月第 1 版
印　　次　2018 年 12 月第 1 次印刷
开　　本　880 毫米 ×1230 毫米　　1/32
印　　张　9.5
字　　数　205 千字
书　　号　ISBN 978-7-5139-2380-4
定　　价　48.00 元

注：如有印、装质量问题，请与出版社联系。

非洲译丛

"十二五"国家重点出版物出版规划项目

尼日利亚的风俗与文化

[尼日利亚] 托因·法罗拉　著

方　之　等译

民主与建设出版社
·北京·

出版说明

中国与非洲相距遥远，但自古以来，两地人民就有了从间接到直接、从稀疏到紧密的联系，这种联系增进了两地人民的沟通与了解，为两地的发展不断发挥着作用。特别是 20 世纪中叶以来，因为共同的命运，中国和非洲都走上了反殖民主义革命与争取民族独立的道路，中非之间相互同情、相互支持，结下了深厚的友谊。迈入新世纪以来，随着我国经济的发展，中非经贸关系日益深入，及时了解非洲的政治、经济、法律、文化的情况当然也就具有十分重要的现实意义。

有感于此，我社组织翻译出版这套《非洲译丛》，所收书目比较全面地反映了非洲大陆的政经概貌以及过去我们很少涉及的一些重要国家的情况，涵盖多个语种，具有较强的系统性和学术性，意在填补我国对非洲研究的空白，对于相关学术单位和社会各界了解非洲，开展对非洲的研究与合作有所帮助。

译丛由北京大学、中央财经大学、浙江师范大学、湘潭大学等国内非洲研究的重镇以及国家开发银行、中非基金等单位组织，由非洲研究专家学者遴选近期国外有关非洲的政治、经济、法律等方面有较大影响、学术水准较高的论著，汇为一编，涵盖政治、经济、法律等七个方面的内容，共约 100 种图书。

对于出版大型丛书，我社经验颇乏，工作中肯定存在着一些不足，期待社会各界鼎力支持，共襄盛举，以期为中非合作做出贡献。

民主与建设出版社

2014 年 8 月

目录

前　言

　　地区性大国——尼日利亚，是非洲面积最大、最重要的国家之一。它有丰富的传统和习俗，既蕴藏于原住民中，又可见于现代。本书分析了尼日利亚的文化，关注了能界定该国及其人民身份的各个方面，还包括尼日利亚的社会及其制度的独特性和新一代受教育者的生活方式。

　　尼日利亚文化绚丽多姿。民族部落和语言众多，各种传统活动的细节和侧重迥异。伊斯兰教和基督教的传播对尼日利亚社会的影响颇深。被殖民和与西方国家的交流改变了土著原有的体系。本书展现了尼日利亚文化的多样性和全面性。尼日利亚的部落有 250 多个，要一一呈现他们的风俗和传统实在是不现实，除非做一个大百科项目。当然本书已挑选出尼日利亚文化最广泛和突出的代表进行分析。主要方面则通过既定部落的具体事例来说明。为了让不熟悉尼日利亚的读者更易读懂本书，笔者将事例限定在几个少数民族部落。这几个少数民族部落能广泛代表尼日利亚人民及其思想。此法无意轻视任何部落，只是囿于篇幅有限，需考虑到对尼日利亚一无所知的读者的需求。

致　谢

　　编撰非洲系列的想法，并非出自鄙人。我只是受格林伍德出版社之邀，成为本系列书的编辑并撰写尼日利亚卷。我十分高兴，首先，感谢出版方给我这个机会。我与编辑邓文迪·斯齐纳弗女士合作融洽。我们对本系列书撰写的统一格式及其需要邀请的学者名单毫无异议。

　　其次，我要感谢那些在初始阶段与我讨论项目，帮我阅读草案的人：丽贝卡·加梅西、曼努埃尔·卡拉汉和维克·巴尔。感谢给我帮助的各位尼日利亚学者、教授：威尔逊·欧格博姆、欧叶卡·欧沃姆叶拉、弗里克斯·艾克齐、格洛丽亚·曲库、巴西·欧叶巴德和埃里克萨·哈尔内特·西弗斯。还要感谢欧荷尔，稿件交送出版社前，是他帮我审读了终稿。如果未来的读者也和他们一样喜爱本书，本人会倍感满足，夫复何求。

　　本书在写作过程中因本人下背部问题而中断，但并未因此放弃。剧痛来袭时，我需要的不是身体管理训练，而是强大的精神力量，以支撑我赶在腰部崩溃前完成本书工作。感谢各位关心我健康的朋友们；感谢妻子欧拉比斯照顾我，打理许多差事；感谢孩子们给我安静的工作环境；感谢欧卢索拉从尼日利亚寄来大量的资料；感谢众位朋友，丰富了我的社会生活。感谢托因·阿基德勒和他的妻子莎拉。夫妻俩一直都很照顾我的家人。万分感谢德克萨斯大学奥斯汀分校的托因·法罗拉，罗切斯特大学出版社的蒂姆·马迪根和路易丝·戈德堡，三人今年为我准备了生日大礼和生日祝福。

大事记

公元前 12000 年　出土了许多石器时代文物，可见尼日利亚的许多土著部落历史悠久。

公元前 500 年　铁器文明崛起。诺克（位于尼日利亚贝努埃高原）是铁器时代的中心之一。农业技术变革，农业、城市化和聚居点因此深受影响。

公元 200 年　金属时代的文物愈加丰富，标志着城市和村庄的兴盛。

公元 1000~1500 年　贝宁、奥约、豪萨、卡内姆—博尔努等国建立。

1530 年　基督教传入贝宁，但基督教在一段时间后才在该国扎根。

1450~1850 年　因奴隶贸易，与欧洲和新大陆（美洲大陆）往来，人民群众深受影响。

1804 年　尼日利亚北部发生伊斯兰革命，成就了一位大索科托（尼日利亚西北部城市）哈里发，伊斯兰教扩张。

1842 年　基督教传播步入正轨。新精英涌现，基督教和伊斯兰教成为该国两大主要宗教。

1861 年　英国在拉各斯建立领事馆，开启了殖民尼日利亚的征程。

1886 年　成立皇家尼日尔公司，获得允许进入尼日尔盆地及其周边地区进行贸易的特权。同年，签署了和平条约，结束了与西南部约鲁巴人旷日持久的战争。

1892 年　英国袭击了伊杰布人（约鲁巴族的一支）

1893 年　约鲁巴人保护国成立。

1897 年　正式使用"尼日利亚"为国名。

1900 年　在尼日利亚北部建立保护国。

1902～1903 年　阿洛探险，英国征服尼日利亚东部计划的一部分。

1914 年　南北保护国的合并。

1929 年　阿坝（尼日利亚东部）女性反对殖民地税收和其他不公正行为。

1936 年　"尼日利亚青年运动"成立，该政治组织曾领导并发起过许多重大改革。

1946 年　《理查兹宪法》的颁布，设立了中央立法机构和三个地区议会。这标志着宪法改革的开始，促进了国家的独立。许多民族主义者并不满意该宪法。随后几年，民族主义者不断抗议，修订了宪法。1951 年才最终接纳联邦法律。

1948 年　第一所大学成立于伊巴丹。

1954 年　引入政府联邦系统。

1957 年　尼日利亚东部和西部宣布区域自治——权力由英国人手中转移到尼日利亚人的重大转折点。

1959 年　北方地区自治。

1960 年　10 月 1 日，尼日利亚从英国独立出来。

1963 年　宣布成立共和国，尼日利亚人取代女王并成为国家首领代表。

1966 年 1~7 月　第一次军事政变结束第一共和国。不久之后，政治更加动荡。

1966~1975 年　雅库布高文将军政府主持经济战争，促使尼日利亚经济迅速发展。

1967 年　7 月 3 日，尼日利亚内战开始。

1967 年　成立 12 个州，取代原有的四区划分方式。但由于各部落都看到迅速发展的契机，可通过联邦政府分拨财政获得好处，他们要求划分出更多的行政州。

1970 年　1 月 13 日内战结束。尼日利亚开始和解和重建工作，部分财政收入源于石油。东部正重建复苏时，许多部落仍在要求脱离联邦，战时的不公正问题依然悬而未决。

1973 年　石油输出国组织（OPEC）油价上升促进了尼日利亚经济的繁荣和发展。开发项目流于浮夸。

1975~1979 年　穆尔塔拉·穆罕默德和奥巴桑乔将军的军事政权进行了政治体制改革，影响深远。首次将权力移交给平民。

1979~1983 年　第二共和国，总统沙加里无力在众政客中创立新规。在一场军事政变中结束统治。

1983~1985 年　穆罕默德·布哈里将军军队规定严苛、调查政治腐败、整治经济衰败。1982 年 4 月 1 日实施"紧缩措施"，但对该国经济发展作用甚微。

1985~1993 年　易普拉辛·巴班吉达将军统治尼日利

亚，经济和政治治理都未能成功。统治政权实施"结构性调整项目"。此项经济政策，致大部分民众生活困难。

1991 年　全国人口普查，总人口8 850万人，为后续人口增长打下基础。

1993 年　总统选举中，阿比奥拉获胜。但 6 月 12 日被撤销。自此，国家陷入长期危机中。短期临时政府，由熊内岗（E. Shonekan）首领领导。在此期间，国家混乱，政府公信力极弱。

1993～1998 年　1998 年 6 月 8 日，阿巴查独裁将军去世。此时尼日利亚满目疮痍，反动势力已被镇压下去。

1998～1999 年　阿布巴卡将军掌权，军事统治时期的第八位掌权将军。1999 年 5 月，领导尼日利亚成功过渡为民主国家。

1999 年 5 月　平民政权，奥巴桑乔任总统。经济和政治缓慢复苏。

1 导　言

老蘑菇腐烂了

春来再生

但蘑菇部落一直都在

——阿基卡

（一位尼日利亚的记录者）

尼日利亚联邦共和国是非洲人口最多、最知名的发展中国家之一。它是西非面积最大的国家，总面积356 669平方米，总人口超过 1 亿，每年以 2.96% 的速度增长，出生率和死亡率一样高。首都为内陆城市阿布贾。前首都拉各斯，坐落在西南海岸，目前仍旧具有举足轻重的地位，是尼日利亚的重要港口及金融商业中心。尼日利亚的文化思想和机构与该国地理条件一样丰富多彩。

19 世纪上半叶至 20 世纪头十年，英国政府将数以百计的土著国家合成一体而为尼日利亚。1914 年，尼日利亚北部和南部保护国合并，形成了现代尼日利亚。1960 年 10 月 1 日，英国统治结束，尼日利亚独立。三年后，尼日利亚成为共和国。自此，国家长时间无缘民主，军事政权大行其道。1966年1月15日第一共和国完结。随后，军阀统治了13年。1979年到1983年，为第二共和国。之后，又是很长一段时间的军事统治。1999年5月，民主政府取代了军事政权。尼日利亚历经了几十年的政治经济危机后，迎来了新的曙光。

土　地

尼日利亚南部边界至几内亚湾，北接尼日尔共和国，东接乍得和喀麦隆，西接贝宁。尼日利亚地形多样，北部以平原为主，南部以低地为主，中央地带为高原和丘陵。气候变化多种多样，纵向从干旱地带跨到赤道地区。

总体而言，尼日利亚为热带地区气候，雨季和旱季交替。雨季时长由北向南增加。在南方，雨季是从3月到11月，8月为旱季。在北方，雨季只从5月延续到9月。在北方，每年降雨量大概20英寸，而南方降雨量大约有120英寸。北方气候干燥，西部和北部则为湿润和干旱草原气候；西南部气候湿润，会有大暴雨。

尼日利亚至少有七大地形区：东部边境沿线为山地；东北部是乍得盆地；几个地区都点缀着些岛山景观；尼日尔河、贝努埃河和贡戈拉河构成了主要的河流冲积低地；海岸线主要是泻湖和水湾；东南部是尼日尔三角洲；三角洲、小溪和泻湖北部则是海岸平原。海岸带、乍得湖和贝努埃河（尼日尔河的最大支流）三大流域是主要的排水区。

土壤分为四类。最肥沃也最常见的是含铁土，即棕土与红土。较为少见的是铁铝土（即红壤或红黄色土壤），主要分布在层积岩形成较早的地区。海岸沿线，层积岩形成时间较晚，主要是水成土（即沙土，形成于极度湿润的地区）。北部地区干旱，由于土质疏松，风力堆积，主要是粗骨土和棕壤。沿海地区，大雨冲刷导致土壤肥力流失。

受气候影响，植被分布主要分为三类。在尼日尔三角洲和沿海一带，植被主要为淡水湿地和红树林。该国的石油资源主要集中在尼日尔三角洲，从沿岸沼泽地到内陆雨林地带只有几英里。19 世纪以来，人们在雨林中大规模种植棕榈树、可可和橡胶树。北部森林地带是热带草原和稀树大草原。广袤的土地上覆盖着矮草和灌木。

不同地区的植被种类不同，决定了不同的居住方式。在尼日利亚东南部，伊比比奥族聚居的地区，人口居住密度最大。其次是西南约鲁巴族的地区。在北方，人口主要集中在索科托州、卡齐纳州和卡诺地区。东部的跨河地区、乍得湖盆地和中间带，人烟最稀少。有些地区人口密度高，出现了食物短缺的问题。在卡齐纳州和索科托州地区，土地贫瘠，食物产出少。在东部的伊博，土壤肥力因侵蚀而降低。许多人被迫移居到其他地方。

南部有许多村庄和城市，人们以务农、手工业和渔业为生。但是，在过去的几百年中，该国经济一直都在朝现代矿业和制造业转型。借助早期西方教育，其他产业顺利发展，以及尼日尔三角洲的石油在南部许多地区迅速发展，人口快速增加。

虽然中间地带的土地面积占了本国的 2/5，但其人口不像

4

3

南方或北方那样稠密。这里是少数民族的集中地。由于国家的成立和各州首府的迅速发展，该地已经焕然一新，如阿布贾、乔斯和联邦首都直辖区。

北部地区是豪萨族、富拉尼族、卡努里族和众少数民族聚居地。除了农业，畜牧业也发达。

人 民

尼日利亚是一个多民族国家，一共约有 250 多个少数民族和语言，每一个民族都有自己鲜明的特征。同一个民族的人使用同一种语言或者同一种方言。他们有着共同的民族，有着共同的祖先。例如，中间带的努佩人认为自己是"梭德的后裔，"而约鲁巴人就认为"欧德瓦"是他们的始祖。此外，一个民族的身份认同根源于其习俗和各方面的传统，如饮食习惯、服装形式和各类仪式等。在沦为殖民地之前（直到 19 世纪晚期），大多数民族已经有了自己的政治自治（除了少部分附属于大国的民族）。一个少数民族的不同分支通常居住在农村或城镇。其中，成就非凡的分支则建立自己的帝国，比如豪萨族建立了许多国家，北方的卡努里帝国，南方埃多族建立的贝宁帝国，以及约鲁巴族在西南地区建立了许多帝国。一个民族有自己的领土，根据历史先祖最早的栖息地来宣布领土权。20 世纪之前，领土不可买卖，领土权集体所有。陌生人若要在此居住，则需借宿在族人家里或获赠土地才可。土地商品化始于 20 世纪初，允许人们在不同城市购地。

人数最多的少数民族有豪萨族、富拉尼族、约鲁巴族和伊

5

博族，还有分布在各个民族内部的尼日利亚政客们，他们将永无休止地为联邦权力统一艰难奋战。豪萨族和富拉尼族生活在北方。陌生人很难分清二者的区别，这两个民族已经杂居了几个世纪。自19世纪早期的伊斯兰革命以来，富拉尼人就主导了当地政府机构。他们说富拉语，而且生活在农村的人崇尚田园主义。豪萨族人讲豪萨语，主要居住在城市。由于大部分是商人和流动工人，他们经常在几个城市间流转。

西南部的约鲁巴人是第二大民族。主要居住在城市。约鲁巴语分为多种方言。他们将欧杜瓦奉为先祖，圣城伊费是祖先最早的居所。他们建立了许多国家，每个国家都有一位奥巴（国王）。奥巴与城市内各家族代表组成的议会共同管理国家。

大多数伊博人都住在东南部，小部分住在西部的伊博人与西南部的埃多族人居住地临近。传统的伊博人分散居住，以务农聚居点为主，掌握最高政治权的人则居住在城镇。由于家族有许多首脑和其他长老，权力也较为分散。伊博人和约鲁巴人一样，20世纪受益于西方教育，现代职场中几乎随处可见伊博族人。1967年，他们脱离原来的国家，成立比夫拉国，但内战之后又并入尼日利亚。

尼日利亚近1/3的人口属于少数民族，分散在全国各地，比如居住在中间地带的迪夫族、努佩族、朱昆族和伊加拉族；居住在南部的伊乔族、伊赛克族、乌尔霍博族和伊比比奥族。这些民族有他们自己的风俗、文化和政治组织。

大多数尼日利亚人（大约70%）生活的村庄分为两种类型。一种类型是村庄，各少数民族聚居，比如中间地带的迪夫族和伊博族。再比如在卡努里人、约鲁巴人和豪萨人居住的村

6

庄，各民族以家庭为单位集中居住①（nucleated settlement）。各个家庭由一个男人（一家之主），他的妻妾、孩子，还有其他亲戚构成。一个村子里居住的人共享一个祖先，也会接纳一些外地人和租客。村子的首领一般由长者，有时是年纪最大的男性担任。他有权力裁决村子的事务，保障集体的凝聚力。

另一种类型，在中间带北部的热带草原地区，当地典型的农村住房就是泥土建造的圆形建筑，屋顶为茅草结构。在气候更干燥的地方，屋顶部就是泥土的平顶。在森林里，房子是长方形，土墙和屋顶由草垫铺就。沿海的房子由竹子制成，屋顶是用竹叶或拉菲亚树叶铺成的。在富裕地区，屋顶是用波纹铁皮制成。随着时间的推移，屋顶的颜色从灰色变成尘土色。在城市地区，建筑物非常现代，不仅可看出当地的创新发展，也可以看出城市深受世界其他地区的影响。

文化和习俗反映了人们的创造力，他们对环境的适应力，以及外部世界对他们的影响。在前殖民时代，北方人倾向于通过北非和中东的联系，开展跨撒哈拉沙漠贸易。通过这一贸易，伊斯兰和阿拉伯语言及其文化渗透到该地区。南方人则从15世纪开始，遭受灾难性的跨大西洋奴隶贸易的影响，深受欧洲影响。伊斯兰和基督教是该国两大主要的宗教信仰。穆斯林接近人口总数的50%，主要集中在北部和西南部。基督教徒人数约为总人数的40%，主要集中在南部和中间带地区。

---

① 集中居住（nucleated settlement）：指的是村庄人口以教堂、广场等场所为核心集中居住。该词区别于分散居住（dispersed settlement）和线形居住（linear settlement）。

伊斯兰教和基督教的传教士和宗教领导人相互竞争，争取更多的皈依者；而且他们都想要用宗教干涉政治的方法获得支持。20 世纪 80 年代以来，两大宗教之间的竞争导致了许多冲突。在主要的冲突发生地，宗教场所被烧毁，成百上千的人白白丧命。

在尼日利亚，传统的本土宗教所占的人数比虽然很小，但是他们仍然在祭拜自己信仰的最高神和其他诸神、女神、鬼灵，他们也会敬拜祖先。

语 言

尼日利亚的官方语言是英语，虽然教育体系也鼓励大家学习法语，促进与周边法语邻居和法国的沟通交流。英语和法语都与正式的教育体系和经济部门有关联。英语的广泛使用也得益于电子和印刷媒体。洋泾浜（英语和当地语言的混杂体）的传播非常广，城市尤其如此。因为洋泾浜语言简单易学，非常富有创造力，也成功促进流行文化的创新发展。目前，绝大多数人都使用母语，其中使用范围最广泛的民族语言是约鲁巴语、伊博语、豪萨语和富拉尼语。这些语言都得到官方认可，在州立法议会上通过。在所有的土著语言中，豪萨语是使用最广泛的语言。一部分原因是，豪萨语成功地将自己的范围扩展到北方。豪萨语的传递有赖于豪萨族的生意人四处活动。豪萨人渐渐进入北方政治阶层，使得豪萨语成为该地的主要沟通语言之一。尽管豪萨语占有这些优势，其他的民族的人，尤其是约鲁巴人和伊博人拒绝接受将豪萨语列为国家的官方语言，也不同意将国家官方语言替换为英语。他们害怕北方因此而称霸全国。

教　育

政府各级部门都要为教育系统提供财政支持。地方政府管理许多中小学，州和联邦政府则负责大学高等教育。国家允许开办小学和中学私立学校（兼含普通私立学校和宗教私立学校）。人们对免费教育的需求巨大，约 1500 万小学生在上小学，每个州至少有一所大学。伊巴丹大学、伊费大学、尼苏卡大学和扎里亚大学等都蜚声国际。

但是 20 世纪 20 年代的经济危机，降低了大学教育和科研的能力。高校工作人员减少，设备老旧匮乏，福利服务也差。第一代现代精英人才就是高等学校的产物，想要进一步深造的人则出国接受更高等的教育。但是，独立以后，国家开始培养自己的受教育阶层。这个阶层的数量非常庞大，待业人数也非常庞大。

城　市

不是所有的族群都居住在农村。传统上，海边的比尼人、约鲁巴人、卡努里人和豪萨人已经在城市定居。卡拉巴（Calabar）、溪镇（Creek Town）、布拉斯（Brass）、布古马（Buguma）、奥克里卡（Okrika）、邦尼（Bonny）和奥波博镇（Opobo Town）等沿海城市都是贸易发展的产物，其中包括国内贸易和与欧洲的国际贸易。这些曾经都是国际化大都市，有赖于棕榈油贸易生存。20 世纪，少数几个城市不同程度上得益于石油勘探。北方的城市最为古老，他们的建立有赖于农业发展时期积累的财富和跨撒哈拉沙漠贸易的发展。直到现在，这些北方城市仍在继续发展。约鲁巴人比其他族群坐拥更多的城市，是非洲城市化程度最高的族群。许多约鲁巴城市都很古老，比如建于几百年前的伊费和伊萨，建于 19 世纪的伊巴丹和阿贝奥库塔。

由于经济的扩张，新的行政中心的出现和交通系统的发展，新兴城市在 20 世纪出现，老城市也不断发展。卡杜纳成长为北方的新首都；拉各斯（尼日利亚的首都）扩张为一个工业和商贸城市；东部的埃努古得益于当地煤矿和铁路，成为区域行政中心。虽然卡诺等工业城市也扩张了，但是最大的城市是拉各斯。

城市化和交通网络的升级使得文化融合在所有城市中展开。这些文化融合既包括尼日利亚人内部的文化融合，又有尼日利亚和欧洲、黎巴嫩及印度等外国文化的融合。随着越来越多的人从农村迁移到城市，人口迁移一直都是国家人口统计的一个重要方面。20 世纪上半叶，可可和花生等农作物出口非常成功，许多人从东部和中间带迁移到西南部和北部。大量的伊比比奥人和伊博人迁移到拉各斯；许多南方人迁移到北方做生意、找工作；许多北方的季节性劳工和小规模企业也搬到南方。20 世纪 70 年代，尼日利亚活力四射的经济也吸引了其他西非国家的人到尼日利亚。虽然，尼日利亚在 1982 年和 1983 年因为经济下滑而驱逐了 100 万人口。

城市管理困难重重，排水问题、污水处理问题、水资源短缺、过度拥挤。医疗服务有待提高，以应对水传播的疾病和疟疾。无论在城市还是农村，饮用水资源都匮乏，绝大部分可用资源已被污染。个人区私人诊所就医所需的额外费用，是应该由政府和私人企业肩起的责任。20 世纪 70 年代以前，大多数医疗设施都隶属于军队，南方尤为如此。罗马天主教徒掌握了大量的医院和诊所。如今，大部分医院的财政由政府供给，但是医疗服务严重不足。

资源、职业和经济

尼日利亚拥有丰富的农业和矿产资源。大多数地区都可用于农业和畜牧业，但是在东南部部分地区以及索科、卡诺和卡齐纳州周边一些地区，土地资源短缺。尼日利亚的自然资源包括沼泽森林（大约 4%）、热带雨林（20%）和草原林地（75%）。燃料来源依赖木柴和木炭，农业体系中的燃烧灌木，破坏了这些地区的自然环境。

丰富的天然气和太阳能还尚未充分开发利用。电能主要来自三大水坝。如果有效使用水电站，就可以获得充分的电能。可用矿产资源有石灰石、煤、铅、锡、铌铁矿、铁、锌、原油和天然气。油，主要来自尼日尔三角洲地区，是国家税收的重要来源。天然气是石油的副产品，现在主要开发用来出售。

石油工业是主要的经济部门。石油生产始于 1958 年，已经成为 GDP（国内生产总值）的核心组成部分，占出口总额的 96%。因此，尼日利亚有几个炼油厂和一系列与石油相关的职业。采矿活动，挖掘锡、铌铁矿和煤炭。制造业是另一个重要的部门，包括哈科特港和卡杜纳的石化产业，造纸和纸浆业，雄心勃勃的炼钢业，各种啤酒厂，以及水泥、纺织、饮料和香烟等其他工厂。制造业主要集中在少数城市，促进了城市化的发展。许多工厂都依赖技术和一些原料进口，他们发展所受的限制也较多。

10

传统的职业受环境和地点的影响。生活在重要河流以及沿海的族群则发展捕鱼业，其他的族群则主要从事农业生产。能够支撑农业发展的地区见证了居住点的扩张和人口的增长。大部分农民经营小农场，使用锄头、镰刀等手工工具为市场提供粮食作物、经济作物和工艺品产品生产。

主要经济作物有棉花、花生、可可、橡胶、棕榈油，这些都是卖给当地的工厂和国外市场。不同的地区粮食作物不同——在北方，粮食作物主要是豆类和谷物（玉米、豇豆、小米和高粱）；在南方，主要是根块植物（木薯、山药和芋头）。农民只饲养少量的动物供日常食用和社会活动。游牧民族富拉尼人在畜牧生产（牛）方面最为成功。乍得湖附近，以及生活在尼日尔河和贝努埃河等主要河干附近，以及海边的人从事渔业。牛和鱼是两大主要销往全国各地的商品。直到20世纪，尽管一些地方偶发饥荒，但全国的食品生产充足。农业生产社区组织完善，他们用税收和其他方式支持各种政治机构。文化的许多方面最初是为了服务于农业社区的需求。今天，农民不再是一项尊贵的职业；小农所获的物质回报也很小，让人很失望，当时年轻人抛弃了农村。

在其他国家，你可以看到许多尼日利亚移民劳工。20世纪70年代前，成千上万的人迁移到塞拉利昂、喀麦隆、贝宁共和国、加蓬和赤道几内亚。许多人在1967年被驱逐出喀麦隆，在1969年驱逐出加纳。20世纪70年代，由于石油产业繁荣，尼日利亚外出劳工移民数量减少。但自20世纪80年代以来，随着经济的下滑，尼日利亚向外输出劳工数量又增加。尼日利亚人到其他国家寻找就业机会。成千上万的尼日利亚人生活在美国和供职于大部分经济部门。尽管如此，你也可以在尼日利亚看到其他国家的公民，从事矿业和进出口贸易等。

传统和现代经济仍旧在尼日利亚共存。大多数农民依赖于家庭劳动力，将个人消费和赠送后的盈余的农产品放到市场上出售。有许多传统矿业和制造业，主要生产工具、肥皂、纺织、陶瓷，以及皮革和木头制品。

虽然现代经济和市场继续发展壮大，但是银行、货币和证券交易所发展有限。奈拉，尼日利亚货币，是强有力的区域性货币。到1980年代中期，开始严重贬值。经济主要掌握在各类政府手上（包括联邦政府和州政府），他们雇用了大部分的工资劳工。发起和实施发展计划也都由政府主持。政府统一给各类经济、社会和福利部分发放资金。[1] 公共财政很大程度上有赖于石油税收，以及公司的版税和税收。联合政府收入了大部分税收，再分发给各州和联邦政府各部门。绝大多数的州不能自负盈亏确保政府的运营，因此只能依靠联邦政府。石油价格一降，其影响立竿见影。州政府所受影响尤为如此，出现入不敷出的状况。

非政府部分经济则发展得绚丽多姿，实力强大。大多数尼日利亚人都是自由职业者，组织成许多小企业提供各种服务，例如，美容、唱歌、设备维修、各种家居用品的生产。这一部分经济发展得十分成功，为科技快速发展和工业进步奠定了基础。

　　贸易是经济的一部分。国内贸易遵循传统的由南向北和由北向南，以及从农村到城市的贸易方向。货物从一个生态区域移动到另一个区域。商人们将牛、洋葱和豆类从北边输送到南边；将可乐果、木薯和大蕉从南方运到北方；将山药从中间带运送到其他地区。这些商品都是在开放的传统市场中进行交易，还有许多小商店售卖各种进口物品。通过国际贸易，尼日利亚从欧洲、日本、印度、中国和美国进口了许多商品，特别是汽车、工具、原材料和奢侈品。每年进口商品约价值 80 亿美元。出口商品每年价值约 150 亿美元，包括原油、锡、橡胶、棉花、花生和可可。

　　交通系统满足了贸易移动和人口迁移的需求。货物的运输模式是从北到南，从东到西，达到不同的港口和城市。联邦政府维护主干公路，以将所有的城市与重要的拉各斯港口相连。种植经济作物地区的道路系统比其他地区更完备。尼日利亚的铁路建造得非常早。本质上是殖民政府方便将货物转移到港口，但是铁路却成为了人口、思想和文化迁移的伟大工具。尼日利亚的铁路系统自建成之日起就没有过太多改变：两条单向铁路线，一个从拉各斯到卡诺（分支线路很少）和另一条从哈科特港到迈杜古里。铁路线路扩张正在计划中。20 世纪 60 年代以来。由于运行速度缓慢，效率低下，舒适度低，铁路的重要地位被公路取代。在雨季通航时，尼日尔河和贝努埃河等主要河流用于移动货物和人。位于哈科特港和拉贡斯港的两大

12

重要港口，以及卡拉巴和瓦里的小港口，都由尼日利亚港口管理局管理。重要的机场则提供国际和国内航班服务。

总的来说，经济发展速度并不如尼日利亚人设想得那么快，他们的生活水平还是较低。殖民时期，经济现代化开始得非常缓慢。人们所获收益甚微，大部分利润都用于海外投资。1945 年到 1960 年去殖民化时期，尼日利亚人最为乐观，他们渴望国家的巨变和飞速发展。然而，失望接踵而至。20 世纪 70 年代，他们再次重燃信心，国家因石油而富有起来。尼日利亚的建筑工程、交通、城市化、福利和劳动力扩张发生了巨大变化。为了将经济实力转移到尼日利亚，政府在 1972 年和 1977 年制定了本土化法令，让尼日利亚人在商贸企业中有更大的参与度。然而，只有少数尼日利亚人在这一活动中变富，本土化参与并没有促进工业化的深入。由于 20 世纪 80 年代和 90 年代的经济灾难，尼日利亚经济繁荣期非常短暂，当前经济指标显示，尼日利亚社会已经落入困境。农业是经济的中流砥柱，几个世纪以来遭受了几次重大挫折。到 20 世纪 70 年代中期，尼日利亚无法养活自己，甚至要进口本国无法保障供给的商品。尼日利亚的货币，奈拉，贬值严重；通货膨胀率达到 15%，人均收入和国民生产总值的比是 1300 美元/1327 亿美元；国内生产总值增长率是 3.3%，外汇储备和收入下降，国内和外部债务增加。

尼日利亚经济变成了依赖一项主要来源：石油收入。20 世纪上半叶，尼日利亚经济依赖于农业。该改变发生在 20 世纪 70 年代，国家从石油中获得巨额收入。这是一把双刃剑。尼日利亚变成了一个靠收租度日的国家，依赖于石油公司带来的收入；公共支出扩大，腐败滋长，诞生了一个百万富翁阶层；政治阶层热衷于争夺石油收入，积极投身于权力争斗中，而穷人则生活更加艰辛，无公正可靠。一小部分坐拥巨大财富的人拥有极大的特权；这既构成了国家经济和文化阶层，也是消费习惯和生活方式的分别。

尼日利亚欢迎外国投资者，向他们提供慷慨的税收优惠和收益汇出机会。此外，为了让公有企业运行更有效，尼日利亚政府将其私有化。尽管存在种种问题，但尼日利亚是非洲第二大经济体，仅次于南非。

政　府

尼日利亚目前是在由总统领导的民主政府的统治之下。有一个类似于美国的联邦系统。在联邦共和国宪法中，联邦政府、各州政府和当地政府的职权都有明确界定。自 1988 年以来，地方政府独立于州政府，由联邦政府提供补贴。各州由州长主持，有自己的立法机关和行政机关。

联邦政府拥有的权力更大，收入更多。宪法赋予总统作为国家元首兼首席执行官的权力。总统是由人民选举产生，可以连任两期，每期四年。国民议会由参议院和众议院构成。宪法还建立了尼日利亚警察机关，督察长（警察机关的首长）由总统任命。

法律系统认识到尼日利亚是多种文化遗产的混合——本土文化遗产、殖民文化遗产和伊斯兰文化遗产。许多民族地区有自己的传统法律，由当地族长执行。穆斯林地区有伊斯兰法律，由训练有素的法官在法庭上主持。尼日利亚的成文法是从英国殖民系统中脱离出来的，已经是尼日利亚宪法的组成部分，广泛应用于各类法庭。

政府一直都很不稳定。军队经常利用公民政府的失误，发动政变。一旦掌权，军队长官就会维系他们的权威。政府不稳定的主要原因是，凡是在政府服务的人都可从中获得财富。权力被滥用于盗取钱财，被用来分发给同僚、朋友、亲戚和民族成员以谋取支持，被用来获得某些选区的选票。这种政治文化一直都在阻碍尼日利亚的发展。

历　史

早期历史

尼日利亚的不少民族史可以追溯到石器时代。现已在东部的乌克屋（Ukwu）、西部的伊费和中间带的诺克（Nok）等地发现许多关于原住民的确凿有力的证据。约鲁巴语、埃多语、伊乔语、格瓦里语（Gwari）、努佩语和伊博语等语言已经使用了2000多年。由此可以看出尼日利亚悠久古老的文化。在尼日利亚西南部的伊沃俄勒鲁（Iwo Eleru）发现了最古老的骸髅骨，时间可追溯到公元前9000年。文物证据显示公元前500年到公元200年间，诺克（位于中间带的约斯附近）就已经存在村落。诺克是铁器时代的文化；诺克人圈养动物，种植作物，拥有绚丽的发型。诺克并不是一个孤立的族群，他的铁器文化覆盖了大高原地区，一直向南延伸到贝努埃河，影响了国家其他地区的发展。

在东部，伊博乌克屋出土的铜器则证实该地早在公元前就已经存在人类社会。当时的工艺品不仅展现出惊人的艺术价值，也给我们传递了许多有关尼日利亚与邻国和远在撒哈拉和威尼斯的人的贸易往来信息。从考古发现的教皇墓室可以看出尼日利亚曾经存在过强大的统治者。

基于贸易、寻找沃土、抗击敌对邻居、内部联姻，以及通过外交巩固政治关系的需要，移民模式和人口移动发展得非常早。早期的许多社区，随后扩展为城镇、城市和王国。这些地区的发展环境都很相似。有了肥沃的土壤，才有农业和相关产业；有了本土资源，才能够生产重要的工具和商品；有了铁矿，才有武器；有了贸易网络，才能够分享剩余产品，集中投放到区域市场；有了大量人口，才有充足的男丁服兵役；人们才能充分地利用社会发展的机会。

王国和城邦

在前殖民时期，尼日利亚的生态区域各处分布了许多王国和城邦。东南部是伊乔族的城邦，比如嫩贝（Nembe）、艾勒卡拉巴里（Elem Kalabari）、邦尼和奥克里卡。西南部是强大的贝宁王国和欧和王国，以及几个约鲁巴人城邦。位于中间地带的是努佩王国和伊加拉王国。在北方，你可以找到卡内姆—博尔努帝国和许多豪萨城邦，而且在 19 世纪还有索科托哈里发帝国。

王国和城邦有很多共同点。他们都只是领土单位，由国王或者行政官员掌权。国王和城邦首领拥有的权力太大。他们可

15

以为上万人制定法律，利用国家安全机构逮捕和起诉违法者，同时还具备征税、纳贡、收礼等职权。他们利用军队建立王国，巩固权力。宗教和仪式则服务于将国王的权力合法化，团结人民。

无论城市面积大小，他们都必须建立在农业和贸易的基础上。人民有食能果腹，贸易为统治者带来物品和财富。大多数城镇和村庄都已被纳入国际和地区贸易网络中。北部地区，则是跨撒哈拉贸易区的一部分；南方地区则是跨大西洋奴隶贸易的一部分。内部的贸易充满活力，远近的人们参加每日或定期市场，相互交换尼日利亚国内外的物品。

由西南部的约鲁巴和贝宁开始，约鲁巴的祖城伊费在 11 世纪已经非常强盛。后来的许多首领和国王都是从伊费迁移出来的，他们成立了许多王国。约鲁巴人不仅萌发了"强大国王（奥巴）"的想法，也发明了一种宗教。这种宗教建立在多神和城市文化的崇拜的基础上。其中的城市文化囊括了宫殿、大社区、富有的商人、歌手、诗人、鼓手和工匠。所有宣称与伊费联合的王国中，奥约与贝宁是其中最大最成功的。奥约帝国充当森林和草原贸易的中间人。17 世纪骑兵的权力范围一直延伸到海岸，到现存的贝宁共和国，到尼日利亚的西部。古老的埃多王国的权力也相当大，它的影响力向东延伸到尼日尔（非洲中西部国家），向西延伸到拉贡斯。在非洲的艺术史上，贝宁的工艺品一直都很卓绝，是王国和君主财富、权力以及名声的象征。

历史文献记载，乍得湖以东的卡内姆—博尔努帝国早在 9 世纪之前就已经存在。早期的贸易往来是与埃及人和尼罗河流域的人建立的。伊斯兰人于 11 世纪来到尼日利亚。卡内姆围绕着湖泊扩张，面积比之前大很多，随后成为了苏丹中部的头号大国。王权也非常大，国王的权力起先来自古老的宗教仪式，随后来自伊斯兰教。

卡内姆—博尔努可能对临近的豪萨城邦有过许多正向的影响。豪萨人生活在博尔诺州的西部，位于中间地带，与西部苏丹相接，南侧与森林区相连，内有跨撒哈拉沙漠抵马格里布的贸易路线。这几个优势，让豪萨人建立了几个强大的城邦，每个城邦都有一位国王，一个主要的大市场，一个有围墙的首都和一个令人印象深刻的官僚机构。豪萨统治者和卡内姆—博尔努的统治者一样，也接纳了伊斯兰教。但那已经很晚了，要到 14 世纪。十七八世纪，豪萨人的各个城邦参与到彼此的战事中，削弱了自身与卡内姆—博尔努、桑海、朱昆等强大邻国的关系。

19 世纪，富拉尼人学者和改革家奥斯曼·丹·福迪奥成功发动圣战，豪萨城邦和卡内姆—博尔努帝国都因此转型。虽然博尔诺州和豪萨的统治者及首领已经接受伊斯兰教，但是福迪奥仍然在 18 世纪末开始探寻宗教改革。他指责君王无视伊斯兰教法，纵容"异教徒"的活动，不支持伊斯兰教扩张。他传教了 20 年，最终与豪萨国王戈比尔决裂，导致了 1804 年圣战的爆发。人们对福迪奥的响应不仅是自发的，而且范围广泛。索科托出现了一位哈里发，成功地统治了国家。该地区成为尼日利亚历史上最大的领土争议地区。哈里发帝国分为几个酋长国，每个酋长国都有一位埃米尔（穆斯林酋长等的称号），拥有极大的权力。伊斯兰教传播不仅关涉宗教信仰，还

16

与伊斯兰的教育和法律制度配套。圣战对政治的影响延续至今，让北方能够有机会团结在一起结成单一政治团体。

英国的统治

19 世纪，英国与尼日利亚的联系加强了。16 到 18 世纪间，英国商人加入其他的欧洲商人的队伍用枪支和奢侈品交换棕榈油。当然，还有传教士到尼日利亚传播基督教。英国为了保护自己的商业利益，于 1851 年袭击了拉各斯；为了扶持一个支持自己的国王，卷入了他们复杂的政治斗争中。十年以后，拉各斯被吞并，并于 1886 年成为一个独立的殖民地。英国领事在费尔南多阿宝，监管棕榈油贸易。与此同时，各种传教士组织继续活跃在尼日利亚南部。在东方，乔治·陶布曼·戈尔迪在 1886 年为自己的公司赢得了英国特许执照，英国皇家尼日尔公司。这样，他们的贸易控制范围就迁移到北部，索科托哈里发帝国大范围受管控。英国后来宣布要保护拉各斯腹地和石油河流区域。英国在必要的时候就会使用武力，很多地方都接受英方的条款。其实，当地的首领和国王并不知道这些条款意味着什么。1895 年，南部两个受保护国被合并到尼日尔海岸保护国。1900 年，皇家尼日尔公司的特许执照被撤销，铺平了英国建立北尼日利亚保护国的道路。至此，英国在尼日利亚北部和南部都有保护国，并于 1914 年合并。这就是当代尼日利亚，由拉各斯执政机关管辖。

英国政府采取了间接统治和区别统治的方法来管理尼日利亚本地族群，在不同民族地区采取不同的管理办法。尼日利亚间接条例的设计师是罗德·卢加德。他是第一位管理尼日利亚

17

北部的高级专员，也是第一位尼日利亚总督。间接条例于
1903 年在尼日利亚北部开始实施，该条例实施的原则就是地
方权力仍旧像从前一样留在国王和酋长手中；欧洲官员只是监
督各地国王和酋长；当地的习俗可以保留，英国方认为"野
蛮"或者"不宜"的习俗则将取缔。在施行中，间接统治被
称为"本地政府"，国王和酋长地位最高，当地核心官员次
之，财政收入依靠税收，每年都会有经常性和资本性支出表。
他的间接统治体系随后扩展到南方，并且在 1918 年引发了阿
贝奥库塔的暴乱和 1929 年在阿坝的暴乱。这主要是因为条例
要求人民必须纳税，给酋长和国王赋予了额外的权力。间接统
治推行的目的是，减少行政的资金和人员成本。英国政府就不
需要从本国再调任官员到此地管理。

　　尼日利亚发生的变化不仅限于实施了新的政府系统。英国
来此处最主要的目的是剥削尼日利亚的经济——开发经济作
物，开采矿产资源。因此，可可、花生、橡胶、棉花成为了尼
日利亚农业经济的基础。所有这些产品都被船运到欧洲的工
厂。同样，外国公司开采尼日利亚锡和煤炭是为了发展铁路。
黎巴嫩和印度商人来到尼日利亚从事零售贸易。尼日利亚国内
市场扩大，并融入国际市场体系。

　　英国人为了调整尼日利亚的经济，修建了将货物运送到港
口的铁路和公路。新的货币取代了本地货币，为新的经济需求
服务。在新经济中，公共收入依赖于税收，给供职于现代生产
部门的工人支付薪水。他们鼓励经商贸易。在西方的影响下，
一个新的社会产生了。

18

殖民主义和文化

英国统治为尼日利亚的古老习俗的改变和改良创造了环境。它也带来了许多新文化。一般来说，殖民主义总是伴随着文化交流。殖民国的权势促使本国文明更为优越，而被殖民国则会去模仿殖民国机构的代表们。被殖民国可能会吸收也可能会抗拒文化殖民。但无论如何，他们都必须面对改变的现实。

让我们先从本土文化的变化说起。既存国家失去了自己的主权，从而成为现代尼日利亚的从属。酋长和国王丧失了塑造文化所必需的权力。随着国家进入了从属阶段，它也开始失去了决定自己所需文化的权力。英国所带来的不仅是政治统治，还有文化方面的统治。英国人认为自己的文化较为优越，而且想毁掉尼日利亚文化中他们不赞同的部分，废除他们认为与英国文化相悖的元素。因此，他们毫不留情地攻击一夫多妻制、酷刑审判和某些献祭活动。如果文化的某些方面方便殖民政府统治，那么它就得以保存。比如，间接统治体系中就利用了酋长和国王。他们不再是"传统的统治者"，而是新政策的施行者和收税人。这些权力新贵们疏远了人民，也改变了自己的权力文化。他们从为族群利益服务到扮演外邦统治者的代理人。

伴随着英国的统治，新思想、新制度和新的价值观得以传播。比如，基督教在南方得以传播，传教士们能够在中间带获得最好的工作机会。向基督教的转换创造了一种新的个体，他们既接受新的世界观，又拒不接纳某些传统文化。一些基督教徒将尼日利亚本土歌曲和仪式当作"异教徒活动"。

西方的正规教育进入尼日利亚。教士们为了方便传播福音，率先在尼日利亚兴建学校。殖民政府给他们提供资助。因为政府机构各行政和经济部门需要受过教育的工人。尼日利亚人迅速接受了西方教育，因为这能让他们在殖民体系中获得机会和权力。这一教育系统给男生提供的帮助多于女生。它将许多男性青年带离农业社区。通过学校教育体系，英语也得以传播。

新的消费和生产模式也进入尼日利亚。在许多经济活动中，雇佣劳动开始取代家庭劳动。进口商品进入尼日利亚市场，当地生产类似商品的企业的地位下滑。经济作物大面积种植，粮食种植减少，改变了女性劳动力的活动范围。

对那个时期的尼日利亚知识分子而言，英国带来的改变"过于翻天覆地"。他们担心本土文化很快会被遗忘。他们尝试着记录本土文化和历史，比如牧师塞缪尔·约翰逊，他撰写了一本关于约鲁巴的巨著。他和其他人一起呼吁那一代人探寻保存本地文化的方法。作家阿基卡·塞在下列的文字中表达了自己对文化遗失的哀悼：

> 我一直都在向上帝祷告，求神庇佑我创作一本书，让刚刚接受"新知"的新一代迪夫族人不仅能知晓当下发生的事情，也能了解他们的先辈。与迪夫有关的一切正在消逝，能告诉我们过往历史的老人们很快就会远离人世。每每想到我们的传统正在逝去，再也无人记起，我就伤怀沮丧。……新一代的迪夫族兄弟们啊，希望你们能够阅读祖先的故事，阅读并且告诉那些无法阅读的人我们祖先的故事。如此，无论是否受过教育，我们都知道那些在我们之前就离开世界的祖先们的故事。还有，不管你的知识多

19

么渊博，也请记住你是迪夫族人。请做个迪夫人，了解迪夫。那儿，才是你的骄傲所在。让我们振作起来。老蘑菇腐烂了，春来再生，但蘑菇部落生生不息。[2]

还有一些人的思想更加超越，萌发了发展文化国家的想法。他们认为非洲人应该抵御西方文化的某些方面，谋求自治。

独立运动

对英国政治和文化统治的抵御催生了民族主义。民族主义最初表现在抵制殖民。许多族群和众多统治者竭力阻止英国的征服进程。抵制活动失败之后，民族主义又以要求改革和进步的形式来支持尼日利亚人，尤其是那些接受过西方教育的尼日利亚人。从 20 世纪 20 年代到 1939 年，民族主义的诉求层出不穷。那个时期的知识分子写了许多书、文章和小册子，来宣扬本土传统的好处。精英阶层希望该体系能够提升自己的流动性，为他们的孩子及其他人提供机会。他们渴望现代性，希望自己国家的基础设施、管理和秩序能够像英国一样。

尼日利亚的民族激进时期出现在 20 世纪 40 年代。第二次世界大战对尼日利亚影响深远，挑起了尼日利亚人的自治要求。英国做出回复，给予了让步，包括提供更多的教育和社会设施的条例，以及宪法改革。这些确保了尼日利亚独立之路不是使用暴力。

《理查兹宪法》颁布于 1946 年。这就让政府表面上与地区议院、首领集团以及拉各斯的中央立法会结盟。奥博费米·阿沃勒（Obafemi Awolowo）和纳姆迪·阿齐克韦（Nnamdi

Azikiwe）等重要民族主义首领谴责《理查兹宪法》不顾尼日利亚人民的意愿。为了消除他们的恐惧，笼络他们，新宪法会议催生了《1951 年麦克弗森宪法》。该宪法在联邦系统中创建了一个中央众议院。

由于地区冲突和政客们的相互竞争，宪法又需要进一步修订。1954 年《利特尔顿宪法》构建了一个联邦体系，以及除拉各斯联邦直辖区外的南北西三角区域结构。拉各斯德联邦政府只是由一个行政部门、一个参议院和一个众议院组成，联邦政府的力量逐渐被削弱。而当区域获得的权力越来越大的时候，他们自己的政府官员、总理、内阁、行政部门、立法机关等地区政治力量大权在握。

西部和东部地区在 1957 年获得内部自治。两年以后，北部也获得内部自治。北方担心南方的精英阶层掌握联邦权力；南方担心北方利用自己地域辽阔的优势；而少数族群则担心豪萨人、伊博人和约鲁巴人掌权。因此，一方面他们很开心英国的统治即将结束。然而，另一方面，他们又担心地方主义和种族差异会让国家四分五裂。尼日利亚独立于 1960 年 10 月 1 日，在英国的联邦宪法和议会制度的基础上建立了自己的联邦宪法和议会制度。

从共和国到军事政府，1960 年～1979 年

21

尼日利亚在第一个十年享受过的和平都如过眼云烟。第一共和国一直都在与一个又一个的危机苦苦斗争，最终于 1966 年 1 月崩塌。1967 年，三年内战打响。

第一共和国是地区政治一手造就的。北方由豪萨人和富拉

尼人掌控，西方由约鲁巴人掌控，东部由伊博人掌控。这三个区域是竞争对手，都想掌控联邦政府。他们在国家收入分配，联邦内阁席位分配，甚至在如何计数上都无法达成共识。1962年～1963年，西方政府倒台，区域矛盾冲突几乎把国家撕成碎片；1964年联邦选举腐败；一年以后，公共秩序崩塌，紧接着另一次大选。第一次军事政变发生在1966年1月15日，导致塔法瓦·巴勒瓦总理（Tafawa Balewa）、北方的阿玛杜·贝洛总理（Ahmadu Bello）和索科托的酋长被刺杀。事发失败。自此，尼日利亚的政治一直动荡不已。

伊龙西将军（General Johnson Aguiyi-Ironsi）成为第一位军事领袖。他在伊博想掌控联邦的疑云下走上权力位置。他带领的军队开始分崩离析。北方军官害怕情势失控，利用军队制衡各方权力。伊龙西（Ironsi）发现了地区主义对国家构成的威胁；他试图废除区域和施行统一的体系。但是，他的努力在"反伊博"运动和1966年北方军队的政变中告终。雅库布高文中尉上校（后任将军）掌权。

如果说北方军队得偿所愿，那么他也付出了高昂的代价。伊博人开始了谋划脱离联邦；"反伊博"的情绪导致北方千百的无辜民众惨遭屠戮；政客和军官们开展的解决冲突和平会议以失败告终。1967年5月30日，伊博领导人奥朱库上校（Colonel Ojukwu）宣布成立比夫拉共和国。虽然比拉夫共和国殊死抵抗，但最终惨败。一方面由于比拉夫军事资源匮乏，而联邦一方火力猛烈；另一方面是由于粮草不足，比夫拉的大部分军人死于饥饿而不是枪弹。1970年1月15日，比夫拉共和国正式宣布投降。政治危机导致的另一个结果是1967年尼日利亚成立了许多州。大的区域范围分散为 12 个州，权力则集中掌握在联邦政府手中。

虽然仍是军队统治，但是尼日利亚进入了她最繁盛最昌盛的阶段。20 世纪 70 年代初期的时代特征就是，石油经济的兴盛，给国家带来了十分可观的收入。金钱不仅快速修复了战争的创伤，也使得联邦政府巩固了自己的权力，增加了许多项目的公共支出，创造了一个舒适的中产阶级。

22

在政治领域，高文政府因为不慎做了"释兵权"、架空军队的决定而在 1975 年 7 月 29 日被推翻，从而失去了成为该国第一位现代英雄的机会。穆尔塔拉将军（Brigadier Murtala Mohammed）成功了，但在 1976 年 2 月 13 日的政变中被杀，将位居第二的奥巴桑乔中将（Lieutenant General Olusegun Obasanjo）推向权力之席。在穆尔塔拉将军和奥巴桑乔统治时期，他们制定了向文官统治过渡的计划。1979 年，第二共和国成立。

第二共和国，1979 年 ~ 1983 年

尼日利亚抛弃了英式的宪法模式，而采用了美国式的总统模式。根据民意当选的总统就是国家团结的象征和维护者。虽然总统有权力罢免自己的内阁成员，但要在立法机构的批准下部署自己的内阁。

大选由五个政党主导，每个在州一级赢得选举的政党都可以派代表去中央立法机关。最强大的政党是尼日利亚国家党（NPN）。1979 年尼日利亚国家党的沙加里（Alhaji Shehu Shagari）当选总统。尼日利亚国家党出于权力分享的动机，其成员可以

控制联邦资源的利用。尼日利亚国家党的联邦政府并未关注到石油收入的下滑、贫困，以及生活水平的下降。相反，它为了将钱财转移给尼日利亚国家党的成员们，而把注意力放在大量进口食品和新首都阿布贾的建设上。伴随着经济的衰退，暴力和公众抗议接踵而至。

在尼日利亚，换届选举时总是有许多新问题产生。1983年，尼日利亚国家党想连任，掌控联邦政府和更多的州。尼日利亚国家党清楚，人民怨声载道之时自己很难依靠自由和公正的选举获得连任。果不其然，国家党通过大规模的选举舞弊左右了大选结果。沙加里和尼日利亚国家党单方面宣布自己在1983年八九月份的大选中获胜。这不仅破坏了民主进程，同时也给军队结束第二共和国提供了机会。1983年12月31日，军队政变成功推翻了第二共和国。军队再一次掌权15年。

23

军事统治的时期，1984年～1999年

尼日利亚进入了现代历史上最糟糕的时期，三个执权人：穆罕默德·布哈里、巴班吉达和阿巴查，一个比一个糟糕。他们的风格各不相同：布哈里虽然严厉，但有组织能力；巴班吉达虽然表面温文尔雅但很凶残；阿巴查则粗鲁而冷酷无情。三个政权结束时，军方已名誉扫地，军方的官员失去了信誉，他们的职业精神也业已被摧毁。整个军事力量引起了公众的强烈不满。尼日利亚人失去了对未来的希望。

布哈里政权（1983～1985）集中在打击腐败和缩减过多的公共开支。他能够让公众生活更有秩序，但他的"反对无纪律战争"让许多无辜的人惨遭迫害。他作风专横，伤害了

人民的感情，使得公众疏远了他。野心勃勃的巴班吉达将军利用了这一点。刚开始，他并不独裁，但之后才慢慢展现出他的阴暗面：过度贪恋权力，想长期掌权，以腐败为管理工具。巴班吉达统治时期，社会堕落、经济下滑、中产阶级没落，出现了内战以来最漫长的政治危机。

巴班吉达统治时期（1985～1993），尼日利亚的经济和政治都一败涂地。在 1986 年，他实施了一项结构调整项目（SAP）。结构调整项目并没有改善经济，而是导致货币更加贬值，中产阶级的毁灭，通货膨胀，失业和工人大规模紧缩。随着燃料价格的上升，交通运输和食品的费用也升高。1986 年以后，尼日利亚国内的民众抗议和骚乱此起彼伏，尼日利亚变成了危险之地。

巴班吉达的统治也在灾难中结束了。他答应卸任，却被危机逼迫下台。他经营的过渡计划创建两个政党，禁止主要政党和潜在对手插手政府管理。压垮骆驼的最后一根稻草是 1993 年 6 月 12 日的总统选举。巴班吉达以为混乱虽会到来，但是他能驾驭。刚开始他允许约鲁巴商人 M. K. O. 阿比拉（M. K. O. Abiola）和阿加·巴希尔·图发（Alhaji Bashir Tofa）参加竞选。虽然阿比拉以绝对优势获胜，巴班吉达和少数军官却取消了选举。尼日利亚举国和国际社会一致反对他的决定，施压巴班吉达下台以解决危机。1993 年 8 月临时政府成立，由知名无党派商人厄内斯特·肖纳卡任临时总统。肖纳卡在强悍的军事力量面前手无缚鸡之力。同年 11 月份，他的政府就被推翻。阿巴查将军掌权。

从 1993 年 11 月到 1993 年 6 月 8 日，尼日利亚国内发展

24

得一塌糊涂：外国投资下滑，国内对阿巴查政权的反对声不绝于耳。阿巴查是尼日利亚历史上最残暴的统治者。他用武力对付反对派，伤害和监禁的人数多不胜数。他也很腐败，粗暴地从中央银行提款和将公有财产私有化。他从不掩饰自己对权力的野心。他在任期间，将现有的五个政党创建为自己的宣传机器，把自己装扮为一位平民总统。阿巴查统治期间，各种政治力量出现，不仅要求结束军事统治，还要求重新商讨联邦和国家的区域结构。最流行的观点是，要么让国家分裂，要么建立一个弱中心联盟。

阿巴查于 1998 年突然死亡，让国家有了新的开始。阿巴查的继任者阿布巴卡将军（Abdulsalami Abubakar）实施的过渡项目很成功。尼日利亚提升了自己的国际形象，新的政党竞选总统。迄今为止，三个政党成功获选。人民民主党（People's Democratic Party，PDP）、全体人民党（All People's Party，APP）和民主联盟党（Alliance for Democracy，AD）。人民民主党实力最强，赢得的州长席位最多，并且在 5 月 29 日的总统大选中将奥巴桑乔推上总统之位。

奥巴桑乔执政以来发生的事件反映出国家民主体系不堪一击，国内各种问题层出不穷。奥巴桑乔发起了一场"反腐败运动"，但其他政客和公务员对此并不感兴趣。无论在州政府还是联邦政府中，许多政客要在政治上实现的目标并不是为了改善国家，而是为自己获得丰厚的回报。在这里，没有新的政治方向。这也就意味着如果政局无法长期保持稳定，那么军方还会回来，或者最腐败的那群人会掌权。尽管许多人在耐心地等待着国家的改变，但是要修复已经千疮百孔的经济还有很长的路要走。宗教局势紧张，在卡诺和伊洛林两大穆斯林教占多数的城市，出现了烧毁教堂的事件。扎姆法拉州已经实施了伊斯兰教法。

其他州也有可能效仿扎姆法拉州的做法。这样会损害内部 宗教关系。其中，最激烈的社会冲突是在尼日尔三角洲生产石油的少数民族地区，许多族群和青年组织抗议政府和石油公司破坏了当地的环境，将他们边缘化。

尼日利亚具备了成为一个伟大的国家和强大区域力量的一切优势。她拥有充足的自然和人力资源；她的知识分子阶层胆识过人；她的人口基数大，有活力，处在增长状态；她的土地幅员辽阔；石油财富滚滚而来；她的国内和国际产品市场广阔。她既有新文化的创造又保留了许多古老文化。

文化问题

本章节将展示尼日利亚风俗和文化的丰富性、多样性和不断更新。在许多文化活动中，伊斯兰、西方和本土传统元素冗杂共存。"假面舞"和秘密团体等古老的本土活动与伊斯兰教和基督教传统并存。虽然尼日利亚受殖民影响且吸纳了伊斯兰教和基督教文化，本国的许多古老传统依然存在。新文化的传播一直不均，对城市的影响胜过农村，对沿海地区的影响胜过内陆地区。在外来文化的冲击之下，年龄阶层社会、秘密团体、酋长地位体系和土著宗教祭司都幸存下来。现在和过去一样，务农是最普遍的职业。

尼日利亚文化范围广泛，折射出这个国家的过去和现在，而知识分子总在推测未来。在过去的文化元素中，其中土著世界观、伊斯兰教、基督教、奴隶贸易和英国殖民对当代文化的影响深远。人们格外重视亲属关系，因为在过去个体需要保障自身和他人的安全，免受强邻的攻击；实行一夫多妻制是因为农业社会需要家庭劳动力。

许多人仍然还在遵循这些原始习俗，并以此来定义自己的社会义务，指导自己人生的价值观。我们也可以通过这些传统来区分不同的少数民族，区分尼日利亚民族和外来民族，也可以此来批判那些想要全盘接受西方文化的人。所有的民族都在自己的语言中保存了本民族的风俗。精明的政客们将保存语言作为自己的政治工具，通过在学校教授标准语言规范，普及标准语言用法，来巩固民族团结。与此同时，团体的身份认同也得以增强。

现代尼日利亚依然保留着许多原始习俗，这些原始习俗虽然形式上做了一些改变，但从中能折射出社会的变化以及原始习俗在不同世界的生存现状。他们已经成功地借鉴外国文化进行自我改造。例如，许多土著语言借用罗马字母并开发自己的拼字法，现在都有了自己的书面形式。歌曲、谚语和仪式现在都以媒体的形式保存完好，可以在休闲的时候重播，也可以用于演出。能给个人带来声望的原始文化的各个方面（例如，酋长地位机构）保存完好，因为这也是当代人社会地位的象征。原始文化具备"现代化"的能力也保障了原始文化的保存。

个人接受或拒斥原始习俗的程度差别很大。那些皈依伊斯兰教和基督教的人会拒绝参加某些他们认为违反宗教信条的传统节日。在城市，现代文明与原始的传统共存。很多人接受现代元素，表现在音乐、生活方式和英语的使用上。但是，你很少在尼日利亚找到全权抗拒原始习俗的尼日利亚人。至少，那个人能讲一门尼日利亚语。

但是，很多族群不仅遵循原始习俗，而且还严厉制裁违反原始习俗的人。这种情况在农村地区尤为明显。在这些地方，人际交往的伦理和道德行为取决于古老的机制管理。因此，他们还强调尊老的重要性，强调丈夫之于妻子们的权威，强调努力工作的必要性，强调氏族子孙的繁衍昌盛和族群的壮大。

然而，文化并非一成不变的。如同历史和社会的变更，文化的各个方面也在不断变化更新。伊斯兰教和本土文化与新的文化形式共存。现代尼日利亚文化是建立在19世纪下半叶对西方文化的吸收的基础之上。现代尼日利亚文化中，从英语的使用以及各种法律和政治机构的存在可以窥知殖民统治的影响。现代尼日利亚国内主要的工作职位也都与现代有关：医学、法律、会计、教育和房地产管理；能够从事这些职业，其实就是"现代"文明的标志。15世纪以来，受全球化的影响，人们开始喜欢面包、牛奶、香肠、衣服、汽车和各种各样的奢侈品。19世纪以来，精英阶层的数量增加。他们去西方接受教育、度假或者寻求"高雅文化"。

这既是流行文化，也是精英文化。媒体利用不同的节目传播现代文化，而大学以教授新老传统的形式传播现代文化。学校体系、大众传媒和全球化促进了一种全尼日利亚人无论地域和民族身份都能接受的文化。英语和洋泾浜的使用就是一个例子，因为这些语言通过音乐、艺术、教育、医学、基督教和伊

27

斯兰教推广民族文化。全尼日利亚习俗与原始文化不同，并非由一个族群界定，而是由许多人共同构成。新的习俗并无道德约束，违反新的习俗不会遭受任何制裁。新文化的许多方面源自西方。

原始、现代和泛尼日利亚文化共存就意味着尼日利亚人有多种选择方式；换言之，人们可以做出不同的文化选择，可以折中或模糊选择文化。例如，一个受过教育的人可以根据自己的喜好或政治倾向，选择说英语还是尼日利亚语言。他可能有两个妻子，但无需承担道德和法律责任。他可能早上去基督教会服侍，傍晚参加本地节日活动，然后去拜访穆斯林朋友一起庆祝节日。

多元文化的存在也意味着每个人的文化参与机会并不是平等的。受过教育的人和成功的中产阶级有更好的机会参加现代活动或泛尼日利亚文化——他们的英文更好，买得起汽车、电视、录像机，可以出国旅游。而经济上被边缘化的人们则很少有休闲娱乐的机会。地理位置也是一个影响因素，因为现代文化在城市比在乡村更繁荣。那些有能力享受现代文化的人有更强烈的谋求本地社会改变和发展的欲望，他们想修建更好的公路、收音设施和电视设施，建造更好的百货商店。

尼日利亚文化和习俗传播到国界之外。各种尼日利亚文化传播到其他国家，比如库迪（Anikulapo Kuti）的爵士乐和光明王（King Sunny）的通俗音乐（详见第 8 章）。你也可以在西方城市看到身着漂亮服饰的尼日利亚人，用给人深刻印象的口音交谈。

尼日利亚政府和知识分子一直都清楚文化与国家发展紧密

相连。在为国家探寻身份认识的同时，他们一直将重心放在文化的各个方面，尤其对过去文化的各类元素的探寻。尼日利亚想发展本国的科技、基础设施，让生活的各个方面现代化，但同时也不想放弃服饰、饮食、音乐和本土语言等古老文化。宗教组织和公众领导人仍然在呼吁尼日利亚人推动传统社会的公共精神建设，而不是资本主义的个人主义精神。这些组织和领导人想要通过坚持让尼日利亚人参与本地文化而不是外国文化，以及让个体的想法服从社会共同愿望的方式，将公共文化与个体连接起来。

28

尼日利亚政府以各种方式促进文化发展，制定文化政策，成立促进文化的官方机构。他们坚信经济和政治活动的成功必须关注到人民的习俗和信仰，认识到价值观、理念和制度的多元化。联邦政府和各个州政府，资助博物馆、收集和保存文化食品的机构、研究机构和研讨会。文化也是外交政策的一部分，非洲国家一致团结在文化宣传的旗帜下。1977年，尼日利亚举办第二次世界黑人和非洲艺术文化节，吸引了成千上万的来自非洲国家和海外的代表。尼日利亚文化政策的核心就是保护、推广和展示文化，充分利用尼日利亚文化的方方面面来将尼日利亚发展为一个强国。

注释：

1. 托因·法罗拉，《尼日利亚的非殖民化和发展计划》，盖恩斯维尔：佛罗里达大学出版社，1996。

2. 阿基卡赛，鲁珀特·东译注，《阿基卡的故事》，牛津：牛津大学出版社，1939，2～4。

2 宗教和世界观

宗教思想和世界观影响数以百万计的尼日利亚人看待现实的方式，对国家运转方式的理解，与社会其他成员的关系，对历史事件和国家变化的反应，对自己和国家的未来的预测。宗教仪式是参与人数最多的活动。在尼日利亚，宗教仪式举行得非常频繁，其重要程度远超最受欢迎的运动——足球。无论是国家还是个人，从来都没有公开反对过宗教组织和宗教活动。事实上，尼日利亚的各个大学就是激情澎湃的宗教活动中心，因为许多学者就以宗教为学术研究对象。尼日利亚人会挑战那些假定宗教的重要性会随着社会现代化而下降的理论，因为在尼日利亚国内，到处都有人皈依宗教、奉献宗教，成为宗教行动主义者。

在大多数社会中，宗教是人们寻找解决情感问题、寻找生命意义的答案以及理解复杂现实和存在的方法。一个人如果担心自己在社交中与他人的关系，如果被他工作地方的关系困扰，他很有可能会去寻求宗教寄托；也有一些人只是一心想服侍上帝，也不需要理解这么做的意义何在。尼日利亚人也会向宗教寻求应对苦难、疾病、死亡和不安全感的方法。他们试图在信仰和宗教仪式中与这些难题抗争，寻求应对生活挑战的方法。

与其他国家一样，尼日利亚的宗教思想和世界观也是历史传承而来，是社会化进程的一部分。但是当个体与历史现象相关，面对自身存在的现实时，他们会给传统思想强加新意。当一个人放弃本土信仰转而信仰伊斯兰教或基督教时，他们甚至会抛弃这些传统想法。

30

世界观

在尼日利亚人的世界观中宗教占据了首要位置，因为宗教解释了国家的起源，他们的个人状况，以及他们的未来。他们的世界观也反映了宗教中的变化，尤其在伊斯兰教和基督教中。传统形式的宗教和现代形式的宗教遍布全国，宗教对社会运作的方式，发展社会的凝聚力，以及理解与解释社会中的事件至关重要。为了身体健康，为了孩子，为了丰衣足食，他们坚信崇拜神灵。

他们仍然认为宇宙是令人敬畏和难以捉摸的。人们依然在费尽心力地解释闪电、雷和疾病等事情，却觉得科学解释没有必要。因此，农村地区的农民会说植物的生长是因为繁殖之神的庇佑，而城市居民则认为车祸是魔鬼的恶势力造成的。

那些拥有传统世界观的人深信巫术和魔法。在许多族群中，女巫被认为是所有问题和灾难的罪魁祸首，从作物歉收到神秘死亡。好运和好命会被女巫反转。好的婚姻会被她们破坏。在经济衰退和社会动荡时期，尼日利亚人对巫术的迷信会更深。个人和族群都在为他们的不幸遭遇寻求外部解释。女巫可以随心所欲地变换形象，比如猫头鹰、蝙蝠，还可以施法用疾病、死亡、阳痿、贫困和其他问题摧毁别人。他们坚信，采取宗教活动可以压制女巫的权力。结果，在许多族群中就存在着一种叫"女巫医生"的专职。他们专门负责对付女巫，将女巫带来的问题最小化。

同样，魔法法力无边，魔法符号可以让你随心所欲地操控局面。凡是懂得风暴符号或"语言"的人可以平息风暴。与动物沟通或者佩戴动物护身符/符咒可以驱邪治病。人们还会在"近似物上施法"（like acts on like）。头部热疗法可以治愈头痛。人们为了打倒自己的敌人，会制作一个敌人的塑像或类似物并对其施展魔法。

31 　　神灵拥有无边的法力。他让人类害怕，也让人类为之着迷；他们喜怒无常、有报复心、慷慨。他们可以解决个人和情感问题，但人类要想拥有一个有意义的人生就必须同他们协商谈判。

这是一种理性而客观的（非个人的）理解现实的途径。在人际交往关系中，传统的世界观已经从已知移向未知。我们用已知的元素来解读未知的元素。如果主观的（个人化的）世界观是将事件归因于机会，那么客观的（非个人化）的世界观则认为，机会被夸大了，或者机会压根就不存在，因为人类完全在神的掌控之下。因此，如果一个年轻人离奇死去，那么他的死亡则是因为敌对势力。如果是通过占卜或者其他方式发现的，那么他是因病而死。人们可以说他的疾病是无视或邪灵造成的。

　　随着尼日利亚人进入学校接受教育，接收其他地方的思想，去其他国家旅行，他们的传统信仰也在改变。由于科学和正规教育的普及，越来越少的人认为神和女巫是所有苦难的根源。西方科学与西方教育和传播也推出了其合理性。西方科学随着西方教育的推广而普及，也将理性带入了尼日利亚国内。然而，仍然有许多尼日利亚人认为死亡是"邪恶之眼"、女巫和各类敌对势力造成的；成功与否取决于命运；人的权利、财富和各种形式的美好都是神赋予的。一位机修工虽然知道汽车的工作原理，但他不会因为自己懂得这些知识而停止对铁之神的崇敬。

　　现代世界观在许多方面受伊斯兰教和基督教影响。这两大普世价值都有许多传教士和组织来扩招和维护信徒。（大约50%的人口是穆斯林，40%是基督教徒。）伊斯兰教是从北方传入的，基督教是从南方传入的。如此，形成一幅"宗教地图"，正影响着尼日利亚历史和文化的方方面面。土著宗教只是在本土传播、活动，伊斯兰教和基督教就非常具有扩张性，尽其所能地利用本土宗教信仰转变他们的信仰，改信伊斯兰教或基督教。人们改信基督教或伊斯兰教是因为他们坚信这两大宗教给他们提供了解决人际和社群关系问题的方法。如果连续几次向同一位神灵祷告却无法如愿以偿，那么他就可以改换宗教信仰、教派，不会对宗教领袖那么忠诚，但不会抛弃基本信仰。这两大普世宗教都得益于本土宗教接受基督教和伊斯兰教中的新思想，也愿意将新的知识和精神融入到现有的信仰体系中。信仰本土神的信徒们也会朝拜其他宗教的神，来扩增他们拜神的范围；或者为了更好地满足自己的意愿而变换宗教信

32　仰。换句话说，尼日利亚人可以加入伊斯兰教和基督教，也可以不加入这两大宗教，他们的信仰是为了满足不断变化的社会需要。

伊斯兰教和基督教利用了社会变化来改变和塑造尼日利亚人们的世界观。在伊斯兰教的信仰中，必要时人们可以用武力解决社会道德堕落和领导阶层腐败等外在问题。因此，19 世纪的圣战实现了社会改革，得益于伊斯兰教的扩张。伊斯兰教和基督教都利用了贸易、教育和政治领域的转变，为尼日利亚人民提供了社会转变的合理解释。他们推动了识字运动和学校教育的发展，为社会的流动性提供了保障。同教派的人构成的关系网络被用来促进经济发展（保障合同安全，参与贸易，获得工作）。因此，这就让人们产生了一种想法，即成为宗教组织的成员能够获利。

虽然文化和宗教的形式以及活动多种多样，但是他们深层的世界观都是一致的。所有的文化和宗教形式都强调，信仰要保存道德的源泉，信徒要虔诚，要有强烈的宗教热情。在大多数尼日利亚人看来，神灵的存在是为了让他们的生活由差变好，由贫穷到富裕，由弱小到强大。神灵和牧师能够解释个人和集体的悲剧、落后和政治衰退。一种流行的看法就是，魔鬼和黑暗的力量无法抗拒，它们在日常生活中表现为疾病、贫穷、弱小和国家的落后。宗教可以通过摧毁所有恶魔和消极力量来疗愈一切。如果你收获了财富、个人的提升和健康等丰厚的回报，那就说明魔鬼已经被征服了。

尼日利亚传统信仰与伊斯兰教和基督教信仰交叠的另一部分是人际关系和个人行为。人们要以族群为重，即个人必须帮衬大家族团体和其他人。"抚养一个孩子需要整个村庄的努力",约鲁巴人强调社会责任。尊重年长者、敬仰宗教和世俗政府也是非常重要的。年长者十分受人崇敬:当地有一句流行的格言"有老者,无差错"。在家庭中,年轻人应该尊重长者,妻子要服从丈夫。家庭成员之间的冲突可以通过和平方式解决。个人要努力工作,勤俭生活,培养下一代,少沾惹麻烦。然而,现代职业的需求、资源的稀缺性、高失业率和国家管理不当都破坏了这些古老习俗。因此,尼日利亚和其他国家一样,正面临着道德缺失、腐败、盗窃和对公认世界观暴力挑战的问题。

33

本土宗教

尼日利亚土著宗教和其他所有宗教一样,其内容包括神的起源和存在,神在宇宙、社会、个人和环境中的存在。在尼日利亚,每一个宗教都是神灵崇拜和祖先崇拜的完美结合。这些宗教也有自己的仪式系统,以举行庆祝活动来纪念人类、神秘力量和历史事件的关系。宗教信仰可以帮助人们战胜失败、克服困难,通过促进家族、民族和国家的团结凝聚来获得自我实现。

尼日利亚有无数的本土宗教,社区、村庄或者语言都可以是这些宗教信仰的区分界限。即使在同一个社群中,不同的家庭可以依照自己的偏好来改变朝拜方式。在尼日利亚,不仅各地的宗教活动各异,人们也完全没想过创建一个统一的宗教信仰制度,或者创作一本牧师可以阅读和解读的圣书。土著宗教特别具有本地性，局限于某一个特定的民族、地方或者某种自然现象。

但是，本土宗教都是建立在许多基本和普世的假设之上的。包括对上帝、诸神和祖先的信仰；狂热的宗教信仰（即对神明和女神的崇拜）；由来自不同行业的执行法律和规则的男性组成的神秘团体；还有能摧毁个人和社会的女巫。

宗教构成了族群思想中最重要的部分。并非所有的思想都是宗教的，人们也并不希望如此。宗教是人们共享的生活哲学，而且社会愿景是族群宗教思想中的一部分。这些信仰解释了人类和民族的起源，以及生活中令人费解的事情。

本土宗教也诠释了人类、各类神和最高神之间的关系。可以说，上帝和诸神是根据人的形象而创造的，神赋权的世俗机构远高于人赋权的世俗机构，天神绝对高于最有权威的国王。如果人们恰当地侍奉、朝拜神，他们会实现全人类的愿望。

本土宗教不仅能应对人们的抽象问题，也能处理可见、可验证的问题。宗教信仰是酋长和国王权力的来源，是世俗政治权力的基础和合理阐释。传统权力最终来源于宗教信仰，是通过某种宗教仪式优越性（ritual superiority）而获得的。

公共生活、节日庆典、宗教仪式和与成人礼有关的各种庆祝活动都具有宗教色彩。人们因宗教而汇聚一堂参加大型集会，比如伊博山药节、约鲁巴人一年一度的化装舞会。当人们的生活从一个季节变换到另一个季节，从一个时刻过渡到另一个时刻时，他们也会举行庆祝仪式。

下面的例子会说明，因为民族不同、社会团体不同和权力结构不同，尼日利亚的宗教形式、信仰和宗教活动各式各样，花样繁多。西南部的约鲁巴是一个大民族，他们非常看重国王和酋长的权力，高度的城市化和社会分层。伊博族传统上更民主，以农村社区为主。第三个例子就是位于尼日尔三角洲的少数民族卡拉巴里（Kalabari）。

约鲁巴族宗教

约鲁巴族的宗教是非洲本土宗教中最著名的。约鲁巴族人因约鲁巴语而团结在一起，他们奉欧杜瓦为祖先，伊费为本民族的摇篮。他们有很多传说，称伊费为人类和文明的发祥地。

约鲁巴宗教认为世界是最高神欧杜玛勒（Olodumare）创造的，他派遣欧杜瓦作为管理人间事务的代理人。在这个创世神话中，欧杜瓦创造了世界和约鲁巴族。

欧杜瓦是一个与权力紧密联系的宗教形象，将国王统治的王朝合法化，也阐释了约鲁巴政治体系。在历史传统中，约鲁巴族最早的 16 位国王被当成是欧杜瓦的 16 个孩子。这 16 位王子离开伊费，在约鲁巴国的各个地方建立自己的政治封国。王子们必须获得执政的合法性，通过建立与欧杜瓦和伊费的联系而获得权力。这是一个强大的政治宪章，从皇室地位的角度将绝大部分民众排除在权力体系之外，而且将自己的权力与上帝连接在一起。

约鲁巴语已经建造了一个类似于政治层级的灵力等级。灵力首先给国王赋予巨大的权力，然后依次是酋长、家族首领，普通民众则位于最底层。在这个等级制度中，上帝是最高神，拥有无限的权力，是宇宙的创造者，是最高法官。

上帝之后是各种天神和女神，即奥里萨（*orisa*）。有形之

35

物和无形之物大都有一个神；比如欧桑（Osun）和欧雅（Oya）是河流女神，桑戈（Sango）是雷神，奥贡（Ogun）是铁神。约鲁巴宗教中有许多诸如奥贡等大神，大神下面还有许多本地的小神。这些神与家族血缘、城镇，或山川、河流、树木等地理特征紧密相关。拜神也因职业而异，比如铁匠侍奉铁神奥贡，某些地方的商人侍奉财神阿耶（Aje）。

宗教信徒可能会专心侍奉一尊神，但他们也必须要朝拜其他的神。比如，在伊巴丹城朝拜奥克巴丹（Okebadan）的人，也会将桑戈奉为朝拜的主要神。桑戈神又会要求朝拜者侍奉能源和交叉路之神俄肃（Esu）。所以，你就会看到那些参加本神庆典活动的人，也活跃在奥贡神的节日上。大部分人都会通过祭祀、祈祷和参加假面节来祭拜祖先。假面节指的是以戴面具假扮的形式，将祖先带回现世。没有一个信徒能够窥视宗教的复杂全貌，信徒接触到的不过是纷繁复杂的宗教体系中的一小部分。

约鲁巴人的日历上堆满了宗教节日，每位神都有自己的祭祀活动、仪式、年度庆典以及其他活动。约鲁巴的神不仅数量庞大，而且错综复杂。个人要想成功，就要有能力处理好与诸神的关系。单个人很难爱悦众神，满足众神数量繁多的要求。在实际的宗教生活中，信徒们非常聪明。一个人虽然既要朝拜他的家族神，又要敬拜欧瑞（ori 命运之神），还要祭拜祖先，但个体能够自己选择。假如神灵不高兴了，信徒们可以去朝拜另一个与之有关的神，或者将一个新的神列入朝拜范围。信徒也可以对神不满，可以烧毁或扔掉神像。这样，他就可以再造新的神像，祈求获得更多的财富。在某些特殊的紧急情况，信徒只专心祈求一位神灵的庇佑。比如，在战争和暴力场面中，信徒会着力敬拜铁神奥贡；长时间暴雨、雷暴和闪电时，信徒则着力朝拜桑戈；如果洪水泛滥，则朝拜河流女神欧雅。

所有的祭司、信徒、神灵、祖先、上帝，这整个宇宙实际上是由伊珐（Ifa）统一起来的。伊珐是一种建立在解读《欧杜》诗歌基础上的占卜系统。《欧杜》诗歌中有大量的宗教、社会和哲学知识。伊珐规定如何朝拜神，如何祭祀，如何举行仪式和庆典活动。伊珐就是一个占卜系统。在伊珐中可以找到大部分问题的解决办法。伊珐的祭司和执行人巴巴拉沃（*babalawo*）精通于解读《欧杜》。他们知道《欧杜》中的诗句是用来解决摆在信徒们面前的难题。他可以预言未来，给个人、家族甚至整个小镇赋予神权。占卜，是约鲁巴宗教中最普遍也是最重要的一部分。因为是他们命运世界观的一部分，因为这是他们要敬拜天神和祖先的方式，因为他们认为占卜能够解决未来的困难。

巴巴拉沃还是"秘密的掌控家"，他们不仅学富五车，还是心理学家，是历史学家。他和神明一样，可以解决一些心理问题。他可以找到打败邪恶力量、巫师和驱除疾病的方法。由于众多信徒为贫穷的问题困扰，巴巴拉沃会给他们一些职业建议，告诉他们从事哪些职业能取得成功；或者建议他们从事哪些贸易项目能够最终获利。巴巴拉沃有一套占卜工具，当他与欧杜通灵时，可以从这些工具中获知信息。最后，巴巴沃拉祭拜伊珐之神欧伦米拉（Orunmila），因为她拥有智慧和神奇魔法。

36

伊博族宗教

伊博人信仰最高神库克乌（Chukwu），他有许多信使，比如太阳、天空和大地。伊博和其他尼日利亚族群一样，相信土地和丰收神灵；相信各类职业之神，比如冶金工人的神等。人们通过一套宗教信仰体系祭祀土地。这套宗教信仰体系叫阿拉（ala），它根据人的行为来施予奖惩。信徒们的主要愿望就是祈求富裕、长寿、健康、多子、丰收和来世安泰。

伊博人同尼日利亚其他族群一样，崇拜祖先。祖先如神明般永久存在于世人之中：他就是一个旁观者，根据后人们的言行陟罚臧否。祖先们会轮回转世为新生婴孩，进一步改善现世人的生活。每一个人都通过轮回成为下一代人。一个人轮回之后，可能会重复上辈子的旧习，也可能会改正上辈子的恶习。

祭司的宗教功能颇多，其中一个就是执行祖先们的誓言。欧弗（ofor）——誓约制定的象征物，能够恐慑那些认为做了恶事或违背道德的事便会遇恶魔的人。伊博族也有一群专业的占卜者，他们能解读神谕，给求助的个人咨询建议。在一个社群中，人们想知道许多环境问题的原因（比如，为什么降水量不足），想知道社会问题的根由（比如，为什么年轻人会有恶习）。人们会向占卜者寻求解决纠纷的方式，或者在发生盗窃案时，决定如何惩罚犯人。

虽然伊博人的村庄四散各地，伊博人却因宗教紧密联系在一起。除了共同信仰，尼日利亚西南部在前殖民时期的一大主要历史现象是，以阿洛楚克乌（Arochukwu）为根据地，出现了用来团结商人和普通民众的神谕系统（即"长符咒"）。这是宗教为经济和政治服务，以及宗教随社会变迁而调整的另一个例子。阿洛楚克乌位于伊博的东部边界，与伊比比奥接壤。17 世纪阿洛人（Aro）与邻居以及他们在各地的殖民地建起了一张繁荣的贸易网络。他们成功的根本原因是阿洛人有能力将神谕系统变为权力之源。阿洛祭司会为信徒提供内容广泛和驳杂的问题咨询，比如克服困难的方法，比如解决个人和族群之间冲突的方法。

卡拉巴里宗教

卡拉巴里是尼日尔三角洲的伊乔少数族群众的一个大派。他们住在渔村，因为文化相似而紧密相连，而不是像约鲁巴人一样声称拥有同一个先祖。村庄是由长老管理，其他高龄长者协同配合。同龄层（age-grade）指的是出生于同一时期的人，根据年龄和代际划分社会。19 世纪，尼日尔三角洲被卷入跨大西洋贸易区，并以出口棕榈产品而闻名。尼日尔三角洲地区与国际贸易接轨后，收获的不但有财富，还有社会的变化，以及想要利用金钱获取政治权力的企业家们之间不断的冲突。伊乔人村庄和城镇彼此竞争，有些日益繁盛，有些渐渐衰落。对卡拉巴里人来说，世界的"存在"有两种形式。第一种就是物质世界欧杰（oje），这是可见的物质现实。第二种，也是更重要的一种，即精神秩序特姆（teme）。特姆划分为许多精神力量层次或等级。最高级别为创造神，其次是祖先（"水人"）和当地英雄等神。神明和祖先存在于人民的生活中，人们可以通过专门的宗教机构与之联络。人们最崇敬的神灵并非最高神，而是"水人"（先祖）和村庄英雄等次等神。因为绝大部分人都从事捕鱼业，许多宗教活动都与"水人"有关。

个人敬拜神明或与神灵沟通的原因不同，委托的宗教机构也各不相同。要联络神明并非易事，毕竟神明的处所离我们的世界相去甚远。要想联络上神明，朝拜者必须备好祭品和祭具，静候神明应答。神明有时会立马回复，有时要等好久才有反映。有的人可能会想办法联络村庄英雄或者"水人"，希望他们能够满足他们的愿望。

所谓的中间机构就是假面舞者和由亡灵社会组成的艾基纳（Ekine）。人们通过这些中介机构来与英雄和先祖沟通。假面舞者与众神和先祖沟通，将人们的希望传达给众神，并且通过戏剧化的方式将众神要求的习惯和行为传达给世人。

卡拉巴里宗教也有男祭司和女祭司，作为与神灵沟通的中介。他们可以通过"附体"与"水人"和英雄沟通。祭司被附体时，他说话的声音和状态就像上帝对民众说话一样。

本 土 宗 教 及 其 变 化

本土宗教已经存在了几个世纪，在现代社会常常被打上"传统"的标签。这就意味着本土宗教"老掉牙"或者已经成为"过去时"。以上两种看法都是误导。

所有的宗教都会应对变化做相应调整，本土宗教也是如此。这时，会出现新的先知和宗教领袖；出现新的宗教运动；宗教知识的解读也会受新思想的影响。本土宗教为应对 20 世纪的历史变化、科技和外国影响也做了相应调整。例如，约鲁巴人的《伊珐》中有新的反映时代科技变化的诗句。一些诗句中出现了枪、镜子、洋酒以及其他宗教借鉴而来的元素。本土宗教在不破坏整体信仰系统的前提下吸收了其他宗教的新元素。思想得以延展，宗教活动也通过调整来适应新的情况。本土宗教不得不应对伊斯兰教和基督教两大宗教的扩展势头，应对丧失数以百万计的信徒的事实。即便如此，本土宗教也创造性地使用了许多方式与伊斯兰教和基督教互动。尼日利亚基督教受传统宗教影响，利用圣歌和鼓声进行礼拜，营造紧张虔诚的氛围。五旬节派和伊斯兰组织强调在布道中反对邪恶势力、女巫和敌人，则是沿用传统的信仰体系。本土宗教也会在其他宗教影响下而调整宗教活动和改变应对伊斯兰教及基督教的思考模式。比如，现在很多宗教都强调最高神的重要性，即便是先前更看重低级神和力量的宗教也做了相应的调整。伊斯兰教在北方很成功，影响范围很广。古老的博里（Bori）神灵崇拜为了生存也不得不进行一些调整。在前伊斯兰时代，人们认为，博里神的信徒拥有赐福和下咒的能力。由于伊斯兰教自身整合，"博里教"则吸收了一些伊斯兰式的神灵，他们拥有伊斯兰神的名称和功能。博里教转变为一种女性主导的宗教，女性拥有男性也尊敬的力量。本土宗教能够吸收新元素，是因为他们对其他宗教保持开放的态度，可以给神灵和先祖注入源自其他宗教和思想的新意义和新功能；可以朝拜其他宗教的神，也可以将新宗教的神纳入传统宗教中，给新宗教的神在传统宗教中赋予一个位置，并入已有的等级系统中。

营造占卜、宗教氛围，向祭司咨询福利和健康问题等传统宗教活动并未绝迹，他们已经融入伊斯兰教和基督教中。许多穆斯林阿訇将本土占卜与伊斯兰教结合，用于预言未来。伊斯兰教和基督教也结合了多种形式的宗教信仰，为了吸引众多的

39

尼日利亚人从本土宗教借用了许多元素。"原始文化"中的各种元素得以保存，某种程度上是因为伊斯兰教和基督教为了能够与本土宗教和谐共处。比如，基督教不得不认识到，在尼日利亚男人就算有强烈的基督教信仰，也可以有两个或超过两个妻子。

在许多族群中本土宗教在当今现实中表现为人们依旧在敬拜神灵，人们的生活深受氏族礼仪的影响，人们的生活中还有秘密团体、假面舞、占卜者、治疗师和巫医。

伊斯兰教

伊斯兰教从 11 世纪开始渗透尼日利亚北部各地区。在 14～18 世纪之间，伊斯兰教通过长距离的贸易活动和来自苏丹西部和非洲北部的伊斯兰教神职人员的活动，逐渐进入尼日利亚北方各个城市。随着商人从一个地方迁徙到另一个地方，他们推动了伊斯兰教的发展，也利用伊斯兰教建立客户对他们的信仰。在这个过程中，很多人就信了伊斯兰教。乌力马（穆斯林的学者或宗教、法律的权威）社群在北方各个地区兴起，他们游说酋长和国王接纳伊斯兰教。直到 17 世纪，伊斯兰教还只是局限于商人和政治阶层的宗教。伊斯兰教在 18 世纪才得以扩张，传播到了更多的城市，拥有了其他的信众，比如居住在城市的富拉尼人。

19 世纪奥斯曼·丹·福迪奥（Uthman dan Fodio）领导的圣战取得胜利，伊斯兰教成为了普通群众的宗教。这次激进运动的成就远远超过 19 世纪商人和传教士所做的努力。圣战运

40

动革新了伊斯兰教许多规定，废除了前伊斯兰教许多习惯。新的埃米尔（国王）都是虔诚的穆斯林；被圣战征服的人被迫接受伊斯兰教。

从 18 世纪开始，伊斯兰教主要通过豪萨族商人的活动开始向西南蔓延。由于福迪奥圣战时，伊斯兰酋长国建立在最南端的伊洛林，因此伊斯兰教对约鲁巴北部地区的影响是局部性的。伊洛林的商人和传教士到约鲁巴地区的其他地方去传播伊斯兰教，但是他们必须和基督教布道士竞争。最终，约鲁巴人在毫无冲突的情况下被"瓜分"了，因为穆斯林和基督徒不仅要在同一个城市共存，还要在同一个屋檐下共处。虽然伊洛林、伊沃（Iwo）、奥绍博（Osogbo）和伊巴丹这些城市的主要人口先前都信仰伊斯兰教，但是这些城市中也有大量的基督教团体。伊斯兰教并没有成为"共同宗教"，只是主导了北方的多个城市和南部的伊洛林。

20 世纪，伊斯兰教在尼日利亚的西南部广泛传播，北方信徒的数量也得以增加。各种伊斯兰教组织投入了相当大的资源来传播福音。总的来说，阿訇和传教士作为中介通过和平的方式，使得尼日利亚人民改信伊斯兰教的人越来越多。小的宗教团体不得不接受伊斯兰教，因为伊斯兰教可以让他们融入更大的商业和思想世界。伊斯兰教可以为小团体在区域和全球发展提供机遇，他们借鉴他人的政治思想来重塑自己的社会，加入远程贸易，甚至改变自己的世界观。

个人改信伊斯兰教也稀松平常，伊斯兰阿訇通过一对一的传教吸引信众。改信伊斯兰教的益处多多，比如有机会学习阿拉伯语，或者另一种和豪萨语一样的重要语言，尝试不同的或新的宗教生活方式。

虔诚的穆斯林坚持五个重要的理念：相信真主（上帝）和先知穆罕默德是他的使者；每天五次准时朝拜；救济穷人和困窘之人；禁食；朝拜圣城麦加。

穆斯林有不同的派系和兄弟会或苏菲派运动（伊斯兰神秘主义派别的总称，亦称苏菲神秘主义）。穆斯林主要有两大兄弟会，提加尼耶（Tijaniyya）和卡迪尔里亚（Qadiriyya）。提加尼耶派祷告时双臂交叉，卡迪尔里亚派祷告时双臂放在两侧。卡迪尔里亚兄弟会历史悠久得多，自19世纪在尼日利亚北部广泛传播，卡迪尔里亚成员为了能够了解真主，要求教众能够阅读，能够参与灵性追求。知识追求永无止尽，神职人员将伊斯兰教奉为毕生的追求。提加尼耶派传入于19世纪，他对知识追求的关注较少。人们可以通过行动、承诺信仰和虔诚的活动获得救赎。也有一些反苏菲运动的组织，因为在教义上有分歧而反对这两大兄弟会。

起源于印度的艾哈迈迪亚运动（Ahmadiyya）在尼日利亚西南部非常流行，推动了世俗教育的发展。该组织于1923年分裂，并由此产生的安萨卢—迪恩组织（Ansarud-Deen Society）在教育领域十分活跃。这些及其他伊斯兰组织都始终秉承，伊斯兰教与基督教派不具备可比性，因为伊斯兰信仰更统一，他们只有一本圣书即用阿拉伯语写成的《古兰经》。

伊斯兰教经久不衰的遗产

尼日利亚近乎一半的人都是穆斯林，见证了伊斯兰教长期以来的传教活动和维护信众的成就。宗教信仰的改换不仅得益于商人、传教士和圣战分子们的努力，也得益于宗教本身的声望。这也让尼日利亚人能够吸收新的文学、语言、意识形态以及接触现代化机构。本土文化中的许多观念（尤其是少数民族文化中，诸如崇拜至高无上的神、相信梦和符咒的力量）与伊斯兰教类似，因此尼日利亚人民改信伊斯兰教的过渡并不痛苦。

一个社群只要接纳了伊斯兰教，就会发生翻天覆地的变化。伊斯兰教和本土宗教不同，它有自己的圣书《古兰经》，可以提高人们的读写和记录能力。提高信徒的读写能力本身就是一场革命。之前成千上万不具备读写能力的人，现在可以做记录，与远近的人互通信件。由此，阿拉伯语在尼日利亚各地传播开来。

在穆斯林社群中，《古兰经》教育是生活中一个非常重要的部分。伊斯兰教育内容十分宽泛，而且《古兰经》的学习分为不同的水平阶段，每个阶段学习的有关宗教历史、伊斯兰戒律和伊斯兰社会活动的内容也不同。对最低水平学生而言，他们要记住《古兰经》的前十章并学会阅读和写作。在"平板学校"阶段（table school），家长把孩子送往近邻的老师家学习。老师没有固定的薪水，只是偶尔收些礼物。下一个阶段叫"律法学校"（law school），学生们会学习阿拉伯语法、文学、法律和基础科学。此时，教学的重点是伊斯兰教教法，先知穆罕默德的历史以及先知的行为。优秀的学生可以进一步深造，专攻伊斯兰教育的某个分支。该系统扫除了文盲，促进了伊斯兰教育的发展，但是它不断重复的特性限制了其创造力和发展。

42

　　虽然伊斯兰教育从小学到大学已成为世俗教育的一部分，在传统的古兰经学校中那种"一师带多生"的教育方法仍然很流行。尼日利亚的穆斯林信徒上西式学校，接受各种现代职业培训。尼日利亚的伊斯兰教师和其他国家的同行通过会议、信件和研讨会沟通交流。伊斯兰教渗入到社会许多维度。伊斯兰教反对酒精，因而伊斯兰教地区禁止酒精售卖。同时，伊斯兰教也反对赌博。但是，伊斯兰教不反对一夫多妻制，已婚女性躲在深闺（被隔离），远离公众视线。女性接受世俗教育已十分普遍，但这并不意味着受教育女性就会反对伊斯兰教，反对伊斯兰教对女性在社会和家庭中的规约。

　　伊斯兰教曾用来促进同行人之间的相互来往。长途贸易商人利用共同的伊斯兰信仰，在许多地方建立自己的商业"地盘"。他们认为非穆斯林高人没有信誉，不给他们提供批发零售的机会。在尼日利亚的南部城市中，伊斯兰教是团结统一分散居住的北方移民的核心力量。我们称这些地区为"萨博嘉里"（Sabon Gari，复数形式为 Hausa Quarters），这是由使用豪萨语的陌生人在非豪萨族地区组成的社区。

　　无论从什么角度来看，尼日利亚都是大伊斯兰世界的一部分，尼日利亚国家的政治受伊斯兰教影响。尼日利亚伊斯兰教是伊斯兰会议组织（国际）的一员。该国际组织会探讨影响伊斯兰国家发展的问题。伊斯兰国兄弟会的成员遍布世界，在许多国家都有伊斯兰教的领导人。他们从埃及、沙特阿拉伯、巴基斯坦和印度招募了伊玛目（Imams，世俗课老师）和其他专业人士来尼日利亚学校任教。传统的伊斯兰学校继续从其他伊斯兰国家招募教师，给学生更好的指导。同时，尼日利亚人也出国培训。

在这个国家，伊斯兰教既是跨越国家界限的宗教，也是跨越民族的宗教。穆斯林紧紧团结在全国性的伊斯兰组织中，以保护自己的权益。比如，拥护伊斯兰协会（Jama'atu Nasril Islam）[1]和尼日利亚伊斯兰委员会（Islamic Council for Nigeria）。他们在朝圣和开斋节（庆祝先知穆罕默德诞辰的节日）等宗教节日时齐聚一堂。[2]

前往沙特阿拉伯朝圣是尼日利亚穆斯林的终极追求。朝圣使得他们对信仰更富激情，也展示了自己在朋友和社会关系中取得的成就。朝圣中，可以与世界各地的穆斯林交流，在麦加和麦地那等圣地观光，向伊斯兰创始人致以敬意。每年朝圣者的人数非常之多，政府尽力保障朝圣人数在可控范围内，以避免本来就稀缺的交通设施超负荷。朝圣者有公认的标志物，比如"麦加帽"，而且还有特殊的头衔（男性称为阿吉 Alhaji，女性称为阿嘉 Alhaja）。这个头衔颇受人们欢迎。朝圣者为全国的穆斯林建立了一个长期债券，很多朝圣者回来之后公开自己的信仰，捐助伊斯兰复兴项目。

伊斯兰教对尼日利亚最轰动的影响是莎丽的推广，以及许多伊斯兰领导人要求佩戴莎丽在联邦的其他各州推行。基督教徒则强烈反对这一要求，担心这将使伊斯兰教成为国教。佩戴莎丽是伊斯兰教律法规范。这一规定源自《古兰经》《穆罕默德言行录》（Hadith）、《伊斯兰教领袖共事录》（Ijma），由专业的神职人员监督执行。

伊斯兰教是一个传教宗教，它的传教士投入大量的时间吸纳信徒。他们四处旅行寻找信徒，在各处建清真寺和学校。他们会充分而有效地利用新交通系统，尤其是利用贯穿全国的铁路系统来传教。

在各个不同时期，伊斯兰教的领导人和追随者都不得不探讨是否有净化伊斯兰的必要。因为尼日利亚的穆斯林将非穆斯林活动加入伊斯兰教活动中，而且信徒也并不像他们想象得那样虔诚。这一讨论常常引起公共争论。过去，游牧和农村的穆斯林批评城市的伊斯兰腐败。净化运动会引发圣战来打击城市居民和"不虔诚穆斯林"。尼日利亚的穆斯林中有严格的清教团体，他们批评人们的生活过度城市化和权力腐败。

他们也有一些运动，只是简单地希望穆斯林及其他方面能有所进步。他们呼吁社会正义、公平，政治统治有力、法治、反腐，并希望以此来推动净化运动，批判社会。这些运动兴起于不同时期，由不同的受欢迎的领袖领导，是伊斯兰充满活力的文化的一部分。

净化运动的首要目标就是救世主（Mahdi，即最后一位改革家）在世界末日和审判之日前能够来到世上肃清尼日利亚的所有问题，革新世界，团结所有的穆斯林。千禧年主义这个概念已经存在很长一段时间，是伊斯兰教在尼日利亚发展历史的一部分。19 世纪，很多穆斯林认为圣战组织的领导人丹·福迪奥（Dan Fodio）就是救世主。他本人不承认自己是救世主，但称自己为救世主的前身。在各个不同时期，但凡有影响力的领袖都会被认为是"众望所归的救世主"或者是"未来的救世主"。反殖民主义和/或反西方千禧年的先知不断涌现，谴责外国给尼日利亚带来的影响，谴责人们接受世俗主义和/或所谓的异教徒政府，谴责伊斯兰教在穆斯林社区的腐败。

44

尼日利亚正在经历伊斯兰复兴。越来越多的穆斯林发声呼吁其在教育和公共事务的权力和特权。穆斯林神职人员和领导人希望人们能佩戴莎丽，甚至做好了为此而战斗的准备。什叶派越来越壮大，他们想要一个神权政府或者建立一个类似于阿亚图拉·哈梅内伊（Ayatollah Khomeini）领导的伊朗体系。温和的伊斯兰组织则希望推进伊斯兰净化运动，促进非西方文化发展。无论是"原教旨主义者"还是"现代主义者"的穆斯林，他们都认为现在国家正在朝错误的方向发展，从而转向宗教主张寻找另一条促进国家发展的道路。

基督教

欧洲与尼日利亚的联系由于商业利益始于 15 世纪。欧洲商人与穆斯林商人不同，他们无意于将尼日利亚人转变为基督教徒，他们只同促进贸易的人打交道，比如政界和商界的人。早期，一些传教士在贝宁、瓦里和三角洲地带的传教活动并不成功。基督教的成功开始于 19 世纪，即废除奴隶贸易之后。许多被解放的非洲人转信基督教，许多新入教的教徒成为"本地代理人"与外国传教士一起在尼日利亚传播基督教。早期传教活动并不是为了传播福音，而是希望将非洲人从所谓的野蛮和经济剥削状态中救赎出来；为了创立所谓的工业阶级，市场生产商品；创造新的精英阶层，成为国家革新的主要力量。

这些目标不仅塑造了任务的结果，也影响了尼日利亚基督教的许多方面。基督教一直与西方教育结伴而行。实际上，西

45

方教士在尼日利亚开创了正式的教育系统。最初，教育体系的目标范围很窄。传教士只是希望尼日利亚人能够阅读《圣经》并且训练他们阅读《圣经》的能力。其次，他们希望尼日利亚人能够成为"工业工人"，制造一些小物件和工艺产品，掌握成为砖瓦匠、木匠和画匠等的职业技能。

教育对皈依者有着极大的吸引力。有些人非常的虔诚，最终还成了传教士。一些人成为了出色的教会义工，如阿贾伊·克劳瑟（Ajayi Crowther）成了著名的主教，并被称为"国家现代英雄之一"。随着新职业知识的传播，通往新职业最常见的道路就是世俗教育，那些能够拥有资源的人会出国深造，学习外国先进医学、法律、护理和其他行业知识。

拉各斯、巴达格里（Badagri）、瓦里和阿贝奥库塔等沿海城市最早享受到基督教传教的福利，许多人最早接受了基督教和西方教育。西南部的约鲁巴人最早，紧接着是尼日尔三角洲地区和东部地区。基督教传教士人数众多，且热衷于传播福音。早期传教士有圣公会教徒和循道宗教徒，其次是天主教徒。他们为了争取信众，竞争激烈。比如在尼日利亚东部圣公会教徒与天主教徒的冲突事件。

基督教逐渐蔓延到内陆地区，最重要的一次扩张发生在20世纪上半叶，基督教影响了尼日利亚整个南部地区和中部带的大部分地区。传教士和英国殖民官员之间的关系虽然也有紧张的时候，尤其是在基督教向伊斯兰地区扩张的事情上，他们之间的分歧很大，但是，传教士仍然支持英国的"征服"活动。许多传教机构想要争取穆斯林改变信仰，去尼日利亚北部传教，但是殖民官员并不鼓励他们这样做。英国军官也蔑视接受过传教士教育的尼日利亚人，指责那些受过教育的尼日利亚人在权利和工作上提出的特权要求太多，指责他们"东施效颦"地模仿欧洲人的生活方式，指责他们采取反殖民主义的立场。

基督教的势力扩张显著，蔓延到国家的各个地方。现在尼日利亚教会领袖和传教士已经在宗教信仰中把握到了主动权。不同的教派控制着不同的地区，就比如苏格兰长老会主要在东南部的卡拉巴。越来越多的人放弃本土宗教，转而信仰基督教和伊斯兰教。因为他们给信徒提供受教育、发展和联络世界的机会，也给个人问题提供新的答案。

基督教的影响

基督教为尼日利亚带来了西方文化和许多新的社会思想。改信基督教的人想放弃本土宗教及其文化的各个方面。早期的传教士和后来的基督教原教旨主义领袖们希望所有的尼日利亚人民都信仰基督教，这就意味着本土宗教不得以任何方式出现。比如，约鲁巴人的宗教可以将耶稣变为本地的神来崇拜，但是原教旨主义者并不赞同这种做法。许多尼日利亚人改信宗教却并不完全抛弃本土文化，基督教的世界观塑造着他们，影响着他们看到自己、社区和外部世界的方式。西方思想很有吸引力，而且许多尼日利亚人已经接受欧洲的食物、音乐、书籍和服装。

西方教育是与基督教绑定在一起的最强大的磁铁。对传教士而言，学校教育系统是扩大信众过程的一部分。但是，尼日利亚人信仰基督教不仅仅是为了成为好的基督徒，也是为了成为"文明人",跻身中产阶级。尼日利亚人渐渐明白西方教育的优点,尤其是西方教育能够给他们提供高薪水的就业机会,于是他们洪水般地涌向基督教堂。许多族群主动邀请传教士,主要是为了获得接受西方教育的机会。

基督教培养的精英们想获得的东西远远超过传教士们的要求。其中很多人想要权力,甚至有些人要求本土文化应该成为尼日利亚未来基础的一部分。基于这些野心,尼日利亚的基督教精英必然会与欧洲人和那些培养精英的传教士起冲突。20世纪上半叶,精英们希望本国政治能迅速革新,而且他们还发起政治运动结束了英国的统治。精英们对任何事的要求总是很多:学校、医院、公路、工作和工业。20世纪50年代,他们掌权后创办了许多大学和各级学校来扩大教育系统。尼日利亚南部的受教育精英群体更大,所以他们希望北方的西化速度加快。

尼日利亚宗教领袖在基督教本地化的许多尝试上取得了许多成就。这一过程最早开始于19世纪90年代的约鲁巴族,然后才扩散到尼日利亚的其他地区。最初,这是尼日利亚教会领袖为了脱离白人控制的教会而建造独立的教堂。现在,尼日利亚领袖的本地化工作也是为了独立。尼日利亚人在白人教堂中的权利极其受限;白人教会不接受尼日利亚本地风俗;但对尼日利亚人来说,一夫多妻制没什么不好;他们在敬拜上帝时必须使用本土语言和歌曲舞蹈等本土文化元素;基督教应该像传统宗教一样反抗恶灵、巫婆和人们认为环境中存在的能够带来灾难的"敌人"。简而言之,本土化意味着尼日利亚人有能力认可和维护自己,控制自己的教会,从传统文化和活动中吸取积极的元素。尼日利亚人形成了许多教会,努力将基督教本土化。总之，尼日利亚基督教派可以看到异象，医治疾病，驱除恶灵，祈祷的时间很长且声音大，他们唱歌、打鼓、跳舞，用漫长的布道仪式来加强教会成员的灵性。

同时，也出现了其他的教派，反对以任何形式混杂宗教信仰。其中包括基路伯（Cherubim）和六翼天使（Seraphim）、两个阿拉杜拉（Aladura"祈祷"的意思）教派、基督使徒教和数百个新近成立的五旬派教会。他们认为，祈祷是最有力的武器。然而，他们祈祷的内容主要是财富、子嗣和健康。他们对巫术的信仰和使用的宗教语言都反映了尼日利亚的基督教大量借鉴本土文化的现象。

宗教独立和创新正是尼日利亚基督教的特色。大部分教堂都很小，而且都由尼日利亚人领导。许多教堂属于个体，他们像经营企业一样经营教堂，而且教堂的扩张很大程度上有赖于他们的管理技能。尼日利亚的基督教丰富多样，有天主教、圣公会、浸信会和循道宗等老牌主流教派；有福音派[①]和使徒兄弟教派[②]及神召会[③]等五旬节教派[④]；还有非洲卫理公会锡安教派等非洲—美国教会分支；以及"深入基督生活会""耶和华

---

① 福音派（Evangelical）一词始于 16 世纪，当时的宗教改教者以此名称呼表明反对罗马天主教的立场，它不是一个宗派。福音派也指随着宗教改革而来的属灵运动。

② 使徒兄弟派反对教会腐化。他们主张信徒财产共有，地位平等，吸引了大批贫苦农民和市民参加。

③ 神召会（The Assemblies of God）是 1901 年美国五旬节复兴运动后出现的教会组织。

④ 五旬节派（Pentecostal），起源于 1901 ~ 1906 年间在美国出现的五旬节运动，教义强调的是领受圣灵的洗涤（圣灵的能力），并有方言为初步凭据。

见证人""救世军""基督复临派"等基督教复兴运动。

48　　　福音派、复兴派和五旬节派仍在强调祈祷和圣灵的作用，并以不同的方式应对本土风俗。他们推行了一种极端的方法，坚持教会成员必须全方位地互相帮助。他们相信情感崇拜、信仰疗法、神灵附体和预言（最重要的一项）。一些教会还在筹款、开放复兴基督教和电视传福音等方面借鉴美国的福音派和五旬节派教会。

基督教和伊斯兰教一样都非常的激进和激烈。每年都会出现新教派；开放复兴宗教已经成为尼日利亚文化景观的一部分；人们寄希望于祈祷来为自己的生活获得改观，为国家渡过巨大经济困难祈祷；许多人投入了大量的时间和金钱参加教会活动。

基督徒和穆斯林一样，结成了联盟来捍卫自己的宗教信仰。其中最重要的联盟是尼日利亚基督教协会。该教会常常在管理国家上发表意见、组织集会，抗议穆斯林行为，反抗莎丽推行，集资重修在宗教暴乱中被破坏的教堂。

宗教和政治

在尼日利亚，宗教与政治和社会变革密不可分。伊斯兰教和基督教的领袖们谴责国家政治的失误，抨击腐败和消极的社会变革，呼吁虔诚的信徒共同抵制道德暴行。面对政治和经济衰败，宗教领袖们为了保守信徒的信仰不断创新。宗教要去解释尼日利亚贫困的现状和政治问题。所有的积极事件中都能找到"上帝之手"的影子，比如阿巴查在 1998 年 6 月突然死亡。当时，所有反对势力都无法把他从权力之位上赶下去。尼日利亚人几乎用宗教思想来解释所有的国家问题。

两大宗教的分歧也给国家制造了许多紧张和冲突。尼日利亚南部利用较早接触西方教育的优势，把持了国家的经济领域，并继续扩张西方教育系统。一些南方的领导人认为，北方的保守影响了国家的进步。另一方面，北方人则认为冲刺实现国家现代化是以牺牲伊斯兰教和传统为代价的。

同时，尼日利亚的宗教文化暴力事件日益增多，他们要么把宗教思想和宗教宇宙论用于解决实际问题，要么将其延伸到公民领域。20世纪80年代以来，穆斯林和基督徒之间发生过几次暴力冲突事件，尤其是在卡杜纳、卡诺等北方城市。国内的宗教暴乱导致上千人死亡，损坏了许多宗教建筑、商业店铺和住宅。[3] 伊斯兰教和基督教通过各种方式争取政治影响力。政客们利用宗教选取来获得和巩固权力。

所有争议的问题中，最重要的争议是世俗主义和伊斯兰法律。在1976年总统宪法草案中，国家被界定为："尼日利亚是一个统一而不可分割的主权共和国，他是一个世俗的（非政教合一）、民主的和具有社会性的国家"。[4] 这看起来似乎够简洁了，但是穆斯林反对"世俗"这一条，并且成功地将该词删除。而基督徒并不觉得原宪法有什么不妥，穆斯林却认为这会给人一种国家忽视宗教的印象，而且道德可能会建立在非宗教传统的基础上。穆斯林总是认为世俗主义与伊斯兰教作对，他们不愿意政治和宗教分离。

许多穆斯林领导人希望在联邦的多数州建立莎莉亚法庭（Shari'a courts）。更有少数穆斯林甚至认为，整个国家的法律

49

应该以伊斯兰法律为基础。对基督徒而言，世俗的法律更重要，他们认为穆斯林想把国家变成伊斯兰国。虽然尼日利亚现在设有一个联邦莎莉亚上诉法庭，但莎莉亚干涉到一切国家层面的法律事务仍然颇具争议，而且这个问题会导致宗教关系十分紧张。

其他宗教运动

尼日利亚的新宗教运动数量繁多，与其他国家的情况类似。许多运动都比较边缘，默默无闻。许多新宗教就是自然的折中，结合几种宗教创造一种新的混合体，比如"完美大师"教（Sat Guru Marahaji），将印度教与伊斯兰教和基督教结合在一起。

这些运动与伊斯兰教和基督教有几大差异。他们有被奉为先知和榜样的精神领袖。他们所说的大师也有所不同：有的鼓吹财富的积累，有的注重舒适的生活。这些精神领袖会宣称自己有某些属灵性，并且在其所处的社区极具权威。但是，他们会认可教徒们在精神上的成长，而且会减少自己在教徒和神沟通过程中起的作用。伊斯兰教和基督教领袖将许多新宗教运动的参与者称为"异教徒"，认为他们崇拜着一些奇怪的神，觉得那些精神领袖都神志不清。这些宗教运动和精神领袖的定位当然不同，但是他们并不认为自己是异教徒，他们觉得那些基督教和穆斯林批评家违背了自己的宗教，有碍于通向上帝。

那些相信魔法和超自然神秘的宗教运动可以轻而易举地融入本土，获得那些对伊斯兰教和基督教信仰并不十分坚定，以

50

及想要将世界宗教与其他宗教结合的人的支持。

在繁目越来越多的宗教运动中，那些可以被归入"精神科学"的运动是最重要的。在美国社会，这就类似于邪教。但是在尼日利亚，他们拒绝"邪教"这个标签，因为宗教成员很可能因为各种凭空指控而成为国家的众矢之的。在本土宗教的语境下，"邪教"指的是人们以积极的姿态崇拜和信仰神。我们在称呼这些组织的时候，最好使用他们的名称，也不要将其视为含有贬义的"邪教"，因为他们常常出现在西方的媒体中。

这些宗教运动数不胜数，宗教活动也千变万化。他们的信众要遵守各种不同的程式，以各种方式与公众连接。即便如此，许多宗教运动也都有共同点。例如，他们通过各种科学方法寻找精神答案；其中有神秘仪式（发现神秘之事）；形而上学（通过判断而非逻辑而获得知识）；神秘主义（利用知觉和顿悟获得或操纵精神力量）；通灵活动（超越自然力的能力）。

这些宗教团体的成员认为自己的灵魂满足胜过无法理解他们的宗教活动的其他宗教信徒，而且神秘主义是他们的宗教体验中不可或缺的一部分。一些宗教组织的信徒声称自己体验过宗教的"心醉神迷"（ecstatic episodes）。这些宗教的领袖声称自己有精神力量，而且可以使用某些方法来操纵隐蔽的力量帮人解读敬拜神灵过程中的信息以及神灵给信徒的启示。还有一些宗教团体则结合了物理知识和人类经验，宇宙知识和精神内观。

有些团体则宣称自己是基督教或半基督教，从圣经、佛教、神秘主义和瑜伽借鉴思想。比如1955年，一个媒体在伦敦成立了艾瑟黎诗协会（Aetherius Society）①，该协会成员多为男性，强调灵性并宣称自己拥有和宇宙其他生物沟通的能力。还有"超光传教团"（Superet Light Mission）、宗教科学所（the Institute of Religious Science）以及新耶路撒冷教会（Church of New Jerusalem）等其他融合各种元素的宗教组织。

51　　这些宗教运动都可以在国外找到他们的思想源泉，反映了外国思想对尼日利亚的影响。一些来自美国和其他西方国家，其中包括玫瑰十字会②（Rosicrucianism）和新耶路撒冷教。还有一些来自亚洲或东欧，比如韩国文鲜明牧师（Rev. Sun Myung Moon）创办的统一教会（Unification Church），爱肯卡（Eckankar），国际奎师那意识协会（International Society of Krishna Consciousness 隶属印度教克利须那派教徒），来自印度尼西亚的苏布兄弟（Subud Brotherhood），印度的圣杯运动（Grail Movement）和日本的天书个体神宫教（Tensho-kotai-jingu-Kyo），一些尼日利亚人正在将这些新宗教本地化，比如科学神圣秩序（Holy Order of Science）、埃森博爱协会（Esom Fraternity Company）。虽然这些宗教团体的信仰和宗教活动各不相同，但是只要一个例子就足以说明他们对尼日利亚社会的影响。

　　玫瑰十字会信仰吸收了各种不同的传统思想：埃及神秘主义、共济会（Freemasonry）、超心理学、神智学和西方魔法。

---

① 艾瑟黎诗协会（Aetherius Society），《上古卷轴》中的魔法界。
② 玫瑰十字会（德语：Rosenkreuzer），是中世纪末期的一个欧洲秘传教团，以玫瑰和十字作为它的象征。

尼日利亚最流行的玫瑰十字会的组织是"玫瑰十字古老神秘教团"（Ancient and Mystical Order of the Rosae Crucis），该教团的标志物借鉴自古埃及。玫瑰十字古老神秘教团（简称AMORC）是 1915 年成立于纽约的神秘兄弟组织。它传播到尼日利亚，并在尼日利亚不断发展教员。

其总部位于拉各斯，在尼日利亚其他地方还有分支。若是教会成员所在之地没有玫瑰十字古老神秘教团办公地点，他们会收到文字材料或者偶尔去其他地方参加会议。玫瑰十字古老神秘教团声称自己是个学习者联盟，是一个神秘哲学家文化联谊会，大家的共同目标是"主宰生活"，操控物质和精神世界。对玫瑰十字古老神秘教团来说，宗教不是必需的，只要一套可以解决问题，并指导人们达到自我实现并最终掌握精神力量和宇宙意识的哲学原理即可。

他们的精神活动有阅读、与教团成员开会以及参加公共项目。他们的哲学材料是从加利福尼亚圣何塞发来的，作为教团成员研究和反思的课程。教团成员会组织公开演讲，在当地电视台播出玫瑰十字古老神秘教团的活动，每周在正式集会地为所有成员举行仪式。

他们十分重视阅读，提高了文化素养对精神发展的重要性。圣杯和基督科学等运动也要求入教成员有阅读能力。绝大多数尼日利亚人因此而无法参与这些团体，而那些有阅读能力的人则从中获得相当多的好处。他们的精神层次能够提升，最终能够直接通达最高的神圣之境。我们可以通过自律、追求独特气质而获得精神知识。在伊斯兰教和基督教中，牧师不会将这一权力放开给普通信众。这些宗教运动给个人精神力量的提

52

升提供了更多的具体方法。

玫瑰十字古老神秘教团在某些方面像神秘团体，因此伊斯兰教和基督教极力反对他们。该社团成员的葬礼会有一些神秘仪式和魔法。每周举行的讨论活动也都是秘密进行。不同的人具有不同的精神等级，每个人都以对神秘知识的掌握程度作为区分标准并进行等级标记。

玫瑰十字古老神秘教团有点类似共济会，这些教团在吸引和保住信众上并没有处于劣势。尼日利亚对秘密社团并不陌生，该国有成百上千的本土社团和共济会。玫瑰十字古老神秘教团为从事不同职业、来自国家不同地区的人提供了建立联系网络的机会。

虽然，伊斯兰教和基督教已经在尼日利亚占据主导，但是其他宗教运动仍然会吸引少量的人改信宗教信仰。这些宗教运动对小团体有很大的吸引力，他们掌握神秘学知识和另类的宗教传统。他们满足了其他宗教不能提供的宗教需求，也允许人们将传统宗教与新宗教结合。大量的信徒都是从其他宗教信仰转换过来的，主要是基督教。由本土宗教改信的信徒主要是被这些宗教运动的神秘性吸引。这些宗教运动的神秘处类似于本土宗教的占卜活动。教徒也可以提升自己的精神性灵，自己修炼成"神秘学者"（occultist）。它能够全权掌控自己的意识，无需受专职牧师或宗教领袖的控制。这些宗教活动中扎根于个人主义，其通过帮助个人"自我实现"吸引了许多年轻人和城市居民。

各种宗教传统在尼日利亚茁壮成长，但是占主导的是伊斯兰教和基督教。在某种程度上，本土宗教得以幸存，但也受一

系列因素威胁：他们受到穆斯林和基督徒的攻击；他们与新的
经济政治环境格格不入；西方教育和科学并不认可他们，称其
为"假设"；他们的牧师财力薄弱无法与其他宗教竞争。然
而，他们仍创新各种方式不断进行调整，而且他们的医疗、占
卜和巫术信仰等方面也影响了基督教和伊斯兰组织的"说
辞"。

精神科学运动仍在发展，但是他们仍处在边缘位置。这些
宗教的信众能够提高他们的灵力和神秘力量、冥想力，并希望
在宗教活动中达到最高境界。

基督教继续在扩大他的影响范围，不断调整以适应尼日利 53
亚的环境。天主教和圣公会等传教教派仍然是影响力最大的。
但是，那些觉得祷告十分无聊并且可以选择参加会议、团体活
动和复兴运动的人，会选择参加那些强调语言、疗愈和祈祷力
量以及神灵附体的教派。

伊斯兰教，也在不断壮大。那些拥有权力的穆斯林则努力
地保护伊斯兰教，或者为伊斯兰权力获得官方认可而努力，比
如伊斯兰教教法获得全国的认可。去麦加朝圣依然很流行，而
且伊朗、沙特阿拉伯和利比亚等伊斯兰国家也很想与尼日利亚
的宗教团发展文化和政治关系。

所有这些宗教相互竞争，他们的信徒也相互影响，政治领
导人希望创建一个和平的多元社会。想实现全国大一统似乎不
可能，但是各教派或许可以彼此宽容和尊重不同的传统，以维
持相互共存的局面。宗教也影响文化的其他方面，下文将详细
讨论。

注释：

1. 《社会对伊斯兰教的胜利》。

2. 见第 7 章。

3. 参见：托因·法罗拉，《尼日利亚的暴力：宗教政治和世俗意识形态的危机》，罗彻斯特，纽约：罗切斯特大学出版社，1998 年。

4. 《宪法起草委员会的报道》，第二卷，联邦信息产业部，拉各斯（1976），36。

3 文学和媒体

让我以白人的方式游乐

让我用黑人的大脑劳作

丹尼斯·欧塞得比，1951 年

我接受诺贝尔奖，诺贝尔奖是对西方世界所知无几的非洲文化遗产的赞颂。在漫长的几百年中，人们诋毁和无视我们竭力构建的文学遗产。我将诺奖看成世界对这遗产的尊重和认可。

沃尔·索因卡，《南方》，1986 年

尼日利亚人已经成功地将他们对西方教育和英语语言的掌握转变为自身优势。欧塞得比（Osadebey）的诗中有言：他们将利用西方的基础设施和技术来传达非洲人的想法。很快，他们就会开始读书写字，继而创办自己的报纸，来捕捉历史事件，表达民族主义者们的情感。从 20 世纪 50 年代起，媒体开始扩张，建立了第一个电视台。国家独立后，其他的电视台、报纸和杂志相继诞生。1986 年沃尔·索因卡斩获诺贝尔文学奖，成为第一位获奖的非洲人。这标志着尼日利亚人（和非洲人）创造天赋的胜利，标志着自 19 世纪伊始的漫长的现代思想史之路的终结，标志着非洲大陆变身之旅的开始。

为了描绘更宽泛的文化地形图，文中所说的文学包括用尼日利亚语和英语创作的文学作品。拼字法已经在许多土著语言中得以发展，而且成为人们表达思想，记录社会变迁和从事创作活动的载体。口头文学的继承传统保存了下来，有天赋的新人以此方式表达自己未发表的观点，也有很多作家用本族语言创作出版。老一辈用阿拉伯语和贾米德语写作的传统未被遗弃。

名气最大的作家往往用英文写作，因为他们的作品与国际市场接轨。最受欢迎的电视剧是用土著语言或洋泾浜英语（本土语言与英文的结合）。这一矛盾引发了对于"语言在流行文化中的角色"的问题的长期争论，因为文学人物和媒体有赖于语言来维持自身。非洲作家应该主要用本土语言还是欧洲语言创作？他们同时用两类语言创作，但是最著名的作家则是那些用英文写作的，因为他们同时拥有国内和国际读者。

口头文学

在书面语出现，伊斯兰教、基督教和西方教育到来之前，尼日利亚所有的民族都发展文学创作。虽然现代新的创作对此破坏极大，但是民族文学创作的许多方面仍遗存至今。有些已经与书面文学融合，有些保存在人种学、创造性写作、视频和音像作品中。

　　口头艺术表达有多种类型：除了箴言、歌曲、节日活动、口头叙述等表达方式，还有其他的方法。他们通过这些方法来描绘和分析本民族的创造性、价值观、传统和历史。他们记录并阐释文化和生活的变化。表演者们会歌唱、背诵诗歌或创作小说。口头文学在娱乐的同时，也强化了现有的价值观。他力求转变各种观念，并为各种机构做合理化辩解。他们的语言表达非常丰富，以激发和鼓舞听众，其中的故事是一代一代传承下来的。因此，在口头文学中保存了最重要的文学流派和作品。

　　诗是口头文学的一种重要形式。国王、酋长、富人和家族成员一起用赞颂他们及其祖先的颂词庆祝节日。伊博人的欧杰比（ojebe）诗歌赞美那些持有高贵头衔的人。豪萨人的吉拉里（kirari）则是用来表达对国王的尊敬，或在婚礼和其他重要仪式上娱乐宾客的。约鲁巴人的欧立吉（oriki）由大篇幅的赞美诗文和描述性词语构成，来赞颂国王、首领、家族、祖先、城镇和伟人。举一个例子，努佩族的国王伊索·贝罗（Etsu Bello）在 1918 年买了一辆车。一位鼓手因此编写一首长篇赞美诗，其中部分章节如下：

57

　　　　伊索贝罗买汽车的日子

　　　　玻璃制造商的瓶子

　　　　变成了红色的珠子

　　　　巴布亚的草籽

　　　　变成了项上的链子

　　　　伊索贝罗已有马儿了

现在又有汽车了

赞颂之辞泛滥倒无大碍，但是讽刺诗歌可能会摧毁领袖、战士和普通市民的形象。在迪夫族、乌尔霍博族、伊博族、伊乔族和伊比比奥族中，口头唱颂活动得到了充分的发展，它显示了民主的力量，显示了文学力量对政治的影响。族群和个体都受到密切的关注。在艺术家的自由受政治限制的地方，他们则会将批评伪装在丰富的比喻和俗语中。迪夫等族群则会组织公共竞赛，比拼讽刺能力而不是摔跤来发泄世仇。

诗歌可以讨论任何主题，包含抽象概念，树木、山川、河流、道路和动物都是诗歌的组成部分。引用约鲁巴族民间传说的一个例子，作者匿名，E. L. 拉瑟比堪（E. L. Lasebikan）于1956年翻译：

为什么我们要抱怨一棵树是弯曲的，
因为，在我们的街道，甚至还有人是弯曲的？
为什么我们非要抱怨新月是倾斜的？
谁能去天上整理一下她么？
难道你没看到公鸡头顶有鸡冠，
但是尾巴上却没毛。
有些公鸡尾巴有毛，
但趾头没利爪。
还有些公鸡趾头有利爪，
但没能力打鸣。
他有一颗头但没帽子可戴，

他有一顶帽子却没头可戴。

有肩膀的人没有礼服可穿，

而有礼服的人却没有好肩膀……

好的美食家没有食物可吃，

好的品酒师无酒可饮：

财富有多种颜色！

不同的职业有不同的诗歌来赞颂本行对社会的影响。约鲁巴人的依加拉（ijala）是一种发展成熟的在猎人之间传颂的诗歌形式。劳动工人们也发明了自己的诗歌来鼓舞大家努力工作，团结合作，赞颂美好丰收。此外还有饮酒民谣、少女歌曲和儿童歌曲等轻松愉悦的诗歌。同样，哀悼死亡和时光易逝的哀歌也很普遍。

还有一类与仪式和占卜密切联系的神秘诗歌，不谙此道的人很难明白和理解此类诗歌。仪式诗歌有操纵神灵、魅惑他人、重伤敌人和收纳好运的力量。这种形式需要对环境有独到理解，而且还要懂得提高对医药和科学的运用能力。

叙事散文十分常见而且形式多样，包含了各类形式：传说、神话、史诗和民间故事。有些以历史的形式进行叙述，有些以小说的形式叙述。一个典型的例子就是伊乔族的欧子迪（Ozidi）英雄传奇，赞颂民族英雄。所有族群都有成百上千的类似于兔子和乌龟赛跑一样宣扬道德的故事。有些族群有专门的讲故事人，他们既保存了古老的故事，又同时与新的故事结合创新。

58

口头文学的各方面已经融入书面文学，为书面文学提供巨大的文化资源。在口头文学的基础上，现代尼日利亚才能建立起自己独特的民族身分并给尼日利亚国民以精神激励。

阿拉伯语文学和尼日利亚的语言

伊斯兰教和阿拉伯语的传播推动了书写和创作型企业的发展，也促进了教育系统的成功。许多学者和乌力马①愿意奉献大量时间学习和写作。他们在文学（通常在诗歌）中表达自己对社会的批判和对政治的不满。最成功的一系列作品与19世纪伊斯兰教圣战领导人们有关。

奥斯曼·丹·福迪奥的作品是尼日利亚伟大文学遗产的一部分。他是一位才华横溢的学者，用阿拉伯语、富拉语和豪萨语创作了近500首诗歌，其中二十多本是用阿拉伯语创作的。后来的许多作家都追随他的脚步。他的女儿娜娜·阿诗玛乌（Nana Asma'u）创作了17首诗歌；他的兄弟阿卜杜拉希（Abdulahi）写了大约8首。大部分诗歌篇幅都比较短，复制本都是由学生和作者（诗人）的门徒在布道会或集会上手抄的。但是书的篇幅要长一些，不像诗歌那样广为流传，因为长篇书籍不方便手抄复制。这些作品关涉的主题非常广泛：包括对当代事件的详细评论，对领袖们的看法，说教故事，宗教课程，对国家、宗教和领导人的争论。就举一个例子，以下是大约200年前丹·福迪奥诗作的译文：

————————

① 穆斯林的学者或宗教、法律的权威。

上帝啊，宽恕者

在黑夜，赦免我的罪

原谅我在白天承认的罪过

罪的烟尘已经扎根于我并深深沉入

穆罕默德的尊崇必定让我清洁

圣战运动是激进的知识分子领导的，他们在自己的写作中强烈抒发己见。这些领导者及其追随者现在还遵守卡迪尔里亚教派教规，该教派要求信徒阅读、写作、冥想并分享思想。丹·福迪奥及其他的圣战领袖相信精神满足和学识的深层内在是相互联系的。就提前策划宗教改革和做宗教决定等具有争议的问题进行前期规划时，教徒应依据书籍、小册子和诗歌的严密分析。学者们要鼓励信众，强化他们的信仰，给他们力量。

如果现代作品很容易过时或者被新思想超越，那么阿拉伯文学的许多方面则可视为永恒。公元 7 世纪创作的圣书《古兰经》则一如既往地充满活力。丹·福迪奥创作的一首伟大诗歌可以说是动员集会的当代作品，正如上文引用的例子，它被称为"诗歌之母"（Inna Gime）。这一类诗歌总是有鲜活的意蕴，并不像当今学者的作品那样"老掉牙"或"过时"。"每一位有识之士"，丹·福迪奥说，"根据他所在年龄的知识进行判断。形势因时而动，治疗方法因疾病不同而变。"但是，新时代并不排斥老思想；比如丹·福迪奥总是不断被引用，尤其是他在教育和反对剥削妇女方面的言论。

在阿拉伯地区用阿拉伯语写作仍然是一种影响很深远的传统。教师和学者在布道会和露天服务中为学生背诵这些作品，有些人还会录音给别人听。在这些作品中，政治、经济和社会观点被用宗教语言表达出来。作者们寻求永恒的价值观来维持社会稳定，反对世俗当局的腐败，提倡反对唯物主义，呼吁人们与上帝更亲近。

阿拉伯语和豪萨语长期融合的结果是贾米德字母（即用阿拉伯字母书写非洲其他语言）的发展，该字母在文学作品创作，尤其是诗歌创作中极受欢迎。豪萨语，目前还用于文学创作。豪族语的一种书面形式叫"博科"（Boko），即用罗马字母书写豪萨语。贾米德字母已经存在很长时间了，人们用它创作诗歌、写信、做法庭记录、写短文。

政府在1930年设立了一个"翻译局"（1933年更名为文学局），以推进新作家的培养并将阿拉伯语和英语作品翻译成豪萨语。政府资助写作比赛，促进了最早的4部小说的诞生。现在，这些作品都被视为经典：布巴卡尔·伊玛目（Abubakar Imam）的戏剧《立孚万·巴戈加》（*Rvwan Bagaja*），M. 阿布巴卡尔·塔法瓦·巴勒瓦（M. Abubakar Tafawa Balewa）的《舍胡·乌马尔》（*Shehu Umar*），穆罕默杜·瓜尔佐（Mohammadu Gwarzo）的《伊顿马塔姆巴》（*Idon Matambayi*）以及 M. 塔菲达（M. Tafida）和 R. M. 伊斯特（R. M. East）的《吉基·玛加依》（*Jiki Magayi*）。这些作品叙述历史或虚构故事，描绘尼日利亚北部人们的生活。

在殖民时期，许多作家创作了反殖民主义的作品，像舍胡·纳萨尔加的史诗（Shehu na Salga）或者阿利尤·丹·思迪的史诗（Aliyu dan Sidi），扎里亚的埃米尔（穆斯林酋长等的称号）因为创作反英诗歌而丢了官位。反殖民主义的斗争

60

也表现在诗歌表达中。其中的头号人物有穆阿祖·哈德贾（Mu'azu Hadeja），阿米努卡诺（Aminu Kano），萨阿杜·尊古尔（Sa'adu Zungur），阿克卢·阿力育（Akolu Aliyu）和纳曼基（Na-Mangi）。其中纳曼基是一位盲诗人，他创作了各种诗歌，其经典 12 首诗歌合成集《瓦卡尔·英弗拉吉》已出版。上一代的作家主要出自伊斯兰教，而尊古尔等作家则是"世俗主义者"。尊古尔受激进反殖民政治的影响，他利用自己的作品动员穷人加入民族主义运动中。他是一个革命者，敢于挑战传统政权，反对权力滥用。

尼日利亚北部最多产、最杰出的现代作家是阿布巴卡·伊芒，他创作了三卷本经典作品《非洲夜谈》（*Magana Jari Ce*），以阿拉伯的《天方夜谭》的形式讲述豪萨族的故事。1939 年，伊芒成为豪萨语报纸《真理无价》（*Gaskiya Ta fi Kwabo*）的编辑，这是他用来培养豪萨语作家的阵地。北部各州政府创办了许多学校和各种文化机构，促进了大量贾米德字母和豪萨语作品的创作。

在尼日利亚南部，传教士和尼日利亚精英阶层为约鲁巴、伊博、埃菲克和努佩等族土著语言发展了一套拼字法。所有这些语言都是文学的载体，是口头传统的转录工具，是创意写作前沿的延伸。约鲁巴族精英阶层的数量在迅速增长，他们的出版物数量在非洲大陆最多。19 世纪下半叶，他们已经开始创作意义非凡的历史和虚构作品。他们在书籍、小册子、课堂讲稿和新闻中表达自己对未来的梦想和对现状的看法。所有这些在 20 世纪都得到了进一步的发展和完善。

在这一传统中，最著名的是一位约鲁巴小说家丹尼尔·欧

61

罗润菲尼·法古纳瓦（Daniel Olorunfemi Fagunwa）。他在 1939 年到 1961 年间发表了 6 部重要小说，激励了一代作家。他最著名的作品《森林之神》（*Ogboju Ode Ninu Igbo Irunmale*），已被翻译为英文。[1] 法古纳瓦在学校执教，他是教会教育的产物。由于基督教背景，他能编创许多道德训教的故事，用很强的讲故事能力来鼓舞人心。

伊博族的文学虽然开始较晚，但其发展进程与约鲁巴族并行。伊博人早在 19 世纪下半叶就开始努力创作伊博语书面作品，但直到 1933 年才出版了第一部重要作品《欧姆努克》。该书的作者是皮塔·瓦纳（Pita Nwana），该书已经畅销 30 年，被当作一个道德故事广为流传。20 世纪 60 年代奥尼沙（位于尼日利亚南部）的大学出版社发表了利奥波德·贝尔嘉姆（Leopold Bell-Gam）的《依杰·奥木杜·珍尔》（*Ije Odumodu Jere*）和 D. N. 阿查拉（D. N. Achara）的《阿拉·宾果》。这两部作品都非常重要，但没有《欧姆努克》那么成功。

20 世纪 70 年代以后，伊博语文学作品的数量增加，质量提升，其中最著名的作家是乌切纳·托尼·乌比塞（Uchenna Tony Ubesie）。他是一位天才的语言运用大师，其作品有众多的风格和主题创新。他的作品以伊博族口头文学传统和伊博语为基础，捕捉变换不拘的社会现象，研究内战、群际关系和文化生存等具有当代意义的问题。

尼日利亚文学成功地恢复了口头文学活动及其思想内核，并从中借用沟通技巧、语言运用方法、主题和故事。她保存了谚语、俗语中的古老智慧和批判社会的方法。

英语创作的文学

从 19 世纪中叶开始，基督教成功地传入尼日利亚，伴随而来的西方教育催生了新的受教育精英阶层。精英阶层不断发展壮大，他们将文学看作表达身份并构建新社会远景的载体。报业的不断发展，不仅鼓舞人们发表自己的思想，还为其提供了发挥空间。早在 19 世纪初期，文学和戏剧生态就已经萌发。当时的作家们努力模仿欧洲人的想法，将其作为迈向"文明"的台阶。有些作品仍然一股道德说教的口吻，反映了基督教的影响。

随着尼日利亚精英阶层对英国统治越来越失望，文化民族主义者开始倡导回顾本土传统，或者至少将传统文化与新文化融合。在 20 世纪 20 年代，马库斯·加维（Marcus Garvey）和 W. E. B. 杜波依斯（Du Bois）两位泛非洲思想者领导了一些作家反思"种族解放"，即黑人种族从欧洲统治中解放出来。20 世纪 40 年代，人们对独立的呼声进入激进阶段，20 世纪 50 年代，作家变得更加自信和自我肯定。反殖民主义文学数量不断增加，出版了许多纳姆迪·阿齐克韦和阿沃勒等领袖的自传。

62

20 世纪 50 年代，现代文学开始了它的独特之旅，比如短篇故事和童书作家塞浦利安·埃克文斯（Cyprian Ekwensi）的《猎豹的爪子》（1950 年，*The Leopard's Claw*）和《人民的城市》（1954 年，*People of the City*）；T. M. 阿卢克（T. M. Aluko）的《一夫一妻》（1958 年，*One Man One Wife*）以及齐诺瓦·

阿切比（Chinua Achebe）的《崩溃》（1958 年，*Things Fall Apart*）。这些作品表现出了作家们有意识地撇开欧洲，想要通过文学获得精神解放。比如，阿切比成功抓住了本土宗教与基督教之间的复杂关系，捕捉到西方教育的影响以及新一代受教育精英所面临的危机。成立于 1948 年的伊巴丹大学是解放活动的阵地，从 20 世纪 50 年代开始对国家的精神生活产生巨大影响。

20 世纪 60 年代的"文化改革"兴起于伊巴丹作家群体，代表人物有齐诺瓦·阿切比、沃尔·索因卡、克里斯托弗·奥吉博（Christo-pher Okigbo）、J. P. 克拉克（J. P. Clark）、恩肯·万克伯（Nkem Nwankwo）、勒齐·阿玛迪（Elechi Amadi）、阿比拉·伊瑞勒（Abiola Irele）、毛·阿克波尤瓦尔（Mao Akpoyoware）、皮修思·欧勒戈（Pius Oleghae）、弗洛拉·万帕（Flora Nwapa）、艾戈·穆库恩得（Aig Imoukhuede）、梅布尔塞疆（Mabel Segun）、约翰·穆努耶（John Munonye）和迈克尔·恩彻罗（Michael Echeruo）。这些作家都是文学研究会培养出来的，以促进文学和文学的研究。他们成立了文艺俱乐部，蒙巴丽作家与艺术家俱乐部（Mbari Writers and Artists Club），让作家们参与对话，并且能将自己的作品由蒙巴丽出版人出版。学生杂志《角》（*The Horn*）由 J. P. 克拉克[2]编辑，克拉克原本是一个学生后来成名，还成立了自己的文学杂志《黑俄耳甫斯》（*Black Orpheus*）。

这群写非洲的作家既是为非洲读者写作，也是为西方读者写。他们的作品既有简单易懂的齐诺瓦·阿切比的《崩溃》，也有十分复杂的沃尔·索因卡的各类戏剧。且不论作品风格，他们已经成功将尼日利亚文学提升到国际水平，成了"现代"、后殖民和第三世界文学的一部分。

　　虽然各人才华不同，但也通过各种方式团结在一起。他们用英文写作，因此他们自然就有能力自如地运用外语并进行本土化。他们从本土文化吸收大量资源：箴言、传说、历史、宗教和艺术形式。这些作者精心设计，完善，适应和重新包装各种各样的尼日利亚传统文化形式并以英文为媒介展现给世人。有时，他们利用口头文学来将自己的作品本地化，吸引非洲公众的关注。他们通过探索和表现非洲的殖民统治和后殖民失控，将关注点集中于非洲人民的现状。他们的作品为非洲文学开辟了另一条途径，而且被应用于非洲学校和大学中以实现教学课程的去殖民化。

63

诗　歌

　　诗歌在尼日利亚一直都占据最公众的位置，它是本土传统的一部分，也是英语文学中激情澎湃的一个体裁。诗歌具有文化和政治双重维度。就文化维度而言，诗歌不仅在尼日利亚，并且在非洲远近驰名。悠久的历史、英雄和习俗被高度重视。就政治维度而言，诗歌可以批判英国统治，呼吁争议和独立，批判尼日利亚政治阶级，为非洲和整个黑人种族的遭遇和耻辱哀鸣，梦想并呼唤国家的巨变。许多诗歌集结成册，有些则发表于印刷媒体和学术杂志上，比如《奥吉客》（*Okike*）、《欧普伊珐》（*Opon Ifa*）、《黑俄耳甫斯》《奥马巴》（*Omaba*）、《阿法》（*Afa*）和《尼日利亚杂志》（*Nigeria Magazine*）。

　　1951 年丹尼斯·欧塞得比用英文发表了他的第一部诗集《非洲歌唱》(*Africa Sings*)，当时英国正将权力转移到尼日利亚人手上。欧塞得比通过表达尼日利亚人对自由的渴望，把握住了这个历史性的时刻。在他看来，国家独立会带来文化解放，将不安分的青年变为伟大的思想家和创造者，解决西方和非洲文化之间的冲突。加布瑞·奥卡拉 (Gabriel Okara) 是同一时期创作的诗人，但是他的诗集《渔夫的祈祷》(*The Fisherman's Invocation*) 直到 1978 年才面世。[3] 奥卡拉认为本土文化更为珍贵和崇高。他生活在古代幽灵和众神之中。正如其诗《钢琴与鼓》(Piano and Drums) 所见，他并不低估文化选择的问题。受教育的尼日利亚人应不应该支持象征着所谓落后的过往和象征着所谓自由的传统农村生活的"丛林鼓"，他们应不应该拾起象征着现代和"错综复杂"的现代社会的钢琴？他的观点是，钢琴是威胁非洲的"利剑"。非洲人处在两个世界，陷入进退两难的窘境：

　　　　你已死的背部
　　　　挂在你的背上
　　　　你已死的前胸　躺在腿部
　　　　你将不再是人群中的人[4]

　　奥卡拉倡导的是文化和传统的统一。

　　伊巴丹族盛产伟大的诗人。他们以宇宙为基，利用各种各样的文学形式创作诗歌。其中，索因卡、奥吉博（在内战中英年早逝）、克拉克和恩彻罗的诗歌在 20 世纪 60 年代和 70 年代广为流传，他们占据了诗歌界的半壁江山。他们的诗歌与本土诗歌不同，开创了新的文学形式。绝大部分都与当地公众密切相关，他们能够读懂并理解其中含义。[5]伊巴丹诗人通过诗歌捕捉到了国家的精神状态，捕捉到了人们为实现国家统一、探寻民族身份、寻求国家进步和政治稳定所做的探索。

J. P. 克拉克的诗歌收录在《浪潮中的芦苇》（*A Reed in the Tide*）[6]。他在诗中分析了作者自身体现的传统和现代的结合。"一个人有两只手"，克拉克写道，一方面他赞颂非洲文化，对西方社会的灭绝人性十分不满。另一方面，他又为自己疏远、内心无法完全接受的非洲文化而悲伤，他对独立后的国家政治也深感失望。

迈克尔·恩彻罗在诗歌中表现了精神价值和文化身份。恩彻罗在《杀伤力》（Mortality）[7]中检视了西方文化和文明在个体问题上的处理方式，尤其是其对个体的强调。他对西方不再抱有幻想。同时，虽然非洲仍是"无辜"的，但他已失了方向。

克里斯托·奥吉博的《迷宫》（1971，*Labyrinths*）[8]则是一部传记类作品，是对个人的探寻。奥吉博也有政治诉求，他希望找到方法实现非洲政治解放。他大量地吸收了本民族的文化，而且他的诗歌极具音乐韵律。他称自己为一个被疏远的受教育的尼日利亚人，他要回到自己的根来寻求救赎。"在灵魂深处，自我的枝杈在不断延展"，他说。想要寻找重回本土文化入口。同时他也清醒地知道，尼日利亚无法完全拒外国文化于千里之外。

沃尔·索因卡的诗歌发表于许多媒体，主要收录在1967

年的《伊丹尔及其他诗歌》（*Idanre and Other Poems*）[9]。有些诗歌讨论当地事件，有些讨论政治以及生死等重大主题，有些诗描绘国家的悲剧。他对欧洲侵害非洲文化、身份危机和个人历史等问题并不感兴趣。他通过书写奥贡和桑戈等非洲神灵来反映历史。无论时世多艰，奥贡这样勇敢的"探路者"神将给我们指引新的方向，创造新的可能。

65　　1967 到 1970 年内战期间，诞生了一类新的诗歌类型，诗中反映了国民未被满足的期待以及军事政变和政治统治的失败。奥吉博、克拉克他们都想对战争发表看法。索因卡 1973 年发表了《地下室的航天飞机》（*A Shuttle in the Crypt*）[10]，阿切比的思想则集中收录于 1972 年的诗歌集《当心啊，我心爱的兄弟》（*Beware Soul Brother*）[11]。这些都是政治诗，其中一些诗歌还叙述个人经历的痛苦。军官马曼·万塔萨（Maman Vatsa）是一名军人诗人，他的小说集《战壕里的声音》（1978 年，*Voices from the Trench*）[12]也披露了战争的悲剧。

在诗歌传统和扩展了诗歌的视野的基础上，许多诗坛新秀不断涌现。其中，备受尊崇的诗人有波尔·恩杜（Pol Ndu）、奥迪亚·欧菲姆（Odia Ofeimum）、塔努勒·欧加德（Tanure Ojaide）和尼伊·奥孙达勒（Niyi Osundare）。[13]"人民诗歌"文化也开始发展，他们运用简单的语言，印刷在当地媒体版面上。[14]这些诗歌作品既有英语作品也由其他用本土语言创作的作品，尼日利亚的诗歌发展得如火如荼。

许多诗歌是用本土语言写成，具有娱乐功能。许多诗人发表公众演讲，但是他们使用的语言可能不容易为普通大众接受。但是有的人在公众演讲中使用的语言和媒介容易被人认可。许多具有创造性的诗歌都借鉴本土语言和风俗活动。当然，诗歌讨论的主要问题仍然围绕政治和经济状况。许多诗歌探讨腐败，政治阶层的堕落，军事统治过度和穷人的苦难等问题。如果 20 世纪 50 年代的诗人们关注的是文化冲突，那么当代诗人的关注点就在于穷人与富人，权贵和平民之间的差距，以及希望尼日利亚更美好。

通俗文学

尼日利亚的非学术文学盛行，主要以书籍、报纸故事、小册子和诗歌的形式出现。他们用本土语言和英语或洋泾浜（英语和本地语言的结合）写作。肯·萨洛·维瓦（Ken Saro Wiwa）是尼日利亚著名的洋泾浜作家之一，他在作品中讽刺社会的堕落和军队的滥用职权。

"奥尼沙文学市场"（Onitsha market Citerature）是最有名、最受欢迎的文学类型之一，该文学是开始于 1947 年的革命性的学院知识文学，随后终结于 20 世纪 70 年代的内战。当时许多作家、出版人、记者、读者和学生聚集在尼日利亚东部的商业镇奥尼沙。大概在 20 年间，出现了 200 多部小说类、传记类、政治类、伦理类和浪漫主义文学。许多都是爱情故事，其中最流行的是《我的女儿维罗妮卡》（*Veronica My Daughter*），作者 A. 奥嘉利（A. Ogali），出版于 1956 年，重印了很多次。当时的著名作家还有 F. N. 斯蒂芬（F. N. Stephen），O. 奥丽莎（O. Olisa）和奥兰多·伊古（Orlando Iguh）。塞浦利安·埃克文斯是唯一一位"杀出重围"而被列入"学院作家"行

66

列的通俗读物作家。

奥尼沙市场文学以其通俗易懂著称。这类文学的语言容易为读者理解，书籍篇幅较短，价格实惠且故事情节吸引人。他们吸引数量庞大的阅读公众，读者们沉迷于故事和文字的魔力。

英语的本土化在进一步深化，表现在阿莫斯·图图奥拉（Amos Tutuola）的名作《棕榈酒饮乐园》（1952 年，*Palmwine Drinkard*）以及《我在灌木丛鬼怪中的生活》（1952 年，*My Life in the Bush of Ghosts*）、《西碧与黑暗森林的色狼》（1955 年，*Sinbi and the Satyre of the Dark Jungle*）和《勇敢的非洲女猎人》（1958 年，*The Brave African Huntress*）等著名作品中。他的小说的独特之处就在于能够融合英语和约鲁巴语语法来给人们讲"鬼故事"，用"神奇现实主义"来形容图图奥拉的作品再合适不过了。作品中的鬼怪、魔法和传奇故事都来自约鲁巴文化。

通俗文学不一定都是用洋泾浜或者其他几种语言结合的方式写作。"青春文学"市场在渐渐壮大，青春文学小说主要描绘爱情、冒险、犯罪、金钱和毒品。在某些圈子里，青春文学被戏称为"领先文学"。他们的故事主要讲述给高中生和大学生听，作者也主要是年轻一代，信奉语言简练，认为我们要结合科技来反映不断变化的生活方式。他们捕捉的是面对快钱、张扬的品位和有机会去往世界各地时国民的情绪和心理状态。同时，他们的作品也反映了快节奏的生活方式和城市生活的个人主义。如果说，口头文学主要谈论的是"女巫"，那么领先文学谈论的则是互联网，两者只是"魔法"的不同形式。

女性作家

在主流和通俗文学中，男性作家占主导地位：男性作家和评论家主要讨论男性英雄和角色。在很长一段时间里，文坛上只有女作家弗洛拉·万帕的孤鸣声。她的作品《娥芙露》（1966 年，*Efuru*）将尼日利亚女性的形象从消极变为积极，从背信弃义到忠贞可靠，从女巫到天才。她还在作品《一个足矣》（1981 年，*One Is Enough*）和《女人不同》（1986 年，*Women Are Different*）中塑造了许多自由女性的角色。自她之后，还有曾供职于 BBC 的《非洲之声》栏目组的阿朵拉莉·莉·乌拉斯（Adaora Lily Ulasi），她在 5 部小说中讲述被剥削女性的处境以及殖民统治。[15]

女性作家之中的斗士非布琦·埃梅切塔（Buchi Emecheta）莫属。同时，她也是最多产的女作家。她在自传《挣扎求生》（1986 年，*Head Above Water*）中讲述个人从男性关系中解放而成长为"女人"的故事。她的女权主义闪现在许多探讨女性被社会、父母和婚姻关系主导的作品中。女性在挣扎反抗后获得自主权，能自由获得自己的职业前途，享受更完满的生活。[16]

另两位著名的作家是艾菲玛·奥克耶（Ifeoma Okoye）和扎纳波·艾凯丽（Zaynab Alkali）。奥克耶在《云层背后》（1982 年，*Behind the Clouds*）中回到万帕也曾关注过的"无子女"的问题，叙述个人婚姻失败的经历。故事的主角是里耶（Ije）的丈夫，他因为里耶没有孩子，而去追求别的女人，

67

而且极其渴望后代。这些女人怀孕之后，就搬到里耶结婚的房子里羞辱里耶。随着整个错综复杂的故事发展，最终他们才发现里耶的丈夫有不育症，他的情人怀的是别人的孩子。小说的最后，丈夫幡然醒悟，妻子里耶原谅了他，两个人的婚姻重修于好。奥克耶在她的第二部小说《无耳男》（1984，*Men Without Ears*）中将关注点转移到社会堕落问题上，超越了性别问题转而关注更宏大的主题。[17]

艾凯丽讲述过一个名叫"李"的姑娘激情澎湃地等待一个男人与她结婚，却度过了4年悲惨的婚姻生活。最终，她离开了那个男人，同孩子一起搬到父亲的家里，回到学校并最终取得成功。她和奥克耶一样，故事都以和解结尾：10年后，丈夫虽然已经瘫痪，但她仍然回到丈夫身边。[18]艾凯丽在另一部小说《善良的女人》（1987年，*The Virtuous Woman*）中则讲了一个激情勇敢的励志故事，一个瘫痪女性最终获得成功。

由于篇幅有限，在此不再详细论述其他女作家的作品：才华横溢的女性作家和思想家越来越多，其中有梅布尔塞疆、芳弥拉优·法昆勒（Funmilayo Fakunle）、祖鲁·索芙拉（Zulu Sofola）、奥摩拉芮·奥古迪佩—勒斯丽（Omolara Ogundipe-Leslie）、苔丝·奥乌梅（Tess Onwueme）和凯瑟琳·阿凯洛鲁（Catherine Acholonu）。一般在西方的激进传统中，我们都称之为女权主义者。其实，不是所有人都乐意给自己选择这个标签。然而，女权主义的意义在于，它在父权社会提出了与性别平等有关的重要问题。

女性作家对男性占主导地位的社会环境很敏感，这可能就是一些女作家反对女性主义标签的原因。也就是说，为了避免被批评为过度激进。虽然婚姻中困难重重，但许多作家都在作品中修复了夫妻关系。她们的意图并不是改变社会结构，而是为女性争取尊重和平等。这些作家的呼声为女性争取了许多重要权力：表现在学校课程对女生的关注，表现在许多敏锐的男性作家在女性问题的叙述上，表现在评论家对忽视女性或者不尊重女性角色的作家的言词激烈的批评上。老一辈作家滋养了年轻一代，因此女性作家群在此基础上生生不息。

68

报纸和杂志

尼日利亚媒体可以追溯到 1859 年 12 月 3 日，一位传教士建立了第一份约鲁巴语期刊《伊维·伊洛辛》（*Iwe Irohin*），为了"培养人们通过阅读获取信息的习惯"。这份报纸用来宣传教会传教协会（Church Missionary Society），报道当地事件。

由于新闻报道的开展和印刷厂的出现，其后几年中（尤其在殖民地时期）尼日利亚还出现了几家媒体。19 世纪新办了 6 份报纸：《盎格鲁—非洲》（1862 年，*Anglo-African*），《拉各斯时代和黄金海岸广告》（1880 年，*Lagos Times and Gold Coast Advertiser*），《拉各斯观察者》（1882 年，*Lagos Observer*），《鹰和拉各斯批评》（1883 年，*Eagle and Lagos Critic*），《镜子》（1887 年，*Mirror*）和《拉各斯每周记闻》（1890 年，*Lagos Weekly Record*）。但是发行量很小，局限在拉各斯的小精英团体中。印刷机和印刷工的短缺给尼日利亚媒体的发展带来了新的难题，而且纸张也无法如出版人所愿及时供应。不过，这为后来媒体的发展奠定了基础，而且也证明了媒体在尼日利亚的可行性。创办新期刊很容易，但是很快就会由于发行量有限、破产和缺少公共资助而失败。

20世纪前25年，每日报纸出现之时，尼日利亚媒体进入了一个更有趣的阶段。尼日利亚民族主义英雄赫伯特·麦考利（Herbert Macaulay）在1925年创办了《拉各斯每日新闻》（Lagos Daily News）。除此之外，还有《非洲信使》（1921年，African Messenger）、《目击者》（1923年，Spectator）、《尼日利亚拥护者》（1923年，Nigerian Advocate）、《每日服务资讯》（1933年，Daily Service）、《每日时报》（1926年，Daily Times），这些当代报纸现在都还在发行，并已归联邦政府所有。当时这些报纸创办的主要动机是民族主义，他们会发表政治思想，要求改革和自由，抱怨殖民不公，而且想掀起反殖民运动。殖民时期的报纸并未创造多少利润。实际上，最初的几个创始人并不打算盈利，而是为了传播民族主义思想。

由于当时政治环境充满敌意，殖民地官员并不尊重当地记者及其报纸，出版业想获得成功受许多限制。因为印刷页数有限，排版是手工完成的；同时，印发量则受市场限制。一个编辑既要收集新闻、报告、校对，还要做营销。虽然殖民地时期困难重重，但仍涌现了许多杰出的先锋。他们有大无畏的力量，能够娴熟地驾驭语言来表达自己的观点，还能校对、编辑。

第二次世界大战后，尼日利亚报纸仍以宣传民族主义为主。但是，纳姆迪·阿齐克韦（Nnamdi Azikiwe）成了尼日利亚第一任总统后，在20世纪40年代引入了更加好战的反殖民主义报纸《西非飞行员》（West African Pilot），并承袭了美国

69

的"黄色新闻"① 传统。另一位前沿政治家阿沃勒酋长在
1949 年创办了《尼日利亚论坛报》（*Nigerian Tribune*）。阿齐
克韦和阿沃勒将他们的报纸有效用于政党建设，巩固自己的权
力基础，无情地攻击政治对手。报纸与创办人的政治野心密切
相连现在已经成了尼日利亚媒体文化的一部分。

尼日利亚国家独立之后，涌现了大量的政府报纸，比如
《晨报》（*Morning Post*）、《星期日邮报》（*Sunday Post*）、《东
尼日利亚展望》 （*Eastern Nigeria Outlook*）、 《每日要闻》
（*Daily Sketch*）、《周日要闻》（*Sunday Sketch*）和《新尼日利
亚人》（*New Nigerian*）。联邦和州政府都严格地把控着媒体。
因为政府不信任私营媒体宣传新闻，他们害怕反政府媒体造成
政局动荡，他们也需要通过媒体告诉尼日利亚人民"政府在
推进政治进步"。独立编辑人仍然为自己的理想而奋斗，而
《每日时报》和《新尼日利亚人》这类政府报纸则想获取和巩
固人民的信任。政府报纸大都偏向政府，因此普通民众更偏好
私营报社。

私营报纸的数量也不断激增，其本质上是盈利的商业机
构。20 世纪 70 年代以后，企业想寻找投资机会，国家的报纸
和杂志也越来越多。有些报纸的创办是出于政治考量，他们想
通过纸媒推销自己的议案，推广自己的名字，想赢得选举或影
响当权者。《重拳》（*Punch*）、《卫士》（*Guardian*）和《和

---

① 黄色新闻，指 19 世纪末美国纽约两大黄色报纸——《世界报》和《纽约
新闻报》，为了迎合低层读者的情趣，以犯罪、凶杀、色情、小说连载等
刺激性、消遣性文章和漫画为内容的"黄色报纸"。（译者注）

谐》（*Concord*）等 20 世纪 70 年代后出现报纸都是由成功的企业家创办的。M. K. O. 阿比奥拉——后来的商业巨头和政治家创办了"和谐"媒体帝国，大量发行每日报纸、周刊杂志、几种本土语言的社区报纸和晚报。在同一时期，还有许多著名而有抱负的政治家创办了各种报纸和杂志。其中最成功的是《卫士》（日刊和周刊）和杂志《新闻观察》（*Newswatch*）。

目前大约有 40 种日报，超过 30 种周刊和 20 种月刊。晚报的数量较少，且只有几个大城市办得比较好。尼日利亚报纸和杂志很成功，也十分多样。在联邦政府和各州有一个"拥护政府"媒体团，他们通常是公有的。私营出版物要是敢于冒险和表达，发行量更大。宪法保护个人言论自由，包括持有自己观点的自由，获取和传播信息的自由，创办报纸和杂志的自由。

所有的报纸都有新闻栏目、社论、广告和专栏。虽然主要讨论政治问题，但也会留一些版面给地方文化和习俗。周五，报纸都会留一块空间给伊斯兰布道，周日则会留一块类似的空间给基督徒。报纸还会报道各类节日和重大文化活动。有些杂志专注于流行文化、性别、宗教和其他文化问题。印刷媒体用语言、图片和卡通的形式捕捉到了尼日利亚不断变化发展的文化局势。同样，媒体也报道外国文化，主要是西方社会的流行和音乐趋势。他们会展示国内和国际时尚动态，给读者一些恰如其分的时尚流行建议，分享意味着品味精英文化及生活方式。其中最成功的文化杂志是创立于 1927 年的《尼日利亚杂志》，他现在已经吸引许多年轻作家在其"文学副刊"上发表诗歌和短篇小说。

70

军事统治和政治威权主义给媒体发展造成了许多困扰。政府通过控制人事任免来监管编辑，从而控制自己的报纸。政府报纸就算批判权贵，用语也十分微妙。真正的矛盾存在于政府报纸和私有报纸之间。许多记者和编辑都被骚扰和监禁，许多报纸和杂志被禁。军事政权统治时期，政府对批评、泄露国家政策或其他他们认为会引发政变或公共游行的活动十分谨慎。严厉的军事法规企图限制新闻自由。

然而，印刷媒体在政治动荡中生还。尼日利亚不乏大批有勇气的记者。在艰难的政治环境中，有一些媒体靠地下印刷和非正式手段流通存活了下来。营利性的通俗小报一直都并存，比如《金融趣闻》（*Financial Punch*）、《金融卫报》（*Financial Guardian*）、《非洲建设》（*African Construction*）以及许多公司的内部杂志。虽然记者们训练有素，印刷设施完备，公众阅读群广泛。但是由于通货膨胀和高生产成本，印刷媒体售价太高，许多尼日利亚人无法每天获得阅读资源。

忽略其发展过程中偶尔遇到的问题，印刷媒体在尼日利亚有相当大的影响力，印刷媒体的发展与重大政治转变息息相关。出版商和报纸想要重塑社会事件，影响精英对社会的看法，呼吁政治改革并播报新闻。新闻媒体的重要性进一步体现在，许多政客通过利用报纸来构建自身形象从而获得权力。

71

广播和电视

尼日利亚的无线电广播始于1932年，最初主要是殖民政府的宣传工具。此后，广播在尼日利亚仍非常重要。他是许多农民收听新闻的主要工具。因为尼日利亚许多农村地区没有电，村民需要购买电池使用收音机。他们还可以收听到《美国之音》和英国广播电台（BBC）等国际广播。全国任何地方都能收听到广播。最重要的是国内建立了电视台，而且大部分电视台都提供无线广播服务。

1954 年，民族者抗议事件后，联邦政府允许建立区域广播电台和电视台。1959 年，西部地区率先建立了尼日利亚第一个区域电视台。1960 年和 1962 年，其他地区也相继建立了自己的电视台。1962 年联邦政府建立了自己的电视台。此后，州政府和联邦政府既合作又相互竞争地发展和巩固自己的电视台。为了利用媒体宣传整治议程，联邦政府要求并强迫他们播放国家电视节目，主要是偏向支持联邦的新闻内容。然而，现在可以开播一些私人电视台，访问许多外国网站。

设立电视台的原因大多相似：教育、资讯和娱乐。早期，由于资金和设备条件限制，电视台节目的质量深受影响，而且电视节目播放频率较低。很长一段时间之后，尼日利亚才掌握电视技术，培养了电视相关人才。电视播放的节目有许多外国节目（大多为电影）。几乎没有什么纯英文节目。直到 20 世纪 70 年代，电视机的拥有者仅限于一小部分精英阶层家庭。早些年，人们称电视机为"魔盒"，可以把新闻和戏剧带到客厅的东西。一大堆人会聚在一起，围绕在电视机旁。一般来说，家庭成员在客厅里，外人则从窗户偷看电视。

20 世纪 70 年代，尼日利亚由于出产石油，经济得以发展，人们收入增加，国民中拥有电视的人口也增多。现在，电视在家庭中十分普遍，尤其在城市地区。电视台的数量随着州

72

的增多而增加。彩色图像传输始于 1974 年。成立于 1973 年的尼日利亚广播公司是为了方便协调所有电视台交流想法，帮助他们协调一些活动。1976 年，联邦政府借维护国家统一的借口，控制了很多州电视台。电视技术不断更新，所有的电视台都被要求播放很多相似的节目，尤其是新闻和一些重要文件。所以，全国会在同一时间播放晚间新闻。此时，国家网络开始兴起，但各地接收网络的质量各不相同，生活在拉各斯和阿布贾（尼日利亚现在的首都）等重要城市的居民享有最好的网络。

联邦政府的控制计划是尽可能控制地方电台并创建全国网络，1977 年"尼日利亚电视局"成立并且拥有垄断权。"该机关不属于尼日利亚任何广播电视机构和个人，只对电视广播负责"。[19]尼日利亚电视局独立存在，不存偏私，以维护国家统一为目标。该组织将国家分为几个区，每个区都有自己的董事会，而且大部分电视台都受联邦政府控制。虽然尼日利亚电视局在新地区建立电视台，而且能够保障联邦资金安全，但是这成为了联邦政府进一步扩张权力的方法。

许多州对这种安排都很不满意。第二共和国给了他们重新自治的机会。1979 年的总统宪法允许州政府和联邦政府都可以拥有和建立自己的电视。1979 年到 1983 年，不少州政府设立了新的电视台来播报自己的新闻和活动，这些新闻和活动都要接受由联邦政府控制的尼日利亚电视局审查。

电视和其他媒体一样，都是政治的牺牲品。的确，许多电视台的设立就是为政治服务，电视台的主要领导是政治任命的。政府认为这是接近公众并为自己推行的政策收揽支持的最有效的方法。最终，政府就掌握了绝大多数电视台。虽然他们不一定非得播报政府新闻或者频频让掌权者出境，但是他们不能公开反对重要的公众人物。电视节目最好支持当权者，或者至少不能批判反对他们。如果电视台员工不表衷心，或者涉嫌支持政治反派，那么他就可能被开除。电视台关键职位都由当局政府的支持者占据。有时候，新闻播报稿是由政党或政府机构撰稿，电视台独立播报；新闻节目主持人被迫播报虚假选举结果；许多记者被诱惑或强迫夸大政府项目的战绩。当国家分裂或者政党处在"战争"状态，观众则会根据自己的政治立场选择电视节目观看。尼日利亚西南部的观众有很多次无视或抵制尼日利亚电视局播报的有关联邦政府的新闻。

官员们总想听到积极的信息，所以记者很难让政府满意。假如记者详细报道校园暴力事件，他们就会将此解读为蓄意煽动反政府抗议活动。如果某档节目批判了政府的项目，他就会被误解为意图侮辱政府官员。所以，许多电视台和电台工作人员只有把自己变成马屁精才能生存下来。

虽然电视媒体发展困难重重，但仍取得了许多成功。电视媒体发掘了许多创新人才，传播了当地戏剧和电影。人们不信任新闻和与政府有关的纪录片，并不代表他们不喜欢其它电视节目。实际生活中，电视给人们带来了许多休闲乐趣。

刚开始，电视媒体必须大量依赖英美的《超人》（Superman）和《灵犬莱西》（Lassie）等外国电视节目。但是当时尼日利亚正在摆脱英国的统治，精英阶层并不满足于此，学者们也想掀起一场文化革新。电视台的管理人说，他们意识到弘扬本土文化的需要，但是由于资金有限，当地赞助商匮乏，他们面临重重问题。电视台最初开始展现的本地人才都是音乐表演人才，比如钢琴独唱和合唱节目。奥兰多·马丁斯（Orlando Martins）是第一位电视音乐传奇。在尼日利亚北部，卡德·卡德穆（Kade Kade Mu）是最早在电视上表演豪萨语的流行歌手。

初级阶段之后，电视台将关注点转移到民间艺人。约鲁巴戏剧天才休伯特·奥古德（Hubert Ogunde）登台表演过许多戏剧。1965年，尼日利亚西南地区电视台搜猎人才，电视节目大获成功，并诞生了第一位重要的电视戏剧演员莫斯·奥莱亚（Moses Olaiya），他的每周戏剧《巴巴萨拉》（Baba Sala）备受关注。继奥古德和奥莱亚之后，许多人建立了自己的剧组并签署电视转播合同，从而极大地丰富了电视节目。尼日利亚东部和北部，虽然没有奥古德和奥莱亚这样大规模的戏剧人，但涌现了许多小型戏剧组。昆昆·库尔西亚（Kukan Kurciya）是尼日利亚北部最早的大获成功的戏剧组。

20世纪60年代，电视台播出一些英语剧，主要是根据学校文学作品改编的英国经典。书面文本非常的丰富，但是电视节目并不成功。因为演员不太有创造性，英文说得也不自然，而且以演艺为生的专业演员非常少。现在，英语剧和本土语言剧都很常见了。最长的英语剧是《乡村校长》（*The Village Headmaster*），讲述农村里出现的各种社会问题。

由尼日利亚电视台在全国播放的第一部电视连续剧叫《拂晓的啼鸣》（*Cockcrow at Dawn*）。它是以新兴的家族文化为基础。最宏大的一部纪录片就是《文化之貌》（*Portrait of a Culture*），介绍了尼日利亚各种各样的文化节日。最成功的肥皂剧就是《阳光下的镜子》（*Mirror in the Sun*）。20世纪80年

74

代，各州彼此分享成功的电视节目，观众的可选择项增加。20世纪80年代以来，尼日利亚电影业得以发展。国产电影能够出现在电视上播放。宗教组织拍摄了许多在电视上很受欢迎的道德剧。外国电影也越来越多，尼日利亚可以收到美国有线电视新闻网（CNN）和基督教广播电视（CBN）等许多国外电视台。

尼日利亚的电视观众虽然主要集中在城市地区，但是数量在不断增加。对大多数家庭来说，观看晚间电视节目是最好的休闲方式。看电视便宜、可选择多、容易获得。最受欢迎的是足球节目和本地戏剧，其次是动作电影。受尼日利亚国家电视局控制的电视台将外国电视节目的比重减少到20%左右，而且这些节目不会在黄金时段播放。然而，本国电视节目还是要跟国外电视台的节目竞争。政府资助资金不足时，电视台需要通过商业途径筹集资金（如给政府播报信息获取报酬），为公司宣传，播放不知名的外国电影来填满节目空缺时间。

电视上也反映出尼日利亚人的宗教热忱。基督教徒和穆斯林每天都出现在电视节目中。所有主要的宗教节日都会电视转播。此外，宗教组织还会赞助电视节目宣讲和传教。宗教节目有时候能反映出导致国内局势紧张的深层宗教分裂。

政府也把电视当成宣扬道德的工具。每次政府启动"道德战争"的时候，比如20世纪70年代的"伦理革命"（Ethical Revolution），20世纪80年代的"反无纪律战争"（War Against Indiscipline），20世纪90年代的"社会正义运动"（Movement for Social Justice），电视就会变成喊口号、宣传道德观和布道的工具。

电视台为了维护公众服务的形象，也会播放一些校园节
目。电视台与教育机构合作播报一些重要的教育问题，从学校
各科的教学到公民培养等事项。政府也给学校捐赠电视，鼓励
观看教育类节目。

尼日利亚电视产业在不断壮大中，并寻找适应本土环境的
方法。无论是记者还是技术人员，他们都不缺。国营电视台虽
然用来开发丰富多彩的电视节目的资金有限，但是他们不乏人
才和想法。外国电视台可以在尼日利亚播放，给观众提供了更
多的观看选择，但是由于维护成本较高，只有做得好的节目才
能盈利。新闻、足球、摔跤比赛和动作电影是最受欢迎的外国
节目。电视台靠广告、转播葬礼和婚礼等社会活动盈利。虽然
少数团体总会抱怨电视没有让他们充分地展现出来，但电视节
目确实反映了各民族、文化和宗教的多样性。《新化装舞会》
（*The New Masquerade*）、《萨满卡》（*Samanja*）和《新农村校
长》等国家戏剧节目都在探讨当代问题以及金钱与爱情的冲
突。齐诺瓦·阿切比等名家的作品，如《崩溃》已经被改编
成电视剧，并被列入"国家项目"中。在拉各斯、伊巴丹、
阿布贾和卡诺等大城市，居民每天有很多本地电视台和外国电
视台可选。据尼日利亚国家电视局统计，电视观众数量大约为
3000万人。而且这个数量越来越多，拥有电视机的人也会越来
越多。

政府对媒体的控制将会持续很长时间。同时，私营电视台
会越来越重要。因为对政府而言，电视的主要目的不是娱乐，
而是发布官方消息、为政策获取支持和维护国家凝聚力的公共
服务机构。但是，如果政府电视台的电视节目不吸引人，那么

他们会失去观众的青睐和利益，"拱手相让"给私营电视台和
提供外国电视台节目的卫星电台。

注释：

1. 沃尔·索因卡，《千神森林：一个猎人的传奇》；D. O. 法古纳
瓦，《成为〈森林之神〉译本》，伦敦：尼尔森，1968。

2. 他后来改姓为贝克德勒莫（Bekederemo）。

3. 加布瑞·奥卡拉，《渔民的祈祷》，贝宁：艾瑟普出版公司
Ethiope Publishing Company，1978。

4. 奥卡拉，《渔民的祈祷》，6。

5. 最具杀伤力的批评是齐伟祖（名字不详）指责他们精英主义和
蒙昧主义。参见齐伟祖，《非洲文学的去殖民化》，埃努古：第四维
度，1980。

6. J. P. 克拉克（贝克德勒莫），《浪潮中的芦苇》，伦敦：朗
文，1965。

7. 迈克尔·恩彻罗，《杀伤力》，伦敦：朗文，1968。

8. 作者死后才出版，伦敦：朗文，1971。

9. 这本书现在收录于索因卡，《早期诗歌》，纽约：牛津大学出版
社，1939 年。

10. 伦敦：雷克斯·柯林斯，1973。

11. 伦敦：Heinemann，1972。

12. 埃努古：第四维度，1978。

13. 保罗·恩杜，《给先知的歌》，纽约：诺克出版有限公司，1974；
尼伊·奥孙达勒，《村庄的声音》，伊巴丹：埃文斯兄弟，1984，和《市
场的歌》，伊巴丹：新角出版社，1983 年。

14. 参见，如，奥孙达勒的《村庄的声音》，齐伟祖《非洲文学的
去殖民化》。

15. 《你不明白的许多事》，伦敦：约瑟夫，1970；《许多事为了改

变而开始》，伦敦：约瑟夫，1971。

16. 她的小说《沟中和二等公民》收录在《艾达的故事》，伦敦：艾莉森和巴斯比，1983；《新娘的价格》，伦敦：艾莉森和巴斯比，1976；《奴隶女孩》，牛津：海涅曼，1995；《当妈的乐趣》，纽约：G. 布拉兹勒，1979；《比夫拉目的地》，牛津：海涅曼，1994；《双重枷锁》，纽约：布拉兹勒，1983。

17. 奥克耶，《无耳男》，伦敦：朗文，1984。

18. 《胎死腹中》，拉各斯：朗文，1984。

19. 联邦军事政府，第 24 条法令（1976）。

4　艺术和建筑/民居

艺　术

对尼日利亚许多族群来说，虽然"艺术"（"ART"）是一个外来词，但"艺术"一词本身指代的对象和意义对他们来说并不陌生。可称之为艺术事物的有工具、武器、餐具、乐器，雕花门、房屋立柱，各种雕刻面具和用于社会和宗教仪式的物件。尼日利亚最常见的艺术作品有岩画和版画，装饰陶器，用铜、黏土、石头、木头和象牙制成的雕像以及华丽的饰品。

艺术品可显示出一个国家的专业化水平——为创作艺术作品所耗费的时间和精力，以艺术为生或者在媒体机构工作的人数。许多年轻人去正规学校学习各种艺术技艺，也有很多去传统的木雕师傅、皮革工人或者葫芦雕饰手艺人等处当学徒。

艺术欣赏是人们的休闲活动。他们在闲暇时会参观博物馆或纪念碑。再者，人们用艺术作品装饰房屋和办公室，艺术也为现代生活和经济发展做贡献。在尼日利亚艺术界，传统形式和现代形式并存，并且两种形式的元素会结合在一起共同创作现代艺术。具有宗教意义的艺术作品主要保留在本土和其他宗教仪式上，有的是在假面舞上演出用的面具，有的是教堂用的装饰品。

尼日利亚和非洲艺术作品不单指木雕。木雕只不过经常展出在西方博物馆或出现在有关非洲书籍和杂志的封面上罢了。尼日利亚艺术类型和形式多种多样，每一类都有传统和现代两种风格，表现在建筑、身体装饰以及各种与宗教、法律、农业和其他活动有关的表演上。[1]

78

传统艺术

尼日利亚可见石器时代晚期的艺术品，尤其在陶器、石器的造型艺术上表现尤为明显，比如卡诺附近的比尔宁·库杜（Birnin Kudu）的岩石绘画和雕刻。[2] 我们在尼日利亚北部和南部发掘出了装饰陶器碎片和抛光过的石斧，其中许多物品可追溯到公元前 3000 多年前。到公元 100 年，诺克等地也有许多铁器时代早期的艺术作品，当地已发现石制和铁制工具以及赤土陶俑。

同时，也发现了大量用于纪念文化英雄、祖先和国王的用品，比如伊博族乌克屋的铜制物品。[3] 在伊费，出土了许多铜制半身像，国王和王后的全身像以及与铜塑风格相似的陶土塑像。从这些文物中可以看出国王的财富和威望，人们对神的崇拜和对祖先的敬重。仪式和宗教上所用的许多物品与节日、祭祀和崇拜所用的艺术品密切相关。贝宁的艺术品非常著名，其中有器皿以及国王、王后、宫廷官员、平民、欧洲人和动物等的铜塑。

传统艺术形式有许多共同点，其中许多特征被保留到现代。比如，艺术家从当地资源获取绘画材料：有木材、葫芦、果核、拉菲亚树、棉花和竹子等植物材料，有石头和粘土等来自大地的材料，有皮革、贝壳、牙齿和兽皮等来自动物的材料，还有铁、金、黄铜和青铜等金属材料。虽然艺术创作的工具简单，但是艺术家丰富的创造力穿透时间依然滋养着当下。

从各地区艺术品的连续生产上可以看出，许多家庭专注于同类艺术品的创作，将技艺代代传承下去。每一代人都做适当的变动来反映所处时代的历史和审美标准。

透过他们的作品，艺术家展现了人民的世界观和抱负、创作的思想、祖先们的遗产、族群精神和本土历史。许多传统艺术形式与宗教密切相关：他们被用来表达人们对神灵力量的信仰；他们代表着能够抵达灵力的祭祀物品；他们也是巫师、祖先和神灵的象征；他们也是维护宗教社区的律法和规则的象征；他们还是圣物。实际上，尼日利亚艺术就是因为具有宗教用途才蓬勃发展的。人们把艺术作品当成宗教物品来收集，而且这种方法非常有用，也很管用。这并不是因为艺术作品具有历史或美学价值，而是因为人们仍然认为这些器具是通达神灵的必备之物。

艺术也与社会生活密不可分，许多艺术作品表现了个人与亲族、家庭、家族和村庄的关系。出生、结婚、死亡、割礼和成人礼等人生的重要时刻被定格在艺术作品中。这些作品捕捉到重要的庆祝仪式。

政治也在艺术中起着重要作用。有些重要的艺术作品就是权力的象征，比如皇冠、皇椅和用来装饰身体的珠子。在社群内，政治和社会组织就用艺术作品来代表自己及其权威。因此，秘密社团的成员可能就有一种仅内部成员可使用的象征物。

艺术也与许多贸易和各类职业有关。其中，市场上不仅有经济贸易流通的创作工具，还有皮革工人、葫芦装饰艺人和木工等熟工匠也得靠出售作品来谋生。艺术家们往往会注重区分为功利目的而创作的作品和闲暇的创作。无论艺术家的本意是什么，他们的工具和艺术品都表现了某个特定时期特定地区的技术状况。

最后，尼日利亚人经常将艺术品作为把玩物件或者赋予含义。其中，乐器用来唱歌、跳舞。面具和其他物品则用来增强表演效果。许多休闲游戏是用木头刻的，比如约鲁巴人的阿哟（*ayo*）。[4] 尼日利亚有很多专门为孩子做玩具的艺术家，比如约鲁巴族有人专门刻人和动物。一般而言，传统艺术倾向于向外辐射能量，让艺术作品本身具有可游戏性和可沟通性。制作面具的过程就是冥想（向内），但它的功用却是指向外部的。

受益于人们保存和调整，传统文化才能以各种方式存活至今：青铜铸件、木雕和绘画。总的来说，人们对艺术作品的美学关注已经超过对其"仪式和宗教意义"的关注。当代国王和议院官员已经恢复了任命青铜工人、木刻师以及珠宝和皇冠制作人的传统，让他们为皇室服务。他们还会继续使用象征着权力和威望的符号。天主教在鼓励当地艺术家方面有过一段傲人的历史，特别是木雕。尼日利亚艺术品也拥有外国市场，而且传统艺术家为越来越多的尼日利亚受教育的精英创作艺术作品。

80　　无论在城市还是农村，传统工艺品随处可见。其中有锅碗瓢盆、家具和装饰品等家用物件。现在，不是所有的材料都产自本地：例如，当地衣服制作所需的纱线和染料都可以进口；弄头发用的线和材料可以是本地原料也可以国外进口。在时尚和发型设计方面，精英阶层喜欢本地工艺。但是本土产品，尤其是家用器具等，在农村地区更普遍。

传统艺术和工艺人的收入过低，价值被低估，只不过是因为他们的富裕客户群太小。所以，虽然艺术生产技术已经融入学校课程中，但感兴趣去研发的学生并不多。即便如此，传统艺术历经了一个世纪的巨大变化，其中许多元素已经与现代艺术细腻融合。

当代艺术形式

当代艺术是需求推动的。首先，为了保留传统艺术的精髓；第二，为了将传统艺术和现代艺术融合；第三，为了创作抽象艺术作品。虽然现代艺术家从世界各地借鉴创作工具和技术，但其中许多艺术家仍在讨论保存非洲艺术传统，维护尼日利亚文化身份，开展"非洲个性"项目。传统艺术、现代二维艺术，雕塑、绘画、建筑、平面绘图、纺织品和时装设计是最受欢迎的艺术形式。艺术作品和尼日利亚文化和习俗的其他表现形式一样，也要与伊斯兰教和基督教的传播、殖民统治以及西方文化的迅速蔓延呼应。以下是对广泛运用的艺术媒介和最著名艺术家的简单介绍。

雕塑

传统雕塑已经使尼日利亚在国际艺术领域声名显赫。许多艺术家一直在秉承这一传统，创作有关伊芙、贝宁和伊博的乌克屋的作品，尤其是国王和王后的半身像以及各类描绘皇室的作品。拉米蒂·法克耶（Lamidi Fakeye）是著名的传统木雕艺人，他在奥博费米阿沃勒大学（Obafemi Awolowo University）做了许多年常驻艺术家。他的杰作《欧杜瓦》，雕刻的是约鲁巴族的祖先，给校园增添了许多魅力。在尼日利亚，有一群被称为"奥绍博艺术家"的人，他们专门雕刻约鲁巴的各类男神和女神。在这群人中，最著名的一位艺术家是苏桑纳·温格（Susanne Wenger），他以运用夸张的尺寸和形式雕刻作品而出名。

雕塑界也开创了许多新途径。菲利柯斯·杜波（Felix Idubor）是 20 世纪 50 年代和 60 年代伟大的雕塑家。他是一位视觉幻觉大师，从约鲁巴族和贝宁族的自然派青铜作品中大量借鉴。本恩·文乌（Ben Enwonwu）也很有名，他以现实主义蜚声。他的名作《桑戈》，展现的是约鲁巴族的雷神，而且这幅作品被展出在国家电力部门总部（位于拉各斯）。

许多艺术家的作品都很有创意。多数艺术家用彩色绘画肖像；少数艺术家用抽象形式表现人物，比如艾斯卡·奥苏德（Isiaka Osunde）。一些艺术家将传统和抽象形式结合起来，比如乌彻·奥克克（Uche Okeke）和德玛斯·诺克（Demas Nwoko）。

教堂、政府机构和个人以委托创作的形式资助艺术家进行雕塑和绘画作品创作，特别是雕刻板、水泥浮雕屏，金属浮雕和肖像画。艺术家们也在长凳、椅子、躺椅以及各种装饰物品上创作。这些物品可能展现的是本土传统，也可能是"进口传统"（比如基督教堂的十字架和耶稣像），抑或是各种传统的融合。

绘画

绘画可能是最具有创造力、最有活力的领域。尼日利亚诞生了一大批杰出的艺术家。奥纳波鲁（Onabolu）和阿基图拉·纳塞肯（Akintola Lasekan）在幻觉表现上开创了一个新领域。20世纪60年代，名叫"雅巴学院"（Yaba school）和"扎里亚学院"（Zaria school）的团体中，涌现了布鲁斯·奥侬布拉佩亚（Bruce Onobrakpeya）、乌彻·奥克克、西蒙·奥克克（Simon Okeke）、于苏芙·吉里奥（Yusuf Grillo）和德玛斯·诺克等艺术家，他们开创了一种新的绘画风格，关注尼日利亚和其他非洲特色元素。这些作品具有高度的个人主义，是为了吸引具有高级艺术品位的精英阶层。本恩·文乌将这一风格表现在他的名为《尼日利亚主题和非洲舞蹈》（*Nigerian Theme and African Dances*）的系列作品中。他在作品中想通过舞蹈来传达人的精神和宗教信仰。

在奥绍博，一所非正式学校培养了一些非大学出身的天才艺术家，比如双胞胎七七（Twins Seven Seven）和吉莫布拉摩（Jimoh Buraimoh）。现在奥绍博艺术家中享有国际声誉的名家都从约鲁巴民间故事和传奇中挑选创作主题。绘画作品成为了打开过去文化和历史的窗口。布鲁斯·奥侬布拉佩亚接受过正规的系统训练。他也采取了类似的创作方法。他在一幅又一幅作品中，不仅有令人热血沸腾的细节和主题，而且还详细叙述了尼日利亚西南地区一个重要的少数民族乌尔霍博族的传奇故事。伊芙族的塞古·阿德库（Segun Adeku）是其中的另一位成功艺术家。

20世纪70年代始，出自"扎里亚学院"的三大艺术家库拉德·奥什诺沃（Kolade Oshinowo）、齐纳·优素弗（Shina Yusuf）和德勒·杰格德（Dele Jegede）对表达风格、线条元素的运用和圆圈图案的创造性使用上影响颇深。之后，兴起了"阿巴尤米·巴尔博学院"（Abayomi Barber school），他们将自然主义风格加入现代二维作品中，对古老的伊芙传统进行了再创作。巴尔博学院艺术家的创作主题以本土生活方式为主，他们的作品吸引了许多人。他们的作品注重技术细节和超现实主义。

一些机构单位和个人对壁画和画像等艺术品的需求养活了许多才华横溢的艺术家。但，这绝大部分集中在大城市。

平面艺术

一些艺术家因为运用创意设计让报纸更吸引人，或者运用大众传媒推广文化或政府政策而闻名。其中，最惊艳的设计作品是由德勒·杰格德、比斯·奥古巴德杰（Bisi Ogunbadejo）和肯尼·亚当逊（Kenny Adamson）这些杰出的艺术家设计的卡通。他们都十分关注政策和当代社会问题。平面艺术家和优秀的摄影师为众多杂志的流行做了重要贡献。这也表明文化底蕴和艺术人才能够提升平面设计产业的质量。

纺织品和时尚

纺织艺术是一项已经发展个几个世纪的活泼而富有创造性的艺术形式。传统的横织和垂直织的织布技术以及手工设计生

82

产的各类织品现在仍然存在。从织物上的蜡印和面料可以看出当地人对彩色的喜爱。他们采用了各种形式：古老的扎染织品现在运用于现代服装、百叶窗和桌布的制作。尼日利亚的纺织品也做成了西方风格的服饰。他们用"阿奎特"（*akwete*）和"艾迪尔"（*adire*）两种布料制作夹克或外套。从精心装饰和刺绣的服装上，我们可以看到尼日利亚人民的伟大天赋。由于非洲移民的增加，他们的房主十分喜爱尼日利亚纺织品的色彩以及这具有异域风情和与众不同的优雅。尼日利亚纺织品的市场需求量增加，他们的服装现在开始出口。20世纪80年代经济衰退，本地纺织业却反而受益。因为人们购买的进口纺织品和服装减少。此时，本土设计师兴起，他们抓住这一机遇来实现自己，展现才华。而且，事实也证明他们很有天赋且多才多艺。

身体装饰则是借鉴已有的文化活动，也从西方文化吸取经验。他们使用化妆品、永久性划痕和各种各样的头饰。发型设计是一个非常重要的行业。在这项工艺中，设计师的智慧表现得不受限。

其他具有功能性的审美工艺品

除了纺织品和时尚，尼日利亚还有许多既有功能性又有美学价值的物品，来进行艺术表达。比如一个经过修饰的饭锅，不但能做饭，还可以取悦眼球。办公室的门既能保障安全，也可以给人带来审美享受。房子、家具甚至家务器具都有艺术家的印记，因为艺术家们也需要为自己的作品寻求市场。尼日利亚艺术家的创造才能随处可见，尤其在教堂和教堂装饰艺术品等建筑艺术上可见一斑。耶稣基督、圣母和各种天使的画像点

83

缀在教堂内部，讲坛和长椅上可见精致的木雕。

许多人家的住宅和教堂一样悉心装点，从中可看出主人的社会和政治地位。宫殿和酋长们的住宅由许多木雕柱和木雕窗格。在贝宁国王和酋长的宫殿中可以看到墙面上有柱槽装饰。尼日利亚全国各地的壁画风格和色彩各不相同。

本地铁匠运用传统的和新式的金属加工工艺制作锄头、砍刀和斧头等工具。这些工具既有实用价值，也可以作为装饰，可供工匠们对此进行创造性的美学评价。旅游业推进了黄铜铸造业的发展，这些铸件既表现动物等传统题材，又表现汽车和飞机等现代题材。他们也将金属铸成碗、杯子等其他家用器具。这些用品通常作为馈赠亲友的礼品。

陶器满足了农村地区对烹饪锅、喝水碗和盛水容器等器具的实用功能需求。同时，陶器也满足了一些人对装饰的需求。锅具可以经过雕刻、蚀刻和绘画等装饰。葫芦饰品比这些锅更受欢迎，他们可以挂在墙上，也可以当成桌面摆件。葫芦饰品是在切成形状和尺寸各异的葫芦上雕刻各种花纹或绘画。你可以在许多普通家庭看到的另一件物品是编织或缝制而成的篮子。皮革工艺向来高度地专业化，皮革制品行销国内和海外。皮革匠人主要集中在尼日利亚北部和南部的奥约—约鲁巴族，他们用皮革制作护腿支托、包具、蒲团、剑鞘和马术装备。加工处理和晒干后的兽皮被卖给皮革制作商进行缝制和装饰等深加工。尼日利亚的皮革产品十分精美，许多普通人家里就有，北方的皮具尤受欢迎。同时，它也是官方赠与外国政要的国礼。

84

当代艺术：实践和展示

第一批现代艺术家，主要有艾纳·奥纳波鲁（Aina Onabolu）和阿基诺·纳塞肯（Akinola Lasekan）。他们的艺术天赋在小学时被挖掘出来，随后便赴英国接受专业训练。这批艺术先驱对用艺术展现社会很感兴趣，但对表现抽象传统艺术并不如此。这一做法深受其传教士和欧洲学习的老师所谴责。纳塞肯是尼日利亚的第一位著名漫画家，其作品主要讽刺英国政府，他也是一位名声显赫的画家。奥纳波鲁是一位画家兼教育家，他画了拉各斯许多名人的肖像画。1927 年他加入社会团体施压政府，争取任命肯尼斯·默里为美术教师。默里后来却在尼日利亚文物保护方面卓有名气，还成为尼日利亚第一位政府艺术顾问本恩·文乌的导师。虽然当时正式的西方教育对艺术家的成功至关重要，但是仍有许多像双胞胎七七这样没有接受过西方教育却获得国际认可的艺术家。

目前，艺术是尼日利亚正规教育体系的一部分，各级教育阶段都有授课。其中，诞生了许多伟大的艺术教育家，如德国人乌里·贝尔（Ulli Beier），于苏芙·吉里奥，所罗门·瓦波杰（Solomon Wagboje）和乌彻·奥克克。另外雅巴、扎里亚、贝宁和尼苏卡还创立了许多重要的艺术院校。20 世纪 60 年代，蒙巴丽给许多没有接受过多少正规教育的艺术家在他们的夏季工作坊提供实践机会。"尼日利亚艺术家协会"聚集艺术学者，共同反思艺术境况。虽然学生对艺术很感兴趣，但是毕业后他们很难找到好工作。迫于此，他们不得不改弦更张，另寻出路。许多人在广告、媒体和教育行业找到报酬可观的工作，但是能靠出售艺术作品活下来的人却凤毛麟角。

现代艺术家是"折衷的个性。"他或她在工作室工作或车间运用进口的工具和材料，通过传统和现代技术来展现本土和西方文化。如果殖民前时期，雕塑是最受欢迎的艺术形式。那么现代最重要的艺术形式俨然已是绘画。他们的灵感来自多种文化的滋养：本土文化、进口文化、伊斯兰教和基督教文化。

在伊费、拉各斯、贝宁和约斯等城市有许多博物馆，展出了传统和现代艺术作品。艺术委员会是政府机构，用来赞助开办艺术竞赛，培养新兴艺术人才。1977 年尼日利亚举办了第二届世界黑人和非洲艺术文化节，展示他们的文化遗产，突出强调文化与国家发展息息相关。艺术家展示自己作品的机会越来越多，大学校园和各大城市、大型酒店的大堂和休息室，私人艺术馆和个人家里，偶尔会举办各种艺术展览。

艺术赞助的几个主要来源是：当地的精英、外国人和政府。本土观众认为最好的艺术作品是自然主义，作品主题清晰；但是外国观众更喜欢抽象作品。命题作品反映出资机构的爱好，而不是艺术家本人的感受。批量化规模生产市场需求增加时，艺术家做出相应对策。因此，许多工作坊通过复制传统图案并使用染色做旧等方法来制作面具，使其更具吸引力。

尼日利亚艺术有以下三大倾向。第一，国外市场最受欢迎的是应用传统图案的作品。因此，他们创作了许多古代面具、传统士兵、国王、王后和马背上的人物形象等的雕塑和绘画。虽然创作了许多新的面具和祖先塑像，但其中的文化思想还是与过去一脉相承。类似地，也还有一些以传说和民间故事为蓝本的图样。伊博人体彩绘给艺术家们提供了许多展现过去的思路和方法。

第二，有些艺术家捕捉日常和特殊的生活经历、社会及政治事件、环境和公共人物进行创作。这类自然主义艺术在尼日利亚很受欢迎，人们比较容易接受。比如阿基诺纳赛肯画的集市，本恩·文乌的雕塑（比如雷神桑戈），于苏芙·吉里奥描绘的农村景色和约书亚·艾肯德（Joshua Akande）的风景画。几乎所有重要的创作题材都被才华横溢的艺术家一网打尽。

第三，抽象作品数量众多，且体现在所有艺术创作形式中。艺术家创作一件作品，给它取一个名字并且给它附着一个故事。所以，许多著名的雕塑家创作了一些很难解读的作品。最擅长使用这种技法的当属画家了，他们运用线条和颜色来阐释复杂的意思。有些抽象艺术家喜欢借用自然世界。比如艺术家在个人或动物身上负载一些权力和思想。因此森林里的狮子可以戴上约鲁巴国王的王冠，来显示自己对森林的绝对领导权。

86　　尼日利亚艺术行业已经相当成熟。他们的艺术人才比比皆是，受过正规学校教育的和没有受过正规学校教育的都有。他们的思想、眼界、敏感和想法来自多元文化，反映了不断变迁的政治和社会。尼日利亚最荣光和最黑暗的时刻都以各种形式展现在艺术作品中，其中有伟大的民族主义者赫伯特·麦考利生动的绘画作品，还有表现20世纪90年代经济大萧条时代饥饿孩童的作品。尼日利亚艺术界的"大牌"们不仅国际知名，也是后来艺术家争相追随的楷模。由于市场的扩张和生活水平的提高，越来越多的人开始购买装饰物品来美化他们的房子和办公场所。尼日利亚艺术家们也因此得益。艺术家仍然在寻找"真",希望在现代世界创造出专属尼日利亚的独特性。

建　筑

农村民居

虽然城市以惊人的速度扩张,但是大多数尼日利亚人仍居住在农村。不同的农村居民点由于生态、文化、经济和现代化程度不同,各地差异也非常大。一个普通游客可能只是关注当地自然美景,而不会注意到农村民居的差异。农村有很多分散的房群,每个房群都有围栏,其中有许多已婚夫妇及其家属和亲戚的房子。还有一些小村庄离群落比较远,靠近农田和植被区。大的村庄多达5000人,规模小的少至200人。每个村庄由许多小村落和房群构成。

在尼日利亚南部,农村居民点主要分为五种类型:渔民小屋和小村子;密集的农村居住点;分散的,规模较小的村庄;分散的农村居民点;和"卫星"农庄和小村子。变化自然是不可避免的。随着时间的推移,由于经济的发展,村庄可以发展为小镇。

捕鱼小屋和小村庄沿着水岸而建,比如贝宁湾海岸的基塔、伊乔和伊策基里这几个族群。在这些地区,由于自然地形的特质和他们的职业,人们的聚集规模很小。伊乔人和基塔人下海捕鱼,他们在海滩上搭建小棚或小村庄居住比较方便。从事湖区渔业的社群,比如伊杰布人(Ijebu)、伊乔人和伊拉杰

87 人（Ilaje）会沿着湖泊或小溪建房。在这些迁移族群中，乌尔霍博人和伊博人种植木薯，聚居地小型农场一般不到20人。

聚集的农村居住点主要分布在尼日利亚西南部，比如居住在南部森林东北方向的高贾族（Ogoja），奥韦里（Owerri）地区附近和尼日尔三角洲各地。这类居民点主要分为三种类型。以高贾族为一类，他们生活的村庄是规模较小的聚居群。房屋群有序地建在狭窄的街道两边。当地还没有出现较大的聚居群，因为他们更喜欢住在小村里，而且他们的居住地较为太平，它们不需要考虑抵抗或安全因素。第二类是奥韦里族聚居的村落，他们的房屋群呈圆圈状排列，房屋的墙壁连在一起共同形成一道屏障。外墙内则分布着许多房屋。第三种是尼日尔三角洲类型，许多房子挤在洪水泛滥水位以上的小块陆地上，很大程度上促进了居民之间的密切联系。北部伊博族有些分布在一些较为分散、小型且铸有围墙的小村庄，有些分散居住在更为广阔的地区。不同的居住点因休耕地或棕榈树林而区分。人口密度高的地方，村庄们与将他们分隔开的小块农耕区紧凑相依。在一个村庄内，房屋彼此紧挨着，形成一道防御屏障。由于新道路的修建，许多房屋移到公路附近，交通便利且方便经商。

东南部的伊比比奥族和伊博族主要居住在分散的农村居民点，即小村子和房屋分散各地。这种分布类型很有可能是因为聚集居民点解体。在西南部约鲁巴族，则主要居住在"卫星"农庄，和远离城市的小村落。这种居住模式让农民既能够在村庄务农，同时也方便去城市参加社会活动。

在尼日利亚北部，有两种居民分布类型：聚集型和分散型，每一个民族都与另一个民族密切相连。北部大草原的大半部分主要都是密集型农庄，由许多小村落和房群组成。村庄之间彼此相隔距离非常大。生活在农村的豪萨族人居住在密集型村庄（称为嘉里 gari），其中有许多分散的房群（称为夸叶 kauye）。这是两种截然不同的居住类型的结合，从中可以看出豪萨族悠久的聚居历史。村庄的许多小茅屋和谷仓反映了当地以农业为主。房群往往只有一个入口，四周栅栏包围。村庄的围墙是为了保障居住安全。现在，围墙外也由许多房群，可能是因为近来人口增长，也可能是因为当地的法律和秩序维护得较好。

东北的卡努里人则居住在密集型的居民点，与豪萨人相似。卡努里人的村庄是由圆房子组成的群房，房屋外有土墙或草垫幕包围。努佩人居住在西南面的稀树大草原，由于他们的人口密度较高，村庄分布更为密集。他们的村庄通常很大，并且离这一村庄三到五英里处会有许多屯嘉（*tungas*）。屯嘉是一个简陋的居住点，是农民用来探索肥沃农田的根据地。它本质上是一个移动式住房，如果收成不佳就会被拆除。因为屯嘉不为市场或政府服务，所以农民总是不得不回到"本村"居住。

在南半部的稀树草原，尤其是中部带，人们居住在分散的居民点。迪夫族居住在地势开阔的地方，茅草农场之间以农田和树木为界，还有成千上万的小村庄、小茅屋和群房彼此孤立。居住在群房里的是同一家族的成员。农村居民点分散分布十分普遍，即便传统上一起居住在山坡上的民族也会分散居住，比如格瓦里族。他们现在一般都以群房的形式定居在平原上。

城市居住区

尼日利亚的城市主要分为三种：传统的、现代的、和传统与现代结合的。一些古老的城市建立于几百年前；稍晚些的城市建于 19 世纪；现代城市则新兴于 20 世纪；而传统与现代结合的城市，则是历史更为悠久的城市有了新的气象。传统的城市有约鲁巴族的巴达格里、伊费、奥博莫索（Ogbomoso）和欧约；豪萨—富拉尼人的卡诺和索科托；以及卡努里人的迈杜古里（Maiduguri）。所有这些保存至今的城市反映了各城市如何与当地环境、文化以及政治和经济的变化相适应。索科和奥约两座城市就是最好的印证。索科（约有 15 万人口）成立于19 世纪初期，是丹·福迪奥建立的伊斯兰帝国的首都。它的外围有防御围墙，城市建立在高原上，受索科托河和里马河（Rima）滋养。它一直是重要的宗教中心，伊斯兰地区最权威的国王和精神领袖的居住地，穆斯林学者们的大本营。它也是工艺品生产中心，特别是皮革工艺品。索科托城墙十分恢宏，与城门连通的道路通向最重要的农业生产区：苏丹的宫殿、清真寺和供宗教和社会活动的巨大空地。古老城市中，高楼很少见。部分是为了保护女性的隐私，而且在页岩土层上要建造大型建筑很困难。当地的典型建筑为长方形，较矮，泥巴墙，屋顶高而厚。这样的房子宽大，可以应对天气变化和极端天气。

20 世纪上半叶，索科托城的发展部分是因为贸易的增长和新修建了一条长 160 千米通往火车站的公路。由于索科托州河，城市无法向北扩张，所以大多数新建筑建造在河的南部。

其中，政府计划建设的现代建筑最多，比如乌斯曼努·丹福迪奥大学（Usmanu dan Fodio University）和一些商业中心。老城区仍然保留着 19 世纪时期的文化特征。

　　奥约（人口大约 12 万）建立于 19 世纪初期。当时奥约帝国正面临严重危机，并从此走下坡路。城市的布局是以许多古老的约鲁巴城市为模板。城市中央主要是经济和政治区。这里还有大市场奥贾·阿肯色（Oja Akesan），城里人和偏远村庄的村民都来此地买卖物品。那是一个巨大的露天市场，市场里有许多摊位。同时，这里也是重要节日和政治活动的举办场所。城市内还有国王的宫殿，巨大城墙上也有许多通向市场的城门。皇宫内有各种房子，供国王、皇宫职员，及其妻儿居住。城内还有许多寺庙和神社来敬奉各路神仙，寺庙和神社外面通常还有一块空地，以便于举行公众活动。下一个重要的构成部分是酋长的居住地。他们的房子外也有一大块空地，还有许多通向自己氏族成员居住群房的道路。老城最重要的组成部分是家庭住房。这些房子呈长方形，都是土墙屋，屋顶盖着茅草或波纹状铁丝网。一个房群是由一排房子组成，中间有个大院落。院子既可以当操场用，也是家庭敬拜神灵的地方。手工艺等家庭工作也都在这里完成。每个家庭因其所从事职业的特性不同而区分，比如打鼓、唱歌、种田、染色和雕刻。并且，这些特性也反映在他们居住场所组织方式的不同上。城市内有许多小农场，种植蔬菜和粮食作物。现代扩张主要发生在传统城市城墙之外。哈科特港、阿坝、南部的埃努古和北部卡杜纳等是主要的现代城市。他们兴建于 20 世纪，应殖民地时代的巨变而生。一些城市发展为铁路中心，一些发展为行政中心。

这些城市和西方城市一样，都有许多地标性建筑：行政大楼、酒店、夜总会、电影院、大型市场、现代住房、大批的穷人和少数富人。所有这些城市都是吸引农村人口迁移来此寻找工作或者享受城市生活的乐趣。

尼日利亚东南部的哈科特港就是一个典型例子，它是因其港口优势和铁路运输终点站而发展起来的城市。该城市建于1913年，起初做了一段时间省会。随着石油工业的发展，成千上万的人搬到哈克特港，它成为了商业和工业中心。1967年，它成了州府所在地，吸引了更多的人。因此，到了20世纪90年代，该城市有将近50万人。虽然城市人口突然激增，但是商业建筑和住宅都是现代化的，街道也都是精心规划过的。

北方的卡杜纳则是另一种类型的现代城市，是英国人在近卡杜纳河的地方创建的。该城创建于1917年，是尼日利亚北部的首府。由于铁路的发展、经济的巨变和许多人涌入并成为殖民政府职员，该城市迅速发展起来。1919年，卡杜纳只有3000人，而到1963年人口增长到15万，而20世纪90年代就有了50多万人。它也是州府所在地，是商业和工业以及教育活动中心。卡杜纳的经济反映了现代都市的特征：约30%的人口从事商业和40%从事制造业。这些工作的人需要各种服务产业，催生了成千上万的小商店、大型百货商场和酒店。除了工薪阶层住的"贫民窟区"，其他住房通常都是现代化的。穷人住在南部的"铁丝区"叫"萨博·嘉里"（因贫民窟屋顶多用毛草或铁丝覆盖）。工厂也主要分布在南部，方便获得劳动力。城市的北部与南部相隔一河，是最现代化的部分，最初被称为"欧洲区"。最有权势的人居于此地，这里有巨大的现代化建筑、体育场，军事和金融机构，是富人们最想要的房地产。

北方城市扎里亚和卡诺，以及南方城市伊巴丹、贝宁和拉各斯是现代和传统结合的城市。我们称之为"双城"，兼具古老和现代的部分。古老的部分就如上所述的传统城市。新区有现代住宅、工业区、办公大楼、公寓、酒店、夜总会和餐厅。老城主要由国王、首领、祭司、占卜师和伊斯兰学者等传统的精英把持，也证明了老城之"老"，新城则由现代精英占主导。受过教育的人和年轻人更喜欢在新城居住玩乐。但是两者也有交集，道路和市场将两者紧密联系在一起，他们也一起庆祝重大节日，老城的国王在新城也受人尊敬。

19世纪20年代，伊巴丹起初是一个战争阵营，最后渐渐成为非洲最大的土著城市。它无休止地蔓延，其城市面积最终大到174平方英里。我们也通常称之为世界上最大的村庄，不仅因为该地禁止夜生活，更是因为城市保留了传统约鲁巴城市的特色。古城一般都被封闭的城墙围住，位于区域贸易便利地区，城墙外有广阔的农田。一些古老的部分构成了新城的基础。新城由现代高档住宅区、伊巴丹大学和州政府庞大的秘书处、酒店和企业构成。与新城相比，旧城显得格外无序而混乱。在这些新老交叠的城市中，道路两旁都是小商铺。甚至于，在人口稠密的地区来往车辆都无法畅通行动。在最活跃的商业中心，繁华似乎延绵了数英里。城市的西部和北部紧邻火车站和通往拉各斯港口的公路。

贝宁的人口超过135 000，是著名而古老的贝宁帝国的中

91

心。20世纪初，由于铁路不发达，它发展得非常缓慢。1963年，它成为了州府所在地，随后进入迅速扩张的状态。最新的建设都是以老城为中心呈圆形辐射状开展；因此，这里没有明显的新城和老城的区别。古城的核心是宫殿和市场，但不像伊巴丹，它也是现代城市的商业区。

北方的扎里亚人口超过11万，是一座"双双胞城（double twin city）"，主要有四个构成部分。有建于14世纪的被围墙环护的老城，这里曾是一个大王国的首都。越来越多的豪萨人和富拉尼人来到此处，富有古老气息的地方由此保留下来。由于铁路和棉花贸易的发展，这里也发展出了新城即图顿瓦达（Tudun Wada）。该区有大量的工厂工人，许多产业园都设置在那。第三个部分是萨博·嘉里，即位于老城北部的现代区域，住着外地人和外国人。第四部分是萨玛鲁（Samaru），该区的特点是有一所大学，一个农业研究站，合理规划过的现代城市和住房。

最具活力的传统兼现代型城市是卡诺，几百年来它一直是商业和工业活动的中心。卡诺现在仍然是重要的商业和制造业大都会。它拥有通达全国和海外的公路、铁路和航空交通。此外，它还是接受伊斯兰教育和西方教育的中心。老城依然处在极富权势的穆斯林国王的控制下。新的扩张主要发生在老城墙外围，形成了各种各样的居住区，每个区域都有自己独特的特色。喜欢现代生活的卡诺市民居住在"菲格"（Fegge）中。"菲格"是当下拥有"新钱"的人们对消费得起的宏伟建筑。来自北方其它地方的豪萨族和富拉尼族商人和工人移民则居住在图顿瓦达和戈瓦戈瓦瓦（Gwargwarwa）。南区的人居住在萨

92

博·嘉里，那里有商店、教堂和餐馆。富裕的受过教育的中产阶级居住在纳萨尔瓦（Nassarawa），工业区则位于波派（Bompai）。由此，卡诺城就通过收入和种族将不同的人隔离开。

拉各斯自成一派，它是工业化最彻底，发展最快的城市，是外界进入尼日利亚的重要入口，是政治抗议和媒体活动的中心，是外交官、富裕的投资人和犯罪集团的大本营。由于源源不断的移民涌入，拉各斯人口的年增长速度超过 15%，已经达到 300 万人。城市里有各种各样不同的房屋，既有最古老的建筑，也由最现代的建筑。该城市内的社会阶层划分非常明显，有的穷人无片瓦可居，有的富人居所简直是建筑杰作。

传统的房屋类型

如前所述，尼日利亚共有两百多个民族，居住模式种类繁多。房屋类型多样，也反映了民族的多样性，及其风格、习俗和环境的多样性。许多房子组合而成的居住类型也已经在上文介绍过。房屋的建筑风格也反映了社会系统。水边的伊乔族捕鱼人的住房与居住在内地城市的约鲁巴人不同。房屋建造受经济收入、气候和建筑材料影响。即便房屋外形看起来相似，但因收入不同，建筑所使用的材料也会有所不同。比如在遥远的北方地区，城市富裕地区建造的是平顶泥房，墙壁非常厚实，屋顶是泥浆裹的木条铺成。穷人盖的是圆锥形的茅草屋，圆形土墙。无论在城市还是农村，房屋的建构和装饰品位总是有无穷无尽的可能性。

但是，你也可以容易地分辨出传统房屋的各种类型。传统房屋满足了大家庭合居的要求，适应了他们的职业，充分利用本土建筑材料，反映工匠的技术、当地信仰、文化活动，以及对隐私和安全的考虑。建筑材料主要由泥、木、瘫席子、棕榈树叶和草构成。在南方，稻草垫子和棕榈叶是最常见的盖屋顶的材料。在北方，撒哈拉式屋顶是平顶泥巴结构，房屋像正方形的盒子。

所选的建筑材料要与当地的气候适应。尼日利亚北部，较为炎热，树木稀少，墙壁和泥巴屋顶是为了隔热。中部地带气候较温和，人们更多选择使用木材而不是泥巴做屋顶。伊博人喜欢用砖红壤作为建筑材料，因为它粘性大，对地基要求最低。木结构柱子则用来支撑棕榈叶做的茅草屋顶。约鲁巴人用泥巴做墙，用拉菲亚树叶做屋顶。

假如当地就有建筑材料，那么建筑劳动力也是本地的。因为在传统意义上，一个社群的劳动力隶属同一个组织，劳动力资源彼此共享。这些志愿建筑工约定好时间，一起帮人建房。房屋未来的主人会慷慨地用好吃好喝招待他们。因为房子是重要的个人和公共资产，所以他们的劳动还是会得到一定的回报。在农村地区，房屋业主一般都自住，很少易手买卖。这些房子属于一个家庭的很多代人，也可以说属于某些族群。比如，伊博人在房子建成时，及之后的每年都会举行庆祝活动。房子为人们遮阳避雨，是一个家庭的栖息之所，让个人的隐私得以避开公众视野。

许多传统的房子有四个重要的设计组件和使用功能。首先，一个房群内有许多个家庭住房单元，可容纳许多户人家，甚至同一家族的百来号人。因此，房群要和以单一家庭为核心

93

的现代独立住房区分。

第二，许多房群呈长方形，外有高大围墙。围墙很高，但是不影响采光和空气流通，同时也能防止被邻居偷窥。在南方，房群则由许多房间或小套住房组成。在约鲁巴族，长方形的房群被称为阿博勒（*agbo-ile*），里面的单元住房叫奥君勒（*oju-ile*）。单元住房绕着开放庭院而建。绝大部分房群都有一个入口，入口并不直接通向住房单元或客厅（大多数美国家庭的门通向客厅）而是通向院落。中部带的房子呈圆形，粘土墙，锥形茅草屋顶。

第三，许多房群都内有会客室，豪萨语叫扎勒（*zaure*），防止客人径直走到院子里。接待区也可以用来放松，或者在不离开房群的情况下观察公众。豪萨人还会再添设一个接待室，即第二接待区。第二接待区的设置是为了保护居民的隐私。一般来说，为了保护在房群内生活和工作的女性的隐私，客人不能冒险擅自走出接待区。接待室也可以当存放室用，它也是房群和外面街道的连接处。

最后，院落是重要的公共空间，举行各种社会活动，方便集体工作。约鲁巴人的公共院子很大，可以供人休闲、做饭在屋顶阴凉处放松休息。

城市住房

各城市地区的现代住房都是借鉴世界其他地方的设计，改良传统风格并结合地区不同元素建造而成。这一趋势伴随着19世纪教堂和办公楼的修建，为欧洲人建造住房，以及为从拉美学习新技术的拉各斯精英阶层建造巴西风格住房开始。殖

94

民时期，建筑业飞速发展以满足越来越多的欧洲居民和政府机构扩张的需求。许多尼日利亚人开始在建筑材料和设计方面模仿这些新建筑。

20 世纪 40 年代起，在经济作物产业发达和收入水平较高的地区，铁皮和水泥成为住宅建筑的基本材料。20 世纪 60 年代，许多办公楼和家庭住房是用钢筋混凝土建造而成的。20 世纪 70 年代，石油使得国家富裕起来。建筑大规模扩张，而且富有设计感的建筑也如雨后春笋。建筑师在空间和建筑材料的使用上非常有创意，但并不能因此就断定尼日利亚建筑有了非常成熟的现代建筑风格。尼日利亚国家级别的建筑也并未完全表现出本国艺术的活力：许多住房并未从国家的艺术资源中受益。

城市住房一般都有两层或者更高，而且这些房子的空间一般都比农村的群房更大。富人的房子后面是"员工区"，供家里的服务人员和司机居住。只要在这里工作，他们就可以一直住在这里。这些房子主人为了保障安全，会雇佣保安，饲养犬类。在高犯罪率地区，警卫全天候工作；在其他地方，警卫只在晚上工作。

现代建筑是为西方理想的一夫一妻家庭而设计的。主卧供丈夫和妻子使用，其他房间给客人。大多数住房的核心区是客厅，客厅的许多物品正是城市/精英生活的象征：冰箱、电视、视频、录音机、艺术作品、高质量的家具和装饰品。

许多城市都有所谓的富人区，有些城市称之为"政府保留地（GRAs）"，拉各斯称之为"维多利亚岛"。这里的房屋有其品位和审美标准。他们的地板图案和设计与西方国家的富

95

人区类似。业主们建造和装修住房，主要是为了向人展示自己的成功和富裕。同时，在犯罪率高的地方他们的住房要保障隐私和个人安全。在土地资源稀缺和昂贵的地方，与自然和谐相处也是考虑因素之一。

宗教场所是尼日利亚建筑景观的一道亮丽风景。教堂和清真寺随处可见，这些宗教场所也是你在小型住宅区里所见的最大建筑物。办公楼以及州级高层公众人物的处所等公共建筑都建在显眼的位置。这些建筑的建造是为了方便人们在工作日的使用。

城市建筑材料同当地建筑所用的砖头和水泥等材料不同，他们是从国外进口的大理石等材料。富人更喜欢使用各种进口物品，即便当地的同种物品也很不错。这些物品的价格超过绝大部分工薪阶层的消费水平。

所有的城市都有住房问题。人口的增长速度比住房和基础设施建设快，导致了城市的拥挤和高额租金。像拉各斯和哈科特港等城市，工薪阶层每月在住房上的花费占他们收入的80%。为了节省开支，很多人就挤在一个小单间里。在拉各斯低收入地区，最高居住密度达八个人挤一间房。很多人常常睡在外面、阳台和走廊，要么因为房间没地可睡，要么因为天气太炎热或房间通风太差。露天睡觉会被蚊虫叮咬，因此又导致疟疾和其他疾病的传播。在城市里，出租信息随处可见，要么是昂贵的单间，要么是公寓楼昂贵的套间。在寸土寸金的拉各斯，公寓价格攀高也是城市住房一个显著特征。

大多数城市的环境都差。绝大部分的街道拥挤而嘈杂。排水系统和废物处理系统都不合格，导致城市许多地方不堪入目。由于缺水，导致城市冲厕系统"苦不堪言"，"人造固体垃圾"的处理又是一大难题。在伊巴丹这样的城市，许多住房甚至没有普通的垃圾处理系统。城市的发展和改善需要解决城市住房问题，充分利用粘土和木材等本土材料为城市穷人建造廉价住房。

注释：

1. 《非洲有关艺术作品及介绍》见 R. S. 瓦森著《非洲艺术：背景及其传统》，伦敦：格林威治，1994；克里斯托夫·斯比瑞，《非洲武器和盔甲》，华盛顿特区：史密森学会，1993；罗伯特·布莱恩，《非洲艺术和社会》，伦敦：朗文，1980。

2. 更多关于此类例子的细节，见 C. O. 阿德佩巴，《尼日利亚艺术：传统和现代趋势》，伊巴丹：乔德，1995；瑟斯坦·肖恩，《尼日利亚：考古及其早期历史》，伦敦：泰晤士河和哈德逊，1978。

3. 主要作品是瑟斯坦·肖恩著《伊博：东尼日利亚的考古发现》，两卷本。伦敦：牛津大学出版社，1939 年。

4. 阿哟，是一种复杂的游戏，共 48 颗种子放在木板上，将 12 个洞分为两列。种子被分为四组，放入洞中。如果要赢得比赛，你必须利用自己的智谋在象棋比赛中打败对手并获得 24 颗种子。

5 饮食和传统服饰

饮 食

　　尼日利亚人的饮食和饮食习惯与美国人在许多方面差异很大。单菜餐（只有一道菜）很受欢迎，分量足，有时候不限量，吃饱为止。汤也称炖汤或配菜，汤内可放蔬菜，也可不放，可以搭配多种主食，包括米饭、山药和各种碳水化合物，如伊巴（*eba*，木薯粉制成的淀粉类食品）、福福（*fufu*，碳水化合物食品）和伊宴（*iyan*，山药制成的淀粉类食物）。大部分人就着水进餐，不喝其他饮料，不过越来越多的城市精英中晚餐吃得很油腻，因此会搭配冰啤酒或苏打水。尼日利亚人吃饭用右手抓食物，不用刀叉。在一些地区，用刀叉吃饭被认为是精英主义，也有许多人认为刀叉这些餐具剥夺了吃饭的乐趣。大部分尼日利亚人坚守着他们古老的饮食和饮食习惯。

　　在农村地区，人们习惯在夜幕刚刚降临时享用一天中的大餐，以便在睡觉前留出时间消化。早晨，人们吃一碗稀饭，过些时候吃点水果和坚果作为点心熬到晚饭时间。人们常常和亲

戚一起，坐在地上或围坐在桌子旁吃饭。对精英和城市居民来
说，一天吃三餐（早餐、中餐和晚餐）很常见，还会搭配点
心和水果。伏案工作的精英们常常比从事体力劳动的农民吃得
还多！精英人群多使用餐桌和餐具。人们大多在家里吃饭，但
城市里有许多吃饭的去所，不管是五星级餐厅还是以本地食物
为特色的小饭馆，也称布卡（*buka*，餐厅）。

　　一些重要风俗在传统家庭和现代家庭都保留着。家中有客
人来访，主人会邀请客人留在家中吃饭，主人有义务多准备一
些菜，以防还有其他访客。丰盛的菜肴体现出对客人的盛情。
长者和当家人享用菜肴中最好的部分。集体用餐时，年轻人应
在长者之后取自己的那份牛肉或鱼。在一些群体中，客人不应
吃完所有食物，长者应把自己盘中的食物留出一部分供儿童享
用。当主人为尊贵的客人提供了丰盛的食物和饮料时，客人应
在当天或另找机会向主人赠送小礼物以示感谢。

　　在乡村地区和穷人群体中，做饭使用土灶台，而中产阶级
家庭使用电炉或煤气灶。煤油炊具较为常见和经济。在现代家
庭中，厨房在屋子内部，而在乡村地区，厨房是一个独立的小
棚。人们在户外用三块石头搭成一个三脚架，在里边点火烧
柴，上面放一个锅。不论技术先进与否，所有的厨房都配备
煮、煎、烘烤、烧烤、蒸、烘焙等设备。即使在没有现代烤炉
的乡村地区，水也能在锅里煮开或蒸开；食物可以用火烤，用
棕榈油油炸，也可以包在潮湿的叶子里，放入热灰中烘焙。当
地餐具就地取材：杵和臼用当地树木做成，用来研磨坚果、山
药和其他植物；烹饪锅和储存罐用黏土做成；刀、勺和叉由当
地铁匠铸造；香蕉叶用作锅盖和烘盘；空心葫芦用作容器、水

壶和搅拌钵，可口的饭菜盛在陶碗和葫芦里。如今，塑料餐具和铝制餐具经常代替陶器和木质餐具。

烹饪工作仅限女性承担，年轻女孩应通过观察其母亲的做法掌握烹饪和上菜的技能。尼日利亚女性几乎不参考烹饪书籍，盐、水和调味料的用量也不精确测量。所有的一切，包括烹饪时间，都凭记忆。能够做一道美味的汤，并得到亲朋好友赞赏的厨师就是优秀的厨师。"得到男人的心要经过他的胃"这句俗语常被用来称赞高明的厨师，反映了求婚者对厨艺超群的女性青睐有加。在一些群体中，母亲为女儿准备的结婚礼物中可能会放一把长柄汤匙[1]，作为一种祝福和提醒——好厨艺能让婚姻稳定。

总体上说，尼日利亚人偏爱世代相传的食物，这些食物取材当地农场和食品工业。如果人们认为某种植物或动物可以食用，那么其大部分就不会被浪费。举几个例子：除了肠子和鱼鳞，鱼的所有部位，包括鱼头都会被吃掉；动物的所有部位，包括头、皮和脚也都会被吃掉。一些植物也是如此。粗粮和动植物的各部位还有其他用途。比如，在过去，牛尿是一味药材，牛粪被用作保温材料以及染料密封剂（dye sealant）的原材料。棕榈树可能是最有用的树木了，什么都不浪费：树叶被用来做扫把和茅草屋顶，树干做柱子，水果做成油；树干上部可以凿洞接棕榈酒（一种含酒精饮料）。

尽管尼日利亚本土资源丰富，其融合其他地区的食材和作物的历史也很悠久。菠萝、山药、木薯以及各种玉米在 15 世纪后从美洲大陆引入这里。这些作物中有许多都能抵御蝗灾，因此能将收成的风险降至最低。一些新的作物和已知作物的新品种来自亚洲，包括椰子、大蕉、木瓜和水稻。这些物种已经成功融入当地饮食，并帮助改善营养，增加可供选择的食物种类。国内食品交易广泛。海盐从南部运到北部；岩盐（天然碳酸钠，一种天然嫩肉粉）从北部运到南部；沿海生产的烟熏鱼和干鱼运至全国各地；山药从中部和东部被贩卖到西部；可乐果被运到北部，牛群被运到南部。

当地主要作物包括淀粉类块茎（如山药、木薯），谷物（玉米、黍），蔬菜（秋葵、菠菜）和水果（香蕉、橙子）。大部分由小规模农户使用锄头和砍刀种植和收割。许多水果、蔬菜和蘑菇来源于野生植物。棕榈油来源于棕榈树，主要在南部地区用于煎炸和做汤。菜油还来源于花生和甜瓜。盐、辣椒、洋葱、青葱和蒜是许多食物的调味料。主要的淀粉类食物仍然是山药、木薯、豆类和稻米。

在尼日利亚大部分地区，山药是"作物之王"，这一块茎类植物为最受尊重的菜肴——山药泥提供了食材。山药泥搭配炖汤和蔬菜汤食用。山药是一种本土作物，是最古老的作物之一，只有卡西卡西（cush-cush，热带美国山药）和水山药两种不那么受欢迎的品种是从外地引入的。和其他食材一样，山药的各部分都不浪费。山药本身是高质量淀粉，包含大量蛋白质。人们把山药干磨成粉，做成固体淀粉，约鲁巴人称为安马拉（amala，山药制成的淀粉类食物），同样搭配蔬菜和炖汤食用。和土豆一样，山药可以煮、烤、炸，或混合蔬菜以及其他食材一起捣碎。山药还能用来做稀饭、面包和油炸面团，就连山药皮晾干后也用作动物饲料。在南部很多地区以及中部地带，收获山药的同时人们还会举行庆祝活动。对伊博人来说，

100

吃新山药是一个值得高兴的重要时刻。农民种植山药越成功、拥有的粮食越多，在社群中便越有地位。

玉米是另一大作物，可以捣碎、煮、烤，单独食用或和其他食物同食。小作坊把玉米变成玉米粉、玉米粥、玉米淀粉、油煎饼、玉米饼和稀粥。各种豆类（豇豆、黑眼豆、木豆）可以蒸、煮、烘，还能和其他食材（如山药、香蕉和大蕉）一起做稀饭、炖汤和煎饼。

自一战结束后，木薯一直是尼日利亚的主要作物。它的长势比山药快，不需要太多照料，也很少需要除草，但产量很大。木薯也是块茎植物，可以碾磨烘烤做成伽力（gari，木薯粉）和饺子（福福）。酸性较弱的品种可以煮着吃，和北方一样。木薯是最便宜的碳水化合物来源之一。伽力在南方大部分地区都有食用，它纤维粗，脂肪含量低，制作快速——可以像泡麦片一样加入冷水食用，加热水变固体，可以搭配汤食用。

黑眼豆和其他豆类用来做煎炸饼、炖汤、小吃和甜点。豆类比鱼类和肉类便宜，因此大部分人都将其作为主要蛋白质来源。豆类存储更方便，无需冷藏，大部分家庭也没有冰箱。豆类可以单独烹饪，加调味料食用，也可以和炒大蕉、米饭和山药同食。豆类还可以烘烤作为小吃，还可以做成豆饼和煎饼，成为美味又不失营养的佳品。

稻米既有本地生产的，又有进口的。稻米在全国各地都很受欢迎，因为制作方便，搭配汤和蔬菜食用。和其他主食一样，稻米用途广泛，可以做成粥、大米土窝（tuwo，一种饺子）等。约洛夫饭（Jollof rice）混合了大米和配菜，是最受欢迎的宴会餐。

尼日利亚水果充足，菠萝、番木瓜、香蕉、番石榴和甘蔗一应俱全。这些水果主要作为点心生吃，不做成果汁。水果和蔬菜在乡村地区较便宜，因而让乡村地区的穷人有机会享受比城区的富人更为健康的饮食。

著名的点心和甜点（街头小贩贩卖的点心和甜点种类丰富）包括烤花生、串肉、炒大蕉、亲青（*chinchin*，面粉制的零食）和酷里酷里（*kulikuli*，烤坚果）。很多是几百年来尼日利亚的常见食物，包括酷里酷里、玉米、椰子、花生酱、古鲁迪（*gurudi*，椰子饼干）、摩萨（*mosa*，玉米油炸馅饼）、钝杜（*dundu*，炒山药）、大蕉片、山药球、酥雅（*suya*，牛肉或鸡肉串）、烤肉。很多其他食物是现代才流行的，是将欧洲食材与当地烹饪技术相结合的产物，包括甜甜圈、大米布丁、椰子太妃糖、女王杯子蛋糕、胡萝卜饼、香肠卷、大米饼、热带水果沙拉、土豆球、肉饼、"泡芙"（puff-puff，面粉中加糖和酵母使其发酵，然后油炸）。

野味和鱼类在尼日利亚全国都流行。家畜小规模饲养，主要是鸡、鸭、火鸡、珍珠鸡、山羊、绵羊、猪和兔子。大规模畜牧业集中在北部，由以养牛为生的游牧民族富拉尼人从事。牛、山羊、祭祀用公羊被贩卖到全国各地。部分鱼类和肉类从国外进口，如冻鱼、鸡、罐头肉、鳕鱼干（从挪威进口）。鳕鱼干是一种常见美味，特别在东部地区。

鱼和肉的消费显示了财富和地位。除了猎人和渔人以所捕猎物为生，其他人必须依赖市场供应。鱼比红肉更常见，但好鱼很贵，有些鱼（如鲶鱼）专供富人，因为确实昂贵。野味更贵，被看作是上好的美味。牛肉各处都能买到，在主要街市和肉店都有售。但是，最近因为养牛业增长缓慢，牛肉变得非常昂贵。价格昂贵导致鱼和牛肉消耗量小。因此，米饭、配菜和两小片牛肉或鱼肉就成了一餐饭。许多尼日利亚人是素食主义者，不是他们愿意这么做，而是生活所迫，买不起肉或鱼。因此，人们高度依赖豆类和蔬菜，作为蛋白质来源，成为肉类的替代品。

家畜并不经常宰杀，而是留作节日和社群聚餐之用。贵客来访时主人可能会烧个鸡。许多人都把家畜看作特殊场合所需，如婚礼、起名仪式、葬礼以及宗教庆祝活动。在农村地区，哪个农民如能为一次宴会宰杀很多羊，那么他就是一个成功的农民。群体中谁有能力买一头母牛或一头大公羊，他便被认为是富裕的、值得尊敬的。父母葬礼之类的宴会需要一头母牛，而下层社会的人往往负担不起。

肉和鱼可以晒干、油炸、烘烤或烤炙，这些烹饪方法在尼日利亚都很流行。酥雅是烤牛肉或烤鸡，添加热带草原香料，穿在串肉扦上食用，是一款上好美味，在夜店和酒店都是一款可口小菜。肉和鱼即使量少，也仍然是汤类中的主要成分，很多时候是饭桌上的必备食物。

汤里放很多食材：肉、鱼、虾、胡椒、洋葱、西红柿、丁香、大蒜、油以及各种绿叶蔬菜，新鲜而又营养。汤中的具体食材因各群体文化的不同而各异。约鲁巴人喜欢食用棕榈油和辣椒。有一句著名的约鲁巴名言为庆祝辣椒这样说道："不吃辣椒身体不强壮。"另一句谚语表达了对油的敬意："无油不成汤。"即使是不吃很多辣椒的人也会撒上足够的辣椒让汤看起来具有特别的味道和香味。

102

人们普遍认为辣椒对改善食物的风味和口味很重要，但辣椒的作用不仅限于此。它能抗菌，是一种天然的防腐剂，能延长食物的寿命，特别是肉类，和油一起使用效果更佳。尽管气候炎热，那些吃辣椒的人认为辣椒能降低其体温。当然，人们不得不补充大量水来替代排汗流失的水分。当身体不得不排出尿液时，抗氧化剂也随之流失，辣椒因此也具有利尿作用。

汤和主食搭配食用，主食在文献中一直被错误归类为福福。在尼日利亚，福福特指木薯淀粉做成的饺子。其他主食包括伊巴（*eba*），也是由木薯制成，安马拉由山药制成，很多相关淀粉主食由大米（土窝）、大蕉、玉米、高粱、山药泥制成，后者最为著名。这些主食中许多和土豆泥饺子相像，呈球形，边缘慢慢掐掉。饺子在汤里蘸一下再放入口中。"辣椒汤"被作为开胃汤、点心，不需要其他搭配食物——汤汁稀薄，牛肉或鱼肉很多，有多种调味料，有时候可能会很辣。

尼日利亚没有一道国菜，尽管饮食习惯和成分可能相似，有些食物，如约洛夫饭和山药泥随处可见。不同的族群和地区因风俗、宗教和可获得的食物资源不同而对食物有不同的偏好。在西南沿海地区，人们选择海鲜和山药炖汤，而伊博人最喜欢山药和伽力饺子。在北部，主食包括高粱、糙米和豆类。西南部的约鲁巴人喜欢山药泥，安马拉和伊巴，搭配炖汤和蔬菜汤食用。

汤也体现出族群多样化。对于博人（Urhobo）来说，最佳的汤是奥沃（*owo*），里面有肉、熏鱼、小龙虾、红椒、盐、当地调味料艾吉吉（*egidje*）、木薯粉、小长春花和盐。汤常和另一种淀粉食物，煮山药或大蕉同食。而博人的邻居伊策基里

103

人（Itsekiri）喜欢的汤是班加（*banga*）——虾、牛肉、鱼和小龙虾加上阿塔里可（*atariko*）、里吉叶（*rigije*）和别列天天（*beletientien*）等当地调味料。班加还和淀粉食品、大蕉搭配。豪萨族（*Hausa*）人喜爱米亚亚夸（*miya yakwa*）——牛肉、花生、洋葱、西红柿、亚夸（*yakwa*）叶或羽衣甘蓝的混合菜。米亚亚夸（*miya yakwa*）通常和土乌阿茶（*tuwo acha*）或福福等饭类菜品搭配。约鲁巴人最喜欢埃佛埃里古斯（*efoelegusi*，甜瓜子蔬菜汤）——和瓜子、鱼干、虾、菠菜、红椒、大蒜和牛肉混合烹制而成的蔬菜。埃佛埃里古斯和米饭、山药泥、伊巴（由木薯制成）、安马拉（由山药制成）搭配。伊博人的埃佛埃外瑞（*ofe owerri*）是和山药泥搭配的汤。乌古（*Ugu*）（南瓜叶）和奥卡滋（*okazi*）蔬菜中加入牛肉、鱼、小龙虾和香料。东南部埃菲克人（*Efik*）和伊比比奥族人（*Ibibio*）的埃迪康伊空（*edikang ikong*）与米饭和福福搭配，正逐渐变得既本土又国际。什锦蔬菜（乌古、菠菜和苦叶）和鱼、牛肉、鳕鱼干共同烹制，加入调味料。

　　许多其他食物反映了 20 世纪口味的变化。茶、面包和面粉做的饼是 19 世纪欧洲人带来的。20 世纪，这些食物首先由精英阶层消费，后来在全体国民中流行。如今许多食物依赖进口，如大米、小麦、牛奶、糖、面粉和蔬菜油，主要是为了克服农业减产带来的食物短缺问题，也是为了适应国民对外国食物愈加青睐的需求。肉饼、塞肉的烤面团、各种类型的鸡蛋制品是城市的流行点心。人们对于牛肉的热爱已经融入了欧洲进口的食物，因为人们对饭菜的选择通常基于牛肉（不同的馅饼都有牛肉）。西方快餐还没能大规模入侵尼日利亚，在少数一些有西方快餐的地区，价格很昂贵。

饮 品

酒精饮品一直都是用高粱、玉米、香蕉和甘蔗酿成的。牛奶状的棕榈酒在南部地区有，那里棕榈茂盛。人们轻轻拍打棕榈树的汁液获得棕榈酒，汁液中包含酵母，能发酵产生酒精。随着酒发酵，酒劲愈发变大，口味更酸。人们在棕榈酒中加水稀释，特别在棕榈树较少的地区，还会在酒中加入糖让酒变甜，不过这会让懂行的顾客不满。杜松子酒在沿海地区生产，瓶装出售，不标明酒精含量。

现代酿酒业是最著名的行业之一。啤酒由小麦和玉米酿成，流行的啤酒品牌包括星星（Star）、摇滚（Rock）、基尔德（Gulder）和奖杯（Trophy）。健立士黑啤（Guinness Stout）到处都能见到。国内也生产红酒和烈酒，但是品质难与进口酒相媲美。

穆斯林人不能喝酒。在北部，酒类只限在南方人居住的地区售卖。在很多其他地方，喝酒是一种常见的消遣，喝酒在许多地方都是一种习俗。在派对和宴会上，主人会慷慨招待客人喝酒，鼓励客人一杯接一杯地喝。棕榈酒和啤酒是最常喝的酒，排在第三位的是烈性黑啤。人们对烈酒也是来者不拒。但是，醉酒会遭到批评，女性不得在公共场所喝酒或抽烟。

无酒精饮品包括无酒精鸡尾酒（菠萝、番石榴、芒果、橙子、柠檬汁等调和而成）和菠萝、木瓜、姜和香蕉中提取的果汁饮料。和其他大部分国家一样，尼日利亚也有可口可乐、百事可乐和七喜。茶在北部很常见，咖啡被认为是知识分子的专属。咖啡馆不常见，但许多餐厅都提供茶、咖啡和热可可。

饮食和宴会

宴会上人们享用大量的食物和饮料；菜品丰盛，主食和菜肴品类齐全。在一些宴会上，男性（不管是否成年）同坐一桌用餐，而女性（不管是否成年）在屋子另一个角落用餐。传统仪式与季节变化以及庄稼收割时间一致。因此，三月到五月这段时间盛宴不多，被称为"饥饿季"，而其他的月份被各种庆祝活动所填满，被称为"饱足季"。

几乎所有群体都会将动物献祭给上帝和众神。这是为了感谢众神的支持，赞颂他们，请求更多的赐福，并且对众神表达繁荣和丰收的感激。穆斯林每年在一个重大节日里献祭一次（第七章中有描述）。献祭的象征意义对传统宗教的成员更为重要，他们想对他们的神表达尊敬和忠诚。人们认为一些动物器官（心脏、肝脏、肾脏和胃）具有神力，主要由牧师和族长食用。一些神需要用特殊的动物献祭，如奥贡（Ogun）（约鲁巴的钢铁神）要求用狗献祭。

结婚、起名仪式、葬礼等场合会举行盛宴。在豪萨族中，传统婚宴上会给客人准备小米粥和山茄。在约鲁巴人的起名仪式上，一些食物被用来为新生宝宝祈祷：蜂蜜和盐象征着快乐的生活；可乐果象征着长寿；生姜象征着尊敬。这些食物，连同其他食物，如辣椒、水、盐被放在孩子的舌头上（极少量），如果食物太辣（如辣椒、生姜），就放在母亲的舌头上，以此来欢迎孩子来到世界。所有客人要吃光这些食物以及随后

105

的盛宴。在很多地区，在这个场合还要吃甜的泡芙。

食物还因药物作用而被食用。人们重视食物对身体的益处远胜于食物的美观。一些群体认为辣椒和油摄入量不足会导致视力不好。一些群体不鼓励过度食用一些食物，如花生，他们认为过度食用会长痔疮。有些食物在一些家庭被视为禁忌。孕妇和病人必须改变饮食以适应身体状况。总之，食用或避免食用一些食物会影响健康状况。

传统治疗师可能还会开一些食物作为药方让病人食用，他们认为有些食物会影响健康而有些食物能强身健体。如果病人寿命不久，某些食物就会作为药物以抵抗死亡，传统治疗师可能会开出乌龟的某些部位、蛇或其他"生命力旺盛"的动物作为药方。各种植物被做成药茶，病人和体弱者将其作为药物和饮品引用。

在美国的尼日利亚饮食

尼日利亚（以及其他非洲地区）已经将其一些食物和烹饪技术带到美国。美国许多南方菜使用秋葵、甘波、黑眼豆以及许多甜点[2]。这反映出来自非洲散居侨居对美国饮食的影响。

尼日利亚食物在美国的影响要追溯到奴隶制时期。为奴的非洲人及其后代成功保持了部分文化同时吸收了新的文化。如在非洲一样，食物在宴会和献祭活动中保持着重要地位。非洲人推动了花生、秋葵、芝麻籽、黑眼豆的传播。多年来，他们带领着人们在奴隶菜园和其他小农场种植这些作物。渐渐地，他们的主人也接受了一些尼日利亚的烹饪技术和食物。

非洲人找到了创新的替代品：如果没有棕榈油给汤上红

106

色，就用番茄糊和番茄酱替代棕榈油的红色，猪油作为油，各种谷物酒替代棕榈酒，秋葵汤演变成卡津（Cajun）秋葵汤，玉米和豆饼成为流行的替代点心。历史悠久的慢炖和深煎等烹饪技术如今在美国也成为了传统。

奴隶们还创造了新的"大杂烩食品"。主人丢弃的动物部位成了创造性食材。猪肠（大肠）、蹄髈、培根肉和各种器官成了宝贝，动物脂肪和腌猪肉等"腊肉"让蔬菜更具风味。如果没有山药作为淀粉类食物提供能量，燕麦片、洋葱和应季蔬菜可以作为替代品。常见的食材和劣质肉被做成了美食，非洲人创造了新的搭配，这些搭配如今成了南部地区、克里奥尔人（Creole）和美国南方黑人的烹饪方式。

尼日利亚和非裔美国群体继续食用鱼、猪肉和鸡肉的大部分部位。豌豆和豆类是人们喜爱的主食，此外还有大米和粗磨粉。蔬菜、蔬菜茎和蔬菜根成了他们食物的重要部分。在汤和炖菜中加入蹄髈调味。含有豆类、米饭、土豆的一锅餐一直很流行。

在美国主要大城市可以找到尼日利亚餐馆、非洲餐馆和杂货店，这反映了美国越来越多元化，也反映了美国对各地食物的兴趣在不断增长。杂货店里有很多美国政府允许进口的食物和调味料。餐馆售卖加工好的传统尼日利亚餐，减少辣椒和油以迎合美国人的口味。

传统服饰

和食物一样，西方文化并没有破坏尼日利亚人对传统服饰的偏爱。大部分人日常穿传统服饰，或经过稍许改良的服饰。即使在工作场所穿西方服饰的精英们也喜欢在宴会和特殊场合穿传统服装。着装风格保持传统的基本风格，但材质、式样和色彩各有不同。当地编织业仍然生产高品质手织布，尽管大规模生产制造的织物更常见、更便宜。传统来说，面料由棉花、其他有机材料和丝制成，但现在也有合成纤维。丝制服装有约鲁巴人的桑颜（*sanyan*）和豪萨族人的桑米雅（*tsamiya*），但桑制品不像棉布那么多，因为棉花量更充足。着装形式有波奇（poncho）和莱普（wrapper，轻便衬衣）两种，详情下文会讨论。

波奇

波奇式样包括富拉尼人（Fulani）的单时基（*danshiki*，非洲传统衬衫），约鲁巴人的布巴（*buba*，非洲传统女性服饰），豪萨族人的半半里加（*babban-riga*），以及各种相关风格服装，通常在文献中称为"长袍（gown）"。更广为人知的是博博袍（*boubou*，缝边的斗篷），这种服装就像两边缝好的波奇。博博是一个法语词，但它和法国人无关，法国人不过是改编了沃洛夫语的姆博博（*mboubou*）来描述这种宽大的服装。富拉尼人将制作羊毛毯和卡萨（*khasa*，手工编织刺绣布）的人称为麻包贝（*maboube*，富拉尼语，指做羊毛毯的人）。羊毛毯和卡萨是手工编织和刺绣的面料。

制作男版博博最简单的方法是把一圈圈手工缝制的布料缝在一起，每圈三到四英尺宽，在中间剪一个洞以便头部能套进去。为了防止两边飘动，人们可能会用垂挂物将两边固定，或将两边缝起来，使其看起来像没有袖子的衬衫。中间会加上口袋，作为装饰或装东西之用。

超大袍半半里加起初和豪萨人有关，后来在努佩（Nupe）人和约鲁巴人间流行，现已遍布全国。这是一款裙摆拖到地上的大袍，宽度远远超过腰的宽度，中间剪去一块。袖子和中间部位以合适的角度相连接。前面有一个口袋，垂到膝盖以下。大袍的美在于这个口袋，通常用丝刺绣。刺绣也体现出经济地位，因为只有富裕的人才买得起许多丝线刺绣的服装。这些袍子通常很大，重可达十一磅。穿袍子时搭配一顶合适的帽子，整套服装显示出穿者的重要性和仪式感。在热带气候下，穿半半里加并不舒服，可能会热，但它能带来威望。到如今，它仍然是许多族长、国王、政治家和商人偏爱的服装，因为它给他们带来很大的威望。

半半里加已经改良以适合现代生活，尼日利亚人在办公场所会穿更小更轻的袍子。现在许多袍子用进口或当地生产的棉和聚酯混纺面料制成，质地更轻盈。刺绣可能不多，只出现在小口袋和领口。

女性也穿各种风格的博博。这些包括大型博博，大博博长至膝盖或全身。宽大的圆领能很好地露出项链和其他饰品。这种服装较为透气，适合炎热天气，但会导致行动不便，因此非常不适合穿着做家务。对于富裕的女性，博博袍还可以作为外套，穿在女式衬衫和莱普外面。穿在外面的博博袍必须是特殊材质，如蕾丝，以便显示出里面的服装和对比的色彩。

还有小版的博博袍，包括约鲁巴人的布巴，这是一种女式衬衫，必须和莱普一起穿。布巴的中间有一个口，就像一件无

108

领 T 恤；它是圆领的，具有管状袖子。豪萨人穿名为拓夸
（*taqua*）的刺绣女式衬衫，而现代版袖子较小。袖子和服装主
体部位上臂处连接，通常长及腰部。对卡努里（Kanuri）人来
说，布巴相当于上文提到的约鲁巴人的布巴，但它是齐地长
的，长方形管状袖子长到腰部。

还有许多其他风格的男女装，很多都是这类的。一些式样
缝有三角形面料，也就是说，缝上三角形面料使服装变得更结
实更宽大。游牧民族富拉尼人在节日和集市日穿大喜吉装
（*danshiki*），一种松垂的长袍。约鲁巴人也有葛巴里叶阿兰盘
—阿丹（*gbariye alapan-adan*），比富拉尼人的大，他们放大了
袖子的尺寸。

莱普

非定制服装以各种方式缠绕在身上，在尼日利亚全国都很
常见。在中部地带很多地区，男性像穿宽外袍的方式穿非定制
服装。在过去，约鲁巴男性的礼服也是一种用手工编织面料制
成的宽外袍。男性经常在家穿短莱普。

大部分女性穿各种大小的莱普。面料的品质和质地可以体
现阶层和财富。许多人现在将莱普和女式衬衫搭配穿，但也有
变化。比如，在富拉尼乡村地区，手工编织的莱普被裹在身
上，覆盖胸部到脚踝（或脚踝上方一点点）。其他漂亮、较小
的莱普被裹在身上，可以取下来，堆在肩上或头上。在约鲁
巴，有三种配色的莱普。一种系在头上，盖住头发，成为一种
优雅的头巾。第二种是最大的一种，齐地莱普，名叫艾柔
（*iro*），缠绕在整个下半身。第三种是作为披肩穿戴，或者系

在上部身体，盖在莱普上面，形成色彩对比。

约鲁巴服饰

　　西南部约鲁巴服饰展现了传统服装的丰富多彩[3]。约鲁巴人非常重视服装，人们需要穿合适的服装出席不同的场合、会见重要的客人。农民可以穿得少，但是穿务农服装或劣质服装去市场或城区则被认为是不文明的。正式服装精致而宽大，一般都是传统服饰，并非西方风格。

　　传统上说，约鲁巴人穿长袍，如上文描述的服装。不穿长袍的时候，他们把一块布（大约三码长，二码宽）往右腋窝下一裹，绕到左肩盖住身体，和罗马托加袍（Roman toga）风格类似。如今，裹这块布时（比如著名的约鲁巴大土王奥尼依菲（The Ooni of Ife）就裹这样的布），可以在这块布里面再穿一件衣服，这样，这块随意一裹的布就成了装饰。这种风格之前可能还有更简单的风格，名字叫班特（bante），在全国大部分地区都能看到，它是一块裹在身上的布。约鲁巴城市人民拒绝出门穿班特，"只有野人才会穿着班特去城区，"人们这么说。

　　男性经常穿长袍、背心和索科托，索科托是一种宽大的长裤。几百年来，约鲁巴织布人手工编织面料。男性编织窄布匹，女性编织宽布匹。裁缝把布匹缝起来，为穷人和富人制成各种各样的服装。过去，底层人民常常用来覆盖身体的是艾里戈多（elegodo），一种劣质的普通面料。

　　传统来说，约鲁巴人有四种背心，酷酷莫（kukumo）、安乌（ewu）、单斗勾（dandogo）和托勾（togo），经常以各种方式改成简化版的布巴。背心通常穿在长袍或托加袍里面，面料和长袍或托加袍不同，也没有袖子和领子。富人的背心有时候是由阿拉里（*alari*）（染成深红色的丝绸）或粗丝（桑颜），这种背心可以单穿。如今，工厂制作的 T 恤或汗衫已经代替了酷酷莫。安乌有袖子和领子，过去只有白色。如今，安乌可以是任何颜色，单穿或穿在长袍里面。最昂贵的背心曾是单斗勾，是专为富人准备的。它的褶裥长到小腿肚，衣袖长而宽大，袖口很宽。它可以代替长袍单穿。第四种背心是托勾，一种无袖服装，比酷酷莫小。它是供士兵穿的军装，使用狭长的布条，也在腰部绕一下作为腰带。如今，衬衫和短裤取代了托勾。在所有的背心中，今天最流行的是布巴，一种带有短宽袖子的束腰外衣，可以用任何面料制作。

约鲁巴的长袍有三种：苏丽雅（*suliya*）、吉瑞克（*girike*）和阿格巴达（*agbada*，垂质礼服）。最轻最小的是苏丽雅（经常被称为布巴），勉强过膝。两边都开叉，袖子宽大。吉瑞克是最大的长袍：大、重、刺绣精美，严格来说是一款礼服。阿格巴达如今是最流行的长袍，同样很大，长及脚踝以下，胸部和颈部有刺绣，两边都开叉，完全盖住了手臂。阿格巴达可以用各种面料制成，当地面料和进口面料都有。面料和刺绣有时候很昂贵，以此体现主人的财富和地位。阿格巴达在约鲁巴，其实在全国都很流行，是一种长袍，长及脚踝，但很窄，能够显示身材。它适合工作场合穿，因此在知识分子间很受欢迎。卡夫泰尼（Kaftani）在胸前有少许刺绣。

长裤在尼日利亚称为裤子，长度不一，形状各异，但都在腰部有一根布绳固定。长裤和背心搭配穿，背心隐藏腰部和布

110

绳。尽管裤子统称为索科托（*sokoto*），但有很多种类，有些种类已经不再流行。拉度戈博（*ladugbo*）和艾博坡（*aibopo*）是"休闲"裤，长及膝盖，紧紧地贴在膝盖上。这两种裤子都已过时，但还可能会在年轻人身上见到。阿朗勾（Alongo），像主教的长统橡胶靴一样从上至下都是绑紧的，更像是运动服饰。过去战士穿卡佛（*kafo*），一种长及脚踝的紧身裤。贵族和富人偏爱坎贝（*kembe*），一种在裤管上刺绣的裤子，现在仍属时尚。安发（*efa*）像欧洲的裤子，但长至膝盖下方。最后一种是阿盖单丝（*agadansi*），从腰部一直长到脚踝处，脚踝处有很多刺绣。传统上说，两个裤管很宽松，就像印度裤子。阿盖单丝仍然很流行，但裤管不那么宽松了。

女性传统上穿一种名为托比（*tobi*）的下装，现在被各种西式下装所取代。托比就像一个围裙，用一条带子绕在腰间，长及膝盖处。最常见的传统女式服装是莱普。有一种短上装，名叫布巴，面料轻盈，还有一种更大的莱普，名叫艾柔，缠在腰间或在胸部上方。还有第三种，名叫艾博伦（*iborun*），是一种披巾，盖住背部或头部，或仅仅缠在腰间。整套服装可以是相同的面料和颜色，但第三种会是最简单的形式。在宴会上，这些服饰的组合优雅而美丽。艾柔有时候是手工编织的，布巴可以是进口产品，格里（gele）或头巾颜色鲜艳，有时候用进口面料制成，有时候用当地面料制成。

饰品 111

作为传统服饰的一部分，头部用穆斯林头巾、头巾（女性）包裹或佩戴帽子（男性）。约鲁巴男性服饰如果没有帽子，那就不是完整的。最常见的是费拉（fila），一款贴头的帽子，顶部稍许弯曲。可以是无装饰的，或装饰着和长袍或背心相同颜色或对比色的刺绣。约鲁巴人还有一种更古老的设计，名叫阿贝提阿加（abeti-aja），有帽沿能盖住耳朵。帽子通常用织物制成，尽管人们也会戴草帽来防晒。在东南部，欧洲设计的帽子很流行。北部的帽子布满了刺绣，运用不同的颜色和主题，复杂的形状和线条。豪萨人的帽子现在显示出现代元素，如汽车、飞机和尼日利亚的盾徽。

虽然精英女性像欧洲人一样戴帽子，穆斯林女性戴面纱遮住头和脸。头巾可以用来把头发往后系，或者作为装饰。格里，或头巾在约鲁巴很常见。它是一条布，约六英尺长，一英尺宽，绕头两圈然后塞在里面。头巾可以是普通的或昂贵的，取决于地位和财富。

头巾和围巾并不能掩盖体现美丽和女性气质的精致发型。女性的发型既是一种消遣，又是一种艺术。女性在家里自发学习，或在尼日利亚许多地方的现代沙龙内学习。尼日利亚国内大多数地区都能找到技术高超的美发师。

发型能体现女性的一些东西，也能体现场合，约鲁巴人已有的传统发型有苏可（suke）和可莱丝（kolese）等。每种发型都很流行它们扎得一条条的，像沟纹或山脊一样。一些发型反映了时代的变化，包括名为"摩天大楼"的发型设计，体现出高耸的大楼如今是城市的风景线。有些发型是公主和王妃们专属，有些是宗教信徒和神职人员专属，如阿勾勾（agogo）。在北部，卡努里人、富拉尼人和豪萨人用各种饰品装饰头发，如珠子。

金银及其他金属的戒指、项链、手镯和耳环是流行的身体饰品，在女性中尤为流行。材质和工艺体现了身份地位。鞋子和凉鞋所有人都穿，包包（布包和皮革包）是女性时尚的必备元素。

欧洲影响

欧洲元素被融入其他类型的传统服饰中。女性衬衫可以用欧洲印花布制作。"帝国风格"设计体现了外国元素的输入。知识女性可以穿"上下装"，这种套装改良了宽大的莱普和女式衬衫，并且融入了各种类型的欧洲女式衬衫和裙子。在一些沿海地区，女性穿钟形裙子和紧身上衣，这同样源于欧洲风格。紧身上衣有时候还装饰着欧洲进口的蕾丝和缎带。博博袍也用欧洲织物制作。各种男性博博袍是长袖衬衫和裤子，是将巴班里家改良成一种欧洲服饰风格。

欧洲服饰也包括短裤和长裤、衬衫、T恤和外套。欧洲服饰过去首先是作为工作服在正式场合穿的（如银行和政府办公室），或周日穿去做礼拜，或作为校服。如今，欧洲风格服饰已随处可见。在尼日利亚能买欧洲设计的帽子，进口的织物被用来制作当地风格的服饰。

在尼日利亚可以找到从各国进口的织物。制造商竭力迎合尼日利亚人对颜色和款式的口味。渴望占领大量市场份额的欧洲商人把本地织物看成是竞争对手。多年来，欧洲商人即便模仿不了其品质，也会模仿其颜色和款式。进口织物让收入微薄的人们能够享受更昂贵的传统面料的相似品。在很多情况下，欧洲商人不太可能完全复制尼日利亚传统服饰，如约鲁巴人手工编织的奥菲靛蓝的阿戴尔布，其设计十分精巧。

许多进口面料在尼日利亚市场大获成功，如今已成为衣柜里的必需品。国王、族长和富人穿戴进口蕾丝、缎子、天鹅绒、锦缎、大马士革和丝绸。曾经有一段时间，在殖民统治之前，国王和族长禁止其市民使用这些面料，以便自己能够垄断这些面料。20 世纪上半叶，那些想要体现欧洲文明的人渴望英国羊毛。这些面料完全不适合炎热天气，那些使用这些面料的人遭到人们批评崇洋媚外。随着越来越多的人出国或获得进口货，进口英国羊毛和外套渐渐地不再视为有威望。

并非所有进口货能满足身份地位的需求。大部分进口货其实是质量低劣、价格便宜的面料。随着经济的萧条，尼日利亚二手服装市场继续扩大，很多服装来自欧洲。这些服装起初被捐赠给教堂，然后大量进口，分销到全国各地的街市。

欧洲不再垄断纺织业进口贸易。巴蒂克印花布如今来自成功的当地工业。亚洲和日本面料也能买到。这些面料被用来制作传统服饰。

工厂制作面料导致了传统织物的衰落。因为工厂织物更便宜，更容易获得，较少有人关注更费劲、更传统的编织和装饰面料的制作方式。时尚已经西方化，没有必要使用当地货。生产当地编织的布料需要大量劳动力，而普通常见的风格不受中产阶级和富人的欢迎，其重要性和销量都减少了。而且，过去的职业装如今被看作是廉价的，穷人的着装。乡村地区可以看到未经改动的传统服饰，在那里，穿传统服饰的人被精英们看作是落后而无教养的。贴花服装的销量也不如从前了，一方面是因为较为昂贵，另一方面是因为不符合精英人士的口味。和

113

工厂制造的织物的竞争已让许多传统织物制造商被迫降价，因此利润减少。一有其他工作机会，许多人就放弃其手艺投入其他工作，因此具有编织和装饰技术的从业者减少了，将这一领域的知识传递给新一代的师傅也减少了。

西方影响在工作场所最为显著。欧洲风格的衬衫、裤子和西装成了南部通勤装的主流。北方更为抵抗西方影响，大部分人仍然穿着简化的巴班里家风格的服装。成千上万的当地裁缝制作的西式服装比进口的价格更低，可以满足个人需求。

时　尚

尼日利亚人在根据场合变化追求时尚和着装方面既有创造力，又有才华。传统纺织业已经在市场的影响下进行了调整，以满足那些需要礼服人士的品位。手工编织的布料如今色彩多样，质地轻薄，以满足城市消费者的需求。传统风格还因时代的变化而进行了调整。当裁缝看到人们偏爱短裙和小莱普，他们便会制作这些款式。当人们又开始偏好宽松风格时，他们又会作出相应调整。约鲁巴的布巴，原本长及腰部的袖子减短到手臂长度，以满足人们开车、写字和做其他工作的需求。当人们工作变少时，博博袍可以设计成齐地长度。刺绣图案也变了很多。有些消费者甚至定制刺绣图案。

时尚的进口织物种类很多。蕾丝是最受欢迎的一种，每种新的蕾丝总是很昂贵，尽管它仍然是缝进在同样的传统服装里面。甚至传统织布者在手工编织的面料上做出小洞，使其看起来像蕾丝洞。雪纺蕾丝、压花蕾丝以及许多其他类型出现又消失。织物主题不断变化以迎合不同时代。有些年，织物上带有

114

闪闪发光的莱茵石；有些年，花朵主题开始流行。色彩也可能变化以跟随某个历史阶段或场合。纪念服装上可能会装饰政治领袖或有圣职授予权的人。政客在选举活动中使用这类设计。

帽子和其他头饰也因变化做出了调整，舍弃一些设计，选择另一些更时髦的设计。关于欧洲帽子，电视和时尚杂志给商家和当地设计师提供了灵感。发型也不断跟随时尚而变化，每年就有新风格出现。传统风格经过改良，而外来风格引入国内，在年轻一代中快速流传。

尽管尼日利亚人身处国际化的环境，而且很多人经常走访各处，他们对于时尚和全球其他地区的想法能够做出快速而创造性的反应，这将充实其传统服饰和各种古典风格，如今这些传统服饰和古典风格成为了富人的品位。

服饰和身份

服饰满足了保护身体的最基本需求。它是人们渴望展示形象和"文明"的载体。"服装是身体的荣光，"约鲁巴谚语说，"如果没有服装，很多人看起来就会像猴子，有些人像狒狒。"但服装不仅于此，正如一本关于各国服饰的书中所说[4]。服饰选择反映了教育和品位，正如精英重塑了许多传统风格，加入新的设计以面对工作和快节奏生活方式的挑战。服饰反映了财富，正如精致礼服的面料和刺绣会体现出财富。如今，现代生活包括穿"设计师设计"的服饰，因为成功人士想要定制其自己的时尚。

人们的着装方式体现出文化和环境。文化准则决定了在公共场所如何正确着装。许多人对露出胸部的女式衬衫和超短裙

115

颇有微词。穆斯林女性不能露出头部。

服饰和社会化及身份地位有关。小男孩和小女孩的服饰和饰品就已不同。儿童服饰模仿了成人服饰，包括与文化相关的色彩，如约鲁巴人偏爱蓝色，伊博人偏爱红色。儿童可以戴配饰以得到护佑，如佩戴护身符，或幸运符，如梭螺。以前，梭螺是一种货币。

随着身份地位的提高，人们开始选择更昂贵的服装。随着年龄增长，人们开始抛弃欧洲风格的服饰，选择传统服饰以体现尊重。族长和国王穿传统服装显示权威形象。因此，约鲁巴国王会穿阿格巴达，不穿英式外套，否则他看起来就像公务员。

因为在所有现代社会，服装区分了不同从业者，如军人、警察、海军、消防员、监狱官，每种职业都有其各自的服装。中小学生穿校服以和其他年轻人区别开。传统服装借鉴了制服设计，制作出非职业服装。比如，"法式西服"风格是由一位军队将军的制服获得灵感。

仪式专用服装和所有宗教有关。伊斯兰教和基督教神职人员都有各自专门的大袍。某些神的传统信徒有其自己的服装和配饰。例如，桑戈的头发编得像女性发型。丧服是黑色的。祖先代表的服装可以由拉菲亚树叶之纤维做成，以区别活人的服装。

服饰还记录了历史的变迁。织物和发型已经捕捉了许多历史时刻和事件。制作服装是为了纪念特定的历史变迁，如1960年尼日利亚独立、尼日利亚内战结束以及20世纪70年代的新货币。某个阶段的服饰以该历史时刻命名，正如20世纪 60 年代的时尚被称为奥米尼拉（*ominira*，在约鲁巴语中意为"自由"）。发型有时候以人们的名字命名，如戈翁风格是以 20 世纪 60 年代末 70 年代初政权领袖雅库布·戈翁（Yakubu Gowon）命名的。在约鲁巴人中有一种流行的帽子名叫"阿沃洛沃帽（Awolowocap）"，是以约鲁巴前政治家奥巴费米—阿沃洛沃（Obafemi Awolowo）族长命名的。一些劣等织物以 20 世纪 80 年代的经济危机命名。二手服装被称为托昆博（*tokunbo*），以此和全新服装区分开来。音乐、喜剧和电影领域的发展有时候和服饰领域的发展有关，不论是在命名方面还是由某个艺术家普及的某种风格方面。

116

最后，服饰反映了尼日利亚在全球的位置。这是一个双向市场，在这个市场里，尼日利亚既吸收又输出。关于设计和织物的想法来自美国、欧洲和亚洲。西方纺织公司研究当地偏好和趋势，以了解向尼日利亚输入何种材料。青年服饰文化体现在运动鞋、运动服装、牛仔服和其他服饰，他们的着装和美国的青年服饰文化并无很大差异，但这些服饰难以买到，并且价格昂贵，因此它们成为很多尼日利亚年轻人十分渴望的服饰。

尼日利亚传统服饰和色彩偏好也影响着其他国家和地区。不仅尼日利亚在重大场合穿自己的服装，还在美国各大城市许多商店中出售传统服饰。尼日利亚人的发型得到非裔美国人的广泛借鉴，尼日利亚服装风格将继续在美国发挥影响，最终进入主流百货连锁店。

注释：

　　1. 海伦·门德斯，《非洲传统食谱》，纽约：麦克米兰，1971，27。

2. 见，例如，艾伦·威尔逊，《西非食谱》，纽约：埃文斯，1971；伊言拉·万赞特和卡桑德拉·韦伯斯特，《非洲母亲的餐桌：西非和非裔美国人的食谱和文化传统集》，纽约：布尔，1998；安吉拉·曼迪瑞斯，《非裔美国人的厨房》，纽约：麦克米兰，1971；和黛安·M·斯皮文，《辣椒、脆皮，和羊肉块食谱：全球非洲移民菜谱》，奥尔巴尼：纽约州立大学出版社，1999 年。

3. 本节信息主要是来源于塞缪尔·约翰逊，《约鲁巴的历史》，拉各斯：C. M. S.，1921；R. 迦勒迪，K. D. S. 鲍德温，和 I. O. 迪娜等《尼日利亚可可种植农民：约鲁巴可可种植农民家庭的经济调查》，牛津大学：牛津大学出版社为尼日利亚可可营销委员会出版，1956；《当代社会个人对改良传统方式的观察》。

4. 见艾伦·洛奇河津，乔安妮 . B. 艾奇和金姆 K. P. 约翰逊等，《服装与身份》，纽约：仙童出版物，1995。

6　婚姻、家庭和性别角色

　　尼日利亚的性别、婚姻和家庭制度，以及人们对此的观念，反映了现代变迁的影响和传统社会组织在当代社会的遗存。人口迁移、新兴职业、西方教育以及外来宗教对性别角色、婚姻和家庭影响深远。例如，受过良好教育的精英阶层越来越喜欢组成小规模的一夫一妻制核心家庭，但这个国家的多数人依旧秉信多子多福，在多数家庭中男性的地位仍然最高。同时，大家庭还十分普遍，一夫多妻制[1]在尼日利亚许多地方仍然存在。

　　作为一项普世的社会制度，家庭既是社会单位，也是生物学意义上的单位。人们通过血缘、婚姻和收养而组成家庭。作为一个社会单位，家庭对于其成员来说不只是共享居所，更意味着维持家庭关系、经营家庭经济，以及繁衍下一代。家庭的成员间应互相扶持、彼此保护。每一个家庭都通过名字、住所以及宗教、图腾、禁忌、面部标记、头衔等符号来形成自我认同并彼此区别。

　　就如在世界其他地方一样，家庭是生育、培养孩童的场所。但在农村地区和一些传统行业里，家庭也是生产和消费产品、并通过出售剩余产品来满足其他需要的初级经济单位。无论是传统的还是现代的，尼日利亚的家庭还是应对贫困、失业、养老、疾病等问题的福利和保险机构。当公共服务不足或缺失时，家庭就组织并分配资源来帮助它的成员。家庭同样是一个社会组织。就如全世界的家庭一样，家庭成员可以参加诸如娱乐活动、宗教仪式等有组织的活动。但是，家庭作为一个社会组织的基础，其所做的远不止此，它还为仪式、闲暇和教育活动提供了机会。作为一个社会组织，家庭根据性别、年龄、辈分来定义每个成员的角色。人们必须努力维护家庭中的规则和凝聚力。尼日利亚家庭是父权制，男性拥有更多的权力。

一个家庭可以"权威人物""扩展性"（由家庭成员人数确定）以及"居住模式"进行分类。家庭通常都是通过婚姻形成的，但在尼日利亚，家庭规模通常都要大于美国那种由一对夫妻和他们孩子组成的核心家庭。作为一种扩展家庭，一个尼日利亚家庭通常包括由共同居住或就近居住的不同辈分的人、或是由相信他们拥有共同祖先的人组成。在尼日利亚很多地方，家庭就是亲属关系。亲属关系通过婚姻或血缘将两人联系起来。如果人们是通过婚姻而成为亲属，就被称为姻亲关系；而如果是因为血缘而成为亲属，则被称为血亲。尼日利亚人用这两种关系来说明家庭的重要性和他们对家庭的期望。

世　系

在强调血统（ancestry）或继嗣（descent）的血亲关系

中，家谱可以记录两代人之间的关系，并可将代际关系追溯到这一世系的始祖。继嗣规则共有四种类型。尼日利亚最常见的就是通过男性长辈、特别是父亲来确定继嗣的父系（patrilineal）继嗣；少见会有通过母亲来确定继嗣的母系（matrilineal）继嗣。这两种都是典型的单系（unilineal）继嗣，即只通过双亲中的一人来确定继嗣。

第三种类型是双系（bilineal or duolineal）继嗣，即通过父母双方来共同确定继嗣，这在美国比较常见。最后一种是在豪萨族发现的双边继嗣（bilateral），即同时通过父亲和母亲两边的祖父母来确定继嗣。不论哪种继嗣，继嗣中的一系血脉就是所谓的世系。尼日利亚人的世系通常都拥有同一个祖先。当两支或更多的世系都拥有相同祖先时，他们就构成了一个宗族。当某个成员离开或迁居时，其所在的宗族或者世系就产生了支系，这个成员就会成为他子孙后代所在宗族或者世系的始祖。在多数尼日利亚人中，属于同一世系的人之间是不能通婚的。

尽管人们可能会和核心家庭中一样拥有一个妻子和孩子，但他的亲属还包括了其所在世系中的其他成员。即便是在今天，一个世系成员能够期待在继承中分得一份遗产；如果没有留下遗嘱的话，表亲也可以与死者的儿子竞争一份遗产。人们还会平等地对待其女儿和姐妹。世系影响了人的身份、继承权以及获得土地的权，在传统社会里，土地是人们生活和劳作的场所。

在父系继嗣体系里，继承权由男性享有，女性只能继承很小的份额，甚至没有任何继承权。在父系继嗣体系中，女性婚后一旦改姓夫姓，就意味着她永远都是夫家的成员了。所有的孩子，无论男女，都归属夫家。孩子们会把父亲这一边的表兄弟当作兄弟姐妹，反之亦然。男人是一家之长，负责寻找资源来养活他的大家庭以及诸多家属们。一个男人满足众多家人需要的能力是评价其是否成功的标志。

婚　姻

婚姻是最重要的社会习俗之一。亲属关系通过婚姻而形成，世系因婚姻而得以维系和壮大，新的家庭亦由婚姻而创立。生殖是如此重要，以至于很多人认为婚姻的首要功能就是繁殖人口。当然，还有感情和爱。婚姻与尊严和地位有关，因而单身男女们会迫于压力而被迫结婚，女性如遇人不淑也多是容忍其丈夫的诸多不是而非选择离婚。农业社会崇尚大家庭，以此来建立社区和提供难以通过其他途径获取的劳动力。没有孩子的已婚夫妇会穷尽所有合法的手段来获得一个孩子，特别是通过宗教和医疗机构。当婚姻遇到麻烦或是孩子生病、死亡，人们就会怀疑社区中的某些人是巫师。可见，人们维持婚姻的愿望是如此强烈。

婚姻不止是夫妻二人的结合，也是双方世系和宗族的结合。婚姻被认为是在不同宗族集团间两个大家庭结成联盟的工具。家庭在婚姻中的作用体现在配偶选择、伴随婚姻的宗教仪式、聘礼，以及世系成员们通过干预来解决婚姻问题。当一对夫妇想要离婚时，当事的两人倾向于考虑到其他世系成员的感受和角色。

120　　　　包办婚姻正在减少。在过去，女儿可能会嫁给一个由其父母选定的男人。酋长、国王、祭司、伊玛目（清真寺的领拜人）和受尊敬的伊斯兰学者、占卜者以及其他显贵们都可能被说服迎娶额外的妻子，这些女孩通常来自已经接受、或期待从这些显贵们那里获得好处的家庭。即便这种选择是当事人自己做出的，其家人也会介入搜集对方家庭信息，以确保对方的家庭是具有良好声誉的以及没有不能容忍的疾病史。当某些疾病被认为有遗传性时，与有这些疾病病史的家庭的婚事就会被否决，以防止受到传染。

　　尽管包办婚姻的重要性已经降低，但男人和女人们还是会把自己的选择和决定告诉父母和其他家人，以期能获得他们的支持。父母通常会询问有关对方民族、原籍（town of origin）、宗教和职业等方面的问题来确保做出的是正确的决定。多数父母还是喜欢让自己的孩子与本族群的人通婚。

　　尼日利亚人并不一定会像美国人那样表达爱意，相爱的两人可能不会出去看电影，外出就餐、公开牵手或没完没了地接吻。他们更看重责任感和对彼此的尊重，更关注孩子的道德培育和教育、夫妻忠诚以及照顾大家庭。

　　传统的婚姻保持了较低的离婚率。事实上，过去人们都认为所有的婚姻都是会天长地久的。传统社会的婚姻也确实比现代社会要稳定得多。忍受糟糕的婚姻要比离婚承受更少的污名。宗族成员们会介入到解决婚姻冲突中，而且他们往往会通过施压来防止离婚。

　　尼日利亚人看待离婚的态度随着社会的深刻变化而发生改变。尽管仍是一件令人不禁皱眉的事情，但离婚在城市地区已经不再是个人的污点了。许多夫妻也会在没有正式离婚的情况下分居，以期在未来有机会能复合。在信仰伊斯兰的地区则有特定的离婚规定，在有通奸、彼此不合或者丈夫不能满足妻子基本需要的情况下可以离婚。法院和基督徒在处理离婚时则是遵循英国的法律体系。尽管还无法和西方社会相比，但现在尼日利亚的离婚率已经比过去高了很多。不孕不育是许多离婚案例的诱因。由于重男轻女，男性可能会迫于其亲属的压力而另娶一个能生儿子的老婆。当夫妇中一方出现反社会行为，比如有犯罪行为时，由此产生的羞耻感也会终结婚姻。如果一对夫妻生活在一大群亲属中时，妻子可能会很难处理与这么多人的关系，因为她可能被迫在照顾好她自己、她丈夫或姻亲们之间做出选择。她的姻亲们可能会干涉夫妻之间的事情，这种没有必要的干预如果超出限度就可能会激怒妻子。女方通奸往往会导致离婚。而在一夫多妻的设定下，男性会将为自己的通奸行为辩解为寻找下一个妻子，但妇女无法提出这种理由。

121

一旦离婚达成协议，离婚的程序不会特别复杂，但花费会比较高。很多离婚案并没有律师参与，而且男方会获得多数的财产。在精英阶层的离婚案中，财产分割可能会被讨论，但多数情况下孩子都会跟着父亲生活。如果孩子还是婴儿，除非父亲没有提出要求，一般情况都是由母亲抚养孩子、直到孩子长大到能够跟父亲生活。在传统婚姻里，离婚不会阻止母亲来前夫家里看望她的孩子。她甚至可以住在她已经成年的儿子附近。

聘礼

不管是传统的婚姻还是现代的婚姻，交换聘礼和宗教仪式总是不可少的，两种仪式的参与者都很多，是重要的社会制度和社会契约。该习俗的设定是为了维护和稳定夫妻关系。

一些文献错误地称之为嫁妆，聘礼指的是将男方家庭的财产转让到女方家庭。换句话说，这与一些文化所谓的嫁妆不同，不是女方给男方的财物，也不是女方家庭要求的财务。聘礼并不是"交换"女人的商品，也不是给女方家庭支付女性服务和家庭劳动的酬劳。它仅仅是以聘礼为财富象征，巩固夫妻关系，也是向族群宣布他们的夫妻关系是合法的，他们可以合法地发生性关系。聘礼也就意味着夫妻二人的孩子属于父系血统。有些人认为聘礼的习俗是给含辛茹苦抚养女孩长大的女方家庭的补偿费，因为女方失去了一个女孩且女孩的劳动力转让给了另一个家庭。因为家族中男女都有，男人结婚时给出去的，在家族女性嫁出去的时候又能返还。因此，聘礼是一种社会支付形式，是财富在族群间的流动。有些地方聘礼的意义非同小可，所以双方离婚的时候，女方要返还聘礼。由于双方难以协调退款，这在一定程度上保障了夫妻关系的稳定。有些地方，聘礼金额要求数额非常高，所以婚期要延后，等到新郎筹集足够的资财才能结婚。

不同地区所需的礼金品类不同，各地所需的数量也不同，约鲁巴族婚礼所需聘礼数很小，而伊博人所需数额就很大。在一些地区，聘礼所涉的物品有主食（比如山药）、牛；有些地区是饮品、衣服和钱财。其中还包括一些宗教物品，比如宗教圣书或可可果（南方许多族群所需的宗教用品）。牧民们的聘礼会有牛。此时，他们就要认真协商如何"搬运"牲畜。

聘礼也是现代婚姻的一部分，无论新婚夫妇是在教堂结婚还是在法院登记。一般来说，在去教堂或法院之前，要举行一场传统婚礼。而聘礼仪式也就在传统婚礼举办的过程中完成。就算是嫁到国外，人们也会遵守聘礼习俗。可见，这是现代世界文化中一个非常重要的部分。

程序和仪式

聘礼活动的过程中伴随着宗教仪式，之后才举行传统婚礼。在伊斯兰教，基督教和法院婚礼中，人们首先办理婚姻合法化的手续，再举办其他的仪式。在传统仪式中，人们会唤醒众神和祖先为婚礼祈福。新娘的父母会向人们证明自己女儿的贞洁、品性贤淑，能下厨房、料理家务，也能生育子嗣。过去，处女之身非常重要。如果一个女人被发现在婚前有过性经验，就会给她和她的家族蒙羞。婚礼上，新郎的家庭将会表达自己的感激之情，承诺婚后会善待新娘及其孩子并努力担负起姻亲期许的责任。

不同的地区，婚礼仪式各不相同。在东南的伊比比奥族，婚前的一项准备就是，女性要去"增肥屋"，吃大量食物增肥，让自己的形象更美观。同时，他们还要学习家庭管理、烹饪和抚养孩子。在北方的富拉尼族，他们会专门花一个月的时间选择和吸引伴侣。这段时间举行的活动叫"加尼"（Gani），单身青年人每晚都会载歌载舞。合适的男性在适龄女孩前排成一队。他们一起跳过一段时间的舞之后，男性会主动靠近自己心仪的姑娘。如果女孩也接受男生的示好，那么他们就开始恋爱，最终走向婚姻的殿堂。

伊比比奥族和富拉尼族的婚俗，代表了传统的婚姻。虽然

123

各个地方的习俗不尽相同，但是各组群都认可姻亲、聘礼、族群责任和两家联姻建交的重要性。主要的婚礼习俗在新郎的居住地举行。传统婚姻建立的假设前提是，男方可能还会再娶一个妻子。

在伊斯兰教的婚礼中，他们有不同的安排。以豪萨族为例，社会要求所有穆斯林必须结婚，甚至以此作为发生性关系的前提条件。在过去，甚至在现今的某些地方，少女们的婚姻没有自主权，只能由父母决定，她们很有可能会嫁给年龄很大的男性。现在，人们并不认同这一强制性的做法，而且逃离丈夫的女孩也不少。另一种安排婚姻的形式叫"萨达卡"（sadaka）。该习俗允许父亲为女儿择夫，把她许配给聘礼不够的穷人，或者一位博学的伊斯兰教师。虽然这种方式也在消失，仍然给父亲强迫自己女儿嫁给她不喜欢的对象的"权力"，并利用女儿在族群中建构强大的权力网络。

穆斯林的惯例其实更为复杂。恋爱后，年轻人要完成宗教规定的四个步骤，才能有合法的夫妻关系。第一个重要阶段就是，获得结婚许可。男孩会带着自己的朋友多次拜访女孩的家人，同他们交谈、交换礼物。在某种程度上，男方父母会与女方父母打交道。如果女方父母接受了他们的礼物，那就等于已经获得他们的认可了。他们就会通知亲戚和邻居孩子们的订婚计划。

第二个重要的阶段就是，伊芒主持订婚仪式。女方的代表叫瓦丽伊（waliyi），该代表可以是女孩的父亲也可以是她的监护人。在伊芒主持宗教仪式之前，他们的婚姻必须获得瓦丽伊的认可。在见证人的见证下，双方交换聘礼。仪式上定有精心设计的祈祷，认可双方的订婚。在豪萨族，这就意味着女人不可以再有别的追求者，男女双方可以见面，但不可以有浪漫的亲密接触或发生性关系。穆斯林认为，该仪式的完成就相当于合法婚姻关系的认可。四到五周之后，他们就会安排订婚仪式，择一个双方都满意的日期举行婚礼。他们会给远亲充分的时间准备参加婚礼或者送结婚礼物和表达无法到场参加婚礼的歉意。

最后一个阶段是结婚仪式。参加的女性比男性多，婚礼上很少能看到新郎和新娘的父亲。婚礼会持续八天。现在，为了迎合现代职业的要求，婚礼通常缩短到四天左右。在八天传统婚礼中，会有各种各样的活动：

第一天：卡姆（*Kamu*）。新娘和客人们（包括新郎的亲戚）一起住到女方父母家中，向新娘介绍伊斯兰教的"深居"① 传统（假如她会遵循该传统的话）。

第二天和第三天：同庆。亲戚了邻居们载歌载舞，分享喜悦。

第四天：拉纳瑞亚耶南郭（*Ranar iyayen ango*）。新郎的父母、亲戚和朋友同庆婚礼。这是婚礼中最重要的一天，许多诗人、鼓手和歌手会出席现场。

第五天：卡姆南郭（*Kamun ango*）。傍晚时，新郎现身。朋友和亲戚把牛奶和香水撒在新郎身上。新娘的回礼已经打包备好，准备搬到她的新家。

第六天：新郎正式公开聘礼，其中包括现金。公示聘礼其

① 深居，即女性不可在公共场合抛头露面等。

实是家族之间比拼家庭财力，看谁家的财力更强大。

第七天：新娘在一个年轻姑娘的陪同下，到新郎家。新郎和朋友将依次拜访。连续三个晚上，新郎会偷偷溜到新娘的房间。

第八天：亚温塔斯尼（The Yawon tasani）。感恩仪式，主要是新婚夫妇拜访双方父母。新婚夫妇也可能会去拜访其他亲戚并慷慨地款待客人。

基督教认可当地的聘礼习俗和其他与家庭有关的传统观念。但是，新婚夫妇婚姻的合法性需要教堂签发的许可证。基督教婚姻的合法性是以一夫一妻制为前提的，这一点与伊斯兰教不同。牧师强调"爱"的重要性，但也妥协认可丈夫的"父权"。当地的基督教婚姻借鉴了西方婚礼中使用的婚纱、（婚纱）大长摆、交换戒指和接待方法等仪式。

最后，人们可以在法院完成"民事婚姻"。夫妻二人签订婚姻合同。但是，尼日利亚人在践行此类外国法律条规之时，仍具有本地特色。家人将会到场。夫妻在签订结婚协议的时候，还要对这《圣经》《古兰经》以及当地可以代表神的象征宣誓。庆祝活动之后，新婚夫妇会模仿欧洲人的方法，用美食、饮料和小蛋糕款待客人。

婚姻的形式

一夫一妻制，指的是一个家庭中一个男人、一个妻子。在尼日利亚，虽然绝大多数受教育精英阶层都认可一夫一妻制，但这不是唯一的婚姻形式。

一夫多妻制传统主义者在穆斯林间仍然很普遍。教堂和法院婚姻不允许一夫多妻，而且他们还用"犯重婚罪"来反对这类情形。但是，很多男人在婚姻不如意或者婚内无子嗣的情况下，会有一些情人。

虽然没有确切的数据统计，但是尼日利亚近三分之一的已婚人士有多妻。[2]当地风俗和伊斯兰律法允许一夫多妻制，所以这种传统做法才会延续至今。传统农业经济鼓励一夫多妻制。大型农场需要许多劳动力，粮食生产也是。家庭和村庄有自己的劳动任务，他们还要满足社会性支出。对一个男性来说，获得更多劳动力的最保险的方法就是多生孩子，让女人多生养。一夫多妻制与家庭的经济生产单位职能密切相关。

尼日利亚人仍实行一夫多妻制还有其他原因。有的地区，女性的数量多于男性，所以为了让每个女性都能拥有丈夫，就实行一夫多妻制。另外，社会对单身女性的压力也助长了"一夫多妻制"。因为，成为男人的小妾甚至比单身的地位还要高。这一风俗导致女性的结婚年龄比男性小，丈夫通常都比妻子年长，由此男性与第二任、第三任妻子的年龄差距就更大了。在实际生活中，想要一夫多妻的男性通常很难找到老婆，而且他们要筹集到婚礼需要的彩礼也不是件容易的事情。每一场婚姻都要符合传统习俗，才具有合法性。从医学的角度来看，一夫多妻制一直被认为是婴儿高死亡率的原因。随着医疗服务的改善，许多婴儿不再受各种疾病的困扰。为保证每个家庭都有子嗣继承香火，一个男人就娶两个或多个女人生很多孩子。继承家族姓氏，继续延绵血统是件大事。只要大家族想要更多的继承人，他们就会生育更多的孩子。所以，社会也在一定程度上默认了一夫多妻。怀孕和哺乳期的女性不能做爱，而男性无法忍受三年没有性生活的日子，因此只能再续一房。另外，这也是财富的象征。孩子和妻子越多，那么他的社会地位也就越高。因此，许多的首领、国王和富余的商人增大家庭规模，彰显自己的名望。别人会夸赞他们的男人气概，他们营造大家庭的能力，以及他们能养活一大家子的财力。企业家们可以仰仗自己的妻儿们管理公司，奉献劳动力。

126 　　还有其他形式的一夫多妻制，也适应了社会需要。在很多地方，实行寡妇继承，即迎娶已逝兄弟的老婆。人们不会强迫寡妇出嫁给丈夫的兄弟，但这种形式是为了给寡妇及其孩子提供保障。寡妇和孩子仍是家庭血统的一员，家族也有义务照顾他们。

　　一夫多妻制的实施有一系列的规范。丈夫在给妻儿们分配资源的时候要格外小心。他不能太偏心，以免引起妻儿们之间的矛盾和战争。年长的老婆喜欢比年轻的享受更多的特权。关系处理得好的家庭中，女人们在育儿和家族生意管理上相互扶持。在一夫多妻制没有处理好的家庭中，尤其是在现代社会中，男人最终会失去所有，孑然一身。

　　按照管理，血缘关系成员间不能通婚。但这也有例外。在游牧富拉尼族的某些族群中，允许家族成员内部通婚。他们仿佛是要用这种方式避免与城市人和定居生活的人结婚，以延续本族的游牧生活。弟弟和已逝兄长的妻子，我们称之为"收继婚"（levirate）。但是兄长不能迎娶弟弟的妻子。如果一个男人的妻子去世了，那么他可以迎娶妻子家未过门的妹妹。许多富拉尼人宗族允许近亲婚姻，也就是说，一个男人可以娶他姑姑的女儿，或者一个人可以嫁给叔叔的孩子。

家庭和性别角色

　　无论是一夫一妻还是一夫多妻，尼日利亚大部分家庭的规模都在不断扩大。一个家庭不仅指夫妇及其孩子们，还包括叔侄、表兄弟，甚至朋友和亲戚的孩子。没有人会觉得孤独。家庭成员都认同"家庭团结"的价值观，因此培养了他们的归属感。在传统社会中，家族成员是一个紧密相连的经济体，家庭各成员都有自己的分工。家族财产的使用和继承遵循一定的规范。相同的宗教信仰也将家庭成员紧紧团结在一起。过去，他们的凝聚力来自祭拜祖先。

　　核心家庭成员一般都有四到六个孩子。在一个家庭中，孩子至关重要。如果夫妻俩没有孩子，那么他们的婚姻就不完整。对新婚夫妇而言，怀孕生子的意义非凡：夫妻双方都有生育能力，希望能够很快获得婚姻的犒赏，两家的关系也会更加密切。在传统习俗中，占卜师要预测孩子的未来。为了避免孩子将来碰到什么麻烦，父母要给占卜师一些供奉。

127

　　备孕的准备工作有，女性保养身体，准备各种照顾孩子的器物。当地有许多保护孕妇的习俗，让孕妇能有健康的体魄，保障婴儿的安全。生产时，当地有传统接生婆也有现代医疗的妇科医生。一般情况下，丈夫不可以看妻子生产。

　　孩子生下来以后，马上就会举行庆祝活动。人们享受美食、品美味饮料、交换礼物，为孩子及其父母祈祷。这些庆祝活动既是日常生活活动，也是宗教活动。所有的宗教传统都有约定俗成的庆祝流程。

对约鲁巴等民族而言，姓名具有伟大的历史意义，家庭成员都很重视给孩子取名。名字也是对神和祖先的赞美。穆斯林和基督徒可以从圣书中借鉴取名。比如在豪萨族的家庭中，孩子的取名方式有三种。第一种，孩子的名字可以跟某个重要活动有关，如斋月禁食期。因此女孩可以叫阿祖弥，男孩叫达纳祖弥（Danazumi）。第二，可以用一周中的某一天命名。比如在周五出生的男孩可以叫丹朱玛（Danjuma），女生叫君玛依（Jummai）。第三，选取宗教人名十分普遍。比如男孩子们经常取先知穆罕默德及其追随者的名字，女孩子们经常取先知的妻子或姐妹的名字，如爱沙图（Aishatu）。

母亲们把大量的时间奉献给了孩子。孩子出生的前三年，她们基本上全职陪护。她们要给孩子哺乳很长一段时间。在传统的家庭中，母乳期的女性不能发生性关系。因为他们认为疾病会污染母乳，威胁婴孩生命。小孩一般在二到四周岁断奶。大多数母亲都喜欢把婴孩背在背上，和他们睡在一张床上。等小孩能能够走路、照料自己，他们就可以跟别的家庭成员有更多的接触。之后，孩子们要学习社会价值观，接受教育、学习职业和习俗。

在农村，家庭要融入族群集体生活。"抚养一个孩子需要全村的努力"，这是一句耳熟能详的谚语，因为亲戚和邻里都彼此关注。孩子不仅要尊重自己的父母，也要尊重家庭和集体中别的长辈。如果父母打发孩子去别的亲戚家接受培训，学习规范，孩子们一般都挺乐意，也蛮开心。经济条件好的父母也会把孩子送到国外上学，因为国外的教育和规范更严格。以前，教会学校以寄宿宿舍和教学出名，也会给孩子灌输一些宗

128

教理念和努力工作等价值观。

在传统的家庭和经济中，劳动按性别分工。在约鲁巴族和豪萨族，男人耕种，女人只在丰收时搭把手。在东南，女性也从事农业生产。在富拉尼游牧民族中，男人畜牧，女人维护牲畜棚、售卖奶制品。富拉尼族男孩和女孩小时候，也会做放牧等农活。小孩长成青少年以后，他们的劳动角色就要改变，甚至可以"单打独斗"：女孩挤牛奶，制作黄油和奶酪，拿出去售卖；男生则保障牲畜，负责部落的安全和管理。约鲁巴女性都是伟大的商人，她们为了更丰厚的利润跋山涉水。男性和女性都可以扮演宗教角色，但是男性占卜师比女性占卜师多。在穆斯林中，伊玛目和宗教学者主要是男性。冶炼、打猎、雕刻等重体力劳动则是男性的职责。在大部分地区，妇女做家务，包括准备食物和打扫屋子。

穆斯林女性要注意"隐蔽"，女人只能待在群房内，如果外出需戴面纱。待在家里并不意味着失业，因为群房也可以是个工厂。女性可以制作各种各样的工艺品，可以将其交给女商人或中间人销售。

女人主要参与家庭和族群的管理。她们掌握许多工艺品生产和当地商务。随着年龄的增长，她们的地位和权力越来越大。在一些本土政治体系中，她们也能分一杯羹。例如在努佩族，女性可以成为有影响力的法院领导，每个村都有自己的女村长。

现代职业对性别的区分度不高。学校的大部分职业都对性别没有要求。但在现代经济中，男性占据行政职位，并掌控政治舞台。男性占主导地位，有两个原因：第一，女性的受教育水平近来才有所提高。直到 20 世纪下半叶，尼日利亚为了满足男性和女性的教育需求，才创办更多的中学和大学。其次，在就业机会少的地方，人们会选择给男孩受教育的机会而不是女生。在一些地区，女性的主要工作就是抚养孩子，他们认为让女孩接受教育就是浪费钱。政府普及了基础教育，但是没有规定女孩必须要去。

社会化

儿童的社会化主要指他们接受了一系列的价值观，这其中也包括一些因革新改变而置疑的文化习俗。他们成长在大家庭和家族中，所以也认可大家庭和亲属血缘的状况。堂兄弟和其他亲戚们跟自己的父母一样重要。侄子侄女，叔叔阿姨和自己的兄弟姐妹都住在一起。许多孩子都同祖父母共处一室，所以他们也认为自己有义务照顾步入老年的父母。他们去参加葬礼，看到自己的父母在葬礼上一掷千金，紧接着又去参加娱乐活动。他们会听到父母希望在自己老年时能过上什么样的生活，他们希望有人照顾，希望死后子女能让他们体面下葬。亲属关系一定要继续维系下去。孩子们很快就会意识到他们一直处在历史的循环中：他们的祖先代表过去，他们的父母代表现在，他们代表未来。他们在聆听人们给他对未来的构想和建议时，其实就是一个被训练珍重过去，尊重现在的过程。

过去，尼日利亚没有正式的学校系统，家庭是唯一的学习场所。孩子们的一切学习都来自家庭，还包括各种职业技能。如果一个家庭以狩猎或制作工艺品为生，那么孩子就会跟父母、兄长们或其他亲戚学徒。如果孩子对自家的祖传技能不感兴趣，那么他就不能在家里学习。父母会把他们送到别的工艺大师那里去。在西式和伊斯兰的正式教育中，孩子们要遵守教育机构制定的规则。

尼日利亚的所有族群都认为人们必须要善待和尊重年长者。"那些嘲笑老年人的人忘了自己也会有终将老去的一天"，人们用这个谚语来警醒年轻人"尊老"。他们的习俗是与老人交谈时要用敬语，见面问候有一套约定俗成的礼仪。各个族群都根据不同年龄和性别制定了一套问候规范和称呼形式。在约鲁巴族，人们见年长者的时候，男人要五体投地，女人要下跪。如果条件不允许，他们也可以深鞠躬。在富拉尼族小镇上，儿子称呼父亲为"巴伐"（Baffa），母亲为"乌咪"（Ummi），姐妹为"丫丫"（Yaya），叔叔为"卡乌"（Kawu）。在一个妻妾成群的男人家里，长妻有一个特殊的称呼"丫丫"，用以表达人们对她的尊重。

照顾老人不仅是社会的福利，也为每个人的未来提供了保障。为了保障全民敬老，他们会有许多惩治手段，甚至有些残忍，以惩罚那些"目无尊长"之人。老人们很快就会成为"祖先"，所以当他们还在世的时候，我们要得到他们的认可和支持。在老人"飞升成仙"之前，他们是生者和已逝祖先之间的调解人，所以他们的祝福弥足珍贵。从实际角度来看，照顾老人是为了补偿他们过去为家族、血统和族群所作的贡献。老人们也会参与到抚养族群孙儿辈的任务中。年轻人去工作的时候，老人留在家里。他们可以调解年轻人的婚姻冲突，阻止人们对青年人惩罚过重，关注并规范孩子们的习惯，管理药物，还可以讲夜间故事。

每个家庭都重视家族和族群中的家庭成员，这是为了让人们不要仅顾及个人，不顾家族、学院和族群的其他成员而"为所欲为"。无论是传统社会还是现代社会，人们都希望孩子在社会化的过程中有公共精神。如果一个集体想要继续生存，这就要沿用过去的"智慧"。集体的利益正在被侵蚀，人们对家族集体的责任感也正在消退，但是社会化的基本思想仍然抵制绝对的个人主义。现在和过去仍旧一样，人们要通过你在家族、血缘和族群中的位置定义你的身份。过去，如果一个家庭成员犯罪会波及整个家庭。比如，一个人盗窃或者通奸，整个家族就会被驱逐。从宗教法律和规则可以看出，个人的利益不得凌驾于集体/族群利益之上。

尼日利亚社会的这一点与强调个人主义的资本主义文化大相径庭。所以，此处有必要解释一下这一区别的原始动机。为什么要因为个人过失而惩罚整个家族呢？为什么一个在拉各斯打工的工薪族要养活六个不是自己亲生的孩子？农业社会中，需要社会每一个成员的参与才能生存下来，比如完成建造房屋和收割等艰难的任务，应对食物短缺等困难，当成年人在田野劳作时，能有人帮忙照顾孩子。如果他们的生命受到威胁，社会成员要团结起来战斗，自我保护。供养一大家子人就意味着年轻的家庭成员要仰仗年长者，成年人有了孩子之后没什么时间和孩子在一起照顾他们；因为没有保险政策，人和人之间要相互依靠。虽然现代社会中不再有这些需求，但是他们族群文化中的分享和互助事业历久弥新。

131　　　　尼日利亚人从一个人生阶段过渡到另一个人生阶段，主要是以个人在家族和族群中承担起的责任来区分。记录成长转折的纪念性活动一般都是把家人和同族群的人聚集在一起庆祝。这种活动将家庭和个人与族群紧密捆绑在一起。如果一个婴儿诞生，人们会大张旗鼓地宣传，远近皆知。家族规模扩大了，母亲生养了孩子，她履行了婚约，家族的延绵有了保障。给孩子取的名字不仅要反映出生的环境，也要表现社会的祝福和希冀。过去（有些家族现在仍如此），人们会在孩子的面部打一个标志（皮肤划痕）来向全世界申明自己所属的家族。

　　成年时要举行一系列的成人礼，随后就是举行婚礼，成立一个新家庭。在伊博族，男性的成人礼开始于 12 岁到 18 岁之间，其中还包括割礼。约鲁巴族和豪萨族将婚姻作为一个人成年的标志。一些游牧富拉尼族族群会给同一年龄阶段的人一起举行割礼。对女性来说，她们成年的标志就是结婚。豪萨族等民族会给女性举行割礼（阴蒂切除术）。在施行包皮切除术的地方，如果你没有参与就要付出社会代价。因为人们会认为你对婚姻伴侣不重视，你的社会地位也会更低。给女性举行割礼是为了降低女性的性欲。这一手术很痛苦，有医学风险，同时也会带来生育问题。在大部分地区，这种仪式已经逐渐被取缔。

　　不是同一家族的孩子，也可以一同参加成人礼。在尼日利亚人的观念中，公民文化关乎生存大事。过去，同龄的孩子都是"同龄人协会"中的一员，她们要一起参加成人礼。出生于同一时期的孩子紧密联系在一个"同龄协会"中。他们长大之后，会一起走向人生的另一个年龄阶段，共同与其他年龄段的人生活在同一个社群中生活。"同龄人协会"参与公共事务，维护和平，并且完成酋长和国王交代的一些政治工作。在施行割礼和成人礼的地方，同龄人会同时举行这些仪式。

老年人则仰赖"秘密团体"紧密相连。在传统的秘密团体中，入会成员名单都是不公开的。如果要加入该团体，一定要通过必要的仪式。秘密社团的成员要宣誓严守秘密，不得传播相关信息，彼此之间形成政治联盟，并共同合作辅佐首领和国王。他们经常呼吁履行法律职责，执行处罚条例，把控社会稳定。目前，秘密社团在政治事务上的重要性明显削弱，但这些团体仍然存在且内部的活动和仪式只有入会成员知道。

对儿童和成年人来说，职业团体非常重要。人们必须掌握必要技能来谋生。以前，人们都期望加入贸易或手工艺协会，学习相关技术和不同职业的门道。他们的选择多种多样。豪萨族就有五十多个手工艺协会，如打猎、炼铁和音乐等。占卜、巫术控制、求雨和医术等秘密职业从来不向非会员透露消息。在这些领域，古老的传统之风仍盛行。现在这些传统的职业和公会依然存在。在举行重要仪式的时候，政府官员也会花钱请他们"停雨"。如果在足球等竞技类活动中获胜，你的魅力会大增。正因为人们有此心理和信念，所以这些职业和公会才得以存在。现代市场中，女商人也会组成"商会"，共同商讨商品的价格，并且同仇敌忾共同探讨影响她们商务的因素。

现代教育和政府破坏了"同龄协会"的功能。他们被"童子军"和"女孩军旅"等新的组织取代了。对一个接受正规教育的孩子来说，通过成人礼来宣誓自己成年的一系列仪式不再有举行的必要。酋长和国王的权力被现代官员取而代之，因此他们就不需要用传统的治理艺术和公共管理方法来驯化公民了。秘密团体虽然幸存下来了，但是他们之间的网络联系现在被最大化地用来给人们提供各种现代职业机会，给困境中的人提供帮助。现代医生的许多工作就是传统治疗师做过的，但是他们一直尝试将两者整合在一起。现代工业生产了许多比铁匠手工制作更物美价廉的商品，但是许多地方仍然还有铁匠。

社会变革

由于西方教育、新的职业、其它文化的影响以及生活方式和习惯的变化，性别角色、家庭和婚姻等各种要素都有了革新和调整。农村经济现代化将越来越多地农村人口变成了按月领取工资的劳工，远走他乡去工作，甚至移民去国外，与不同民族和种族背景的人共处。其中，主要的变化有大家族重要性的下滑，取而代之的是"核心小家庭"，在精英家庭中更是如此；一对夫妇生养孩子的数量减少；女性在经济和政治生活中的参与度增加；新的育儿方法和重视西方教育正在兴起；农村人口城市化；在家庭事务管理上更加民主而不是父权至上。

受城市化、西方教育和现代经济的影响，年轻一代和精英阶层普遍认可一夫一妻制。受教育的基督徒受信仰的感召，只娶一个妻子。但是，如果妻子没有生育能力，那么问题就来了。男性迫于家族成员的压力会再娶一个。现在，妻妾孩子成群已经不再是有地位的象征，因为他们要维持精英阶层的体面生活——住在环境优美的房子中，开美车，着装体面，都需要巨额花销。因为孩子少，精英阶层可以把孩子送到私立学校，甚至去西方国家的大学里接受教育。甚至在传统家庭中，孩子

133

的数量也已经减少。一方面是因为医疗设施更好，孩子的存活率提高；一方面是因为经济机会正在减少，人们无法承担多个孩子的抚养费用。

核心制小家庭的兴起就意味着大家族制的衰落。随着生活在小规模家庭的人适应了小房子的生活方式，大家族的重要性则渐渐衰减。新婚夫妇就不一定要和大家庭的其他亲戚住在一起，他们甚至可以移居到别的城市。家族成员不再通过宗教、职业和文化紧密相连。但是，这并不意味着大家庭已经不复存在，虽然家庭成员没有生活在同一屋檐下。很多核心家庭的成员仍然认为自己是大家庭的一分子。

现代核心制家庭的功能与传统大家族有以下几个不同点。现代核心家庭不是一个生产单位，而是消费单位。家庭成员所需的基本商品由其它机构提供。家庭中不再有安全部门，不需要全家族的人共同保卫家族安全。现在有警察、军队、专业消防员和其他安全机构。越来越多的家庭信仰伊斯兰教或者基督教，而不是传统宗教的追随者。

但是聘礼习俗仍然存在且是公共文化的一个关键因素，它结合了传统和新兴文化。人们对可乐果和进口纺织品等商品的需求增加，有时还供不应求。现代尼日利亚社会中，人们养孩子的成本更高，孩子的教育费用越来越高，通货膨胀，品位也在不断变化，人们需要拼力来彰显名望。如果新郎家境优沃，新娘就可以"狮子大开口"。她可以要大量的现金、纺织品、食品和饮品。在尼日利亚东部和迪夫族，当地的政府和教会强烈反对聘礼过于贵重，他们还爆发过一场激烈的反对运动。许多家庭和女性也不赞同聘礼过重，不愿随大流。现在看来，高

134

额聘礼给许多情侣制造了很多麻烦，而那些有钱人却可以娶到好几个老婆。

在家庭中，工作型妈妈和她的丈夫一样费了很多精力在职业工作上，所以她们很难再完成传统家庭的劳动任务。收入较高的家庭会聘请女佣或者其他人帮忙料理家务。他们高度重视"事业精神"，因为体面的职业可以给家庭带来声望。由于女性的经济实力增强，家庭管理也更为民主。在精英阶层的家庭中，孩子有发言权，女性有主导权，传统的父权制价值观已经消逝。家庭的民主，让孩子们能够不必过多地受父母干涉而自主选择适合自己的职业，选择自己的爱人和朋友。婚前性行为的现象越来越多，这不仅困扰了孩子的父母也困扰那些追求纯粹传统价值观的人。

受过教育的精英阶层家庭对男生和女生的经济投入是同等的。实际上，传统社会中人们痴迷于"生儿子"。但是随着女性可以从事许多职业并照顾年迈的父母，这一传统也逐渐消逝。女性现在可以从两个家庭继承财产。少数精英阶层女性用连字符把姓氏连在一起，来展示自己父亲家庭姓氏和母亲家庭姓氏，尤其在她认为自己的父母比丈夫更重要的情况下。

西方教育也是社会化的一个重要机构。许多尼日利亚人都满意自己在学校所获得技能。但是现在很多人指责社会的道德沦丧，因为儿童在社会化的过程中，家庭扮演的角色作用越来越弱化，而且他们认为这是西方教育的负面作用。许多尼日利亚人尤其是宗教组织的人都抱怨西方的着装、电影、色情文学、文学以及他们认为不道德的观念。他们还将高离婚率、青少年怀孕和强奸都归咎于外国文化的影响。

135 　　婚姻的状况也发生了变化。许多受过教育的人选择配偶都是基于"爱情"和"感情稳定",而不是父母的认可。情侣如果担心父母不同意,他们可以私奔,到城市重新安家。在国外的尼日利亚移民跨国恋,一般都是结婚之后再告诉家人。一般来说,跨国婚姻的人之后会回到本国完成必要的聘礼仪式和宗教庆祝活动。现在,婚礼举行时结婚夫妇都可以不在场:宾客来参加婚礼,为新婚夫妇祈祷,共享美酒佳肴,一起跳舞,纪念这一特殊时刻。

　　城市住房和公寓不适合大家庭居住。城市住房数量更少,价格更高昂。换言之,新的住宅模式不适合"一夫多妻制"。也许,这一变化最重要的原因是"女性拒绝一夫多妻制"。尤其是精英阶层女性,她们更不愿意与其他人共事一夫。贫困也是重要原因,尤其是住在城市,收入拮据的人,几乎只能满足日常必要的支出。因此,城市资源紧缺,大多数城市家庭都诚惶诚恐。一方面是孩子教育所需的财力;另一方面是承诺给大家庭的费用不断攀升。

　　大多数现代经济体并不需要孩子提供劳力服务,因此现代家庭并不需要大家族。养育孩子,尤其是孩子需要接受正规教育,已经变得十分昂贵。对那些妻儿成群的人来说,这就更难保障了。年轻人离开村庄,到城市寻找新的机会。他们创造了各种各样的青年亚文化音乐和休闲娱乐项目。但是,那些无业青年同样也会变成犯罪分子。年纪大的人也开始离开农村,搬到城市居住。城市务工的工资很低,许多男性只能把妻子留在农村。留在农村的妻子就要干更多的工作。她们不仅要完成男人们的工作,还要忍受分居的苦楚。与此同时,男人们在城市也过得十分潦倒。

虽然社会发生了变化，但是乡村和社会的公共精神在城市以新的面貌呈现出来。人们根据各自的民族团体、城市和宗教信仰组成各种团体，相互帮助。这些团体会帮助新成员找住房、找工作，处理城市生活中的各种问题。做得成功的团体就有些类似信贷机构，可以给本团体成员贷款。但是同龄人协会和传统职业的影响力则削弱了。社会中出现了许多新的团体，比如合作俱乐部，储蓄俱乐部等。这些团体也都是以本土的风俗习惯为蓝本而成立的。年龄相同、性别相同的人也会聚在一起参加活动，为了同样的目的穿一样的衣服，把钱聚在一起投资、置地或者盖房子。

136

人们对大家族亲属和本族群的责任感依然存在，但是它的重要性正在年轻一代的认识中逐渐削弱。独自生活在索科托或奥韦里的人或者移民到奥斯汀或西雅图的尼日利亚人觉得自己并不需要大家族的支持，所以也不愿意把自己的收入与他们分享。假如他在任一城市犯罪被捕，那么就要在现代法庭受审。此时，他就没有人脉网动用资源为自己辩护。也有一些大家族亲属和其他互助小组无法克服的问题。比如，需要向正规政府部门或非尼日利亚人寻求帮助。有些人觉得自己的收入实在是太低了，如果再承担大家庭成员的费用他们会自取灭亡的。虽然老一代的集体价值观正在被侵蚀，但是绝大多数的尼日利亚人都不认为自己是个人主义。他们仍然和族群有来往，共同庆祝节日，分享工作机会，在农村盖房子，拿些头衔，帮助生活困难的人。

人们仍然很敬重老年人。但是成人礼、割礼等仪式已经消亡了。医院已经替代了公会和长老们的一些传统医疗。随着农村结构的变化，长辈的角色也发生了变化。随着电视和收音机的普及，人们不再像从前一样乐此不疲地听老人们将那些"源源不断"的月光故事。虽然如此，人们仍然在家里尽心侍奉老人。这里没有护理或养老院；老人们和自己的孩子或亲戚一直居住在一起，直到临终。

虽然社会发生了这么多的变化，出现了这么多的新形势，但是源远流长的文化习俗仍然保留着。尼日利亚人仍然"以家庭为重"、为孩子祈祷，尽自己所能抚养孩子，喜爱并尊重老人，并且坚定拥护婚姻制度。绝大部分尼日利亚人仍然认同大家族亲属，反对疏远家庭和个人主义的生活方式。

注释：

1. 在许多著作中称之为"一夫多妻制"，但此处有两种形式：一夫多妻（一个男人娶了两个或两个以上的女人），一妻多夫制（一个女人嫁给两个或两个以上的男性）。

2. 黛安娜·卡育古和菲丽思塔·恩闫古，《非洲家庭的社会学》，纽约：朗文，1984，8。

7 社会习俗和生活方式

尼日利亚的风土人情体现在各个方面：家家户户操办的红白喜事，众人集聚欢庆的节日庆典，各种重要的宗教节假日，丰富的体育赛事，还有为促进国家团结和弘扬爱国主义精神的各项活动。从当地人如今的生活方式来看，人们不仅保留了传统休闲方式与文化习俗，同时也在职业抉择与生活品位上逐渐西化。

尼日利亚人大多开朗友好。人们通过嘘寒问暖传递温情。他们拥抱、握手、彼此相拥，但基本不会亲吻对方。虽然在某些地区人们还是欣赏绅士行为，但在公共场合大声说话也并非粗俗无礼。无论在公车还是飞机上，尼日利亚人都自由公开地讨论国家愿景或个人抱负。他们关注国际时事，对本土以外世界的了解之深入，着实令人叹赞不已。

当地人看重集体生活，他们热爱社交活动，喜欢参加庆典，举办派对。很多民族都会利用各种机会举行派对，如此一来便能用美食、音乐和舞会款待亲朋好友。成功人士可能会聘请乐队于宅邸内进行现场表演，得意于自己能够邀请来上流社会的贵客，并备下超出客人消费水平的珍肴异馔供其享用。打个比方，约鲁巴人认为，所有重大庆典都要以派对形式来庆祝。司仪主持也与大家共舞，脑门上贴着钞票，一直跳到次日清晨。乐队演员则轮番赞美在场的每一位大人物，大人物们也以小费报之。

尼日利亚形成了独特的口头交流文化。市里住户多数未通电话，人们大多面对面进行讨论与协商。对年轻人来说，当面聆听前辈或权威人士的教诲时不直视其双眼并非心虚胆怯，反而是示以尊重的表现。

即使可以使用诸如电话和电脑交流等其他沟通方式，安排面谈商议非常重要的事项或者商业合同，依然会被视为一种礼貌和谦恭的方式。有人可能会带着同事或者妻子跋涉几百英里，只为报道一次冲突。在会上，参会者会请社会地位高、年龄大的人来主导讨论，以此来表示对他们的尊敬。为表达对年长者的尊敬，年轻人称呼年长者会使用第三人称，比如"他们"和"他"而不用"您"。如果会议本身具有政治性，或者由第三方调停以解决问题，可能需要送点礼物去调节会议气氛，在大多数情况下，送一些象征尊敬和带有美好祝愿的可可果，或一瓶烈酒就足矣。

使用谚语、类比和故事以支持自己的立论的能力，会受到高度重视。年长者会因为得当使用谚语的技能而受到尊重。各种情形中，都有相关的谚语和习语可供使用。当问题变得非常微妙时，一位长者可以借助习语和谚语来得体地中断会议。另外还有宗教信仰上的禁忌，具体是指在特定场合里不被允许的言语和行为，比如不允许用左手吃东西，怀孕的女人不能在夜间出行，某些特定的亲属群体成员聚会时不可以吃蛇。通常并

138

不会强制外地人和游客遵守某地的禁忌，许多受过良好教育的人也会忽视某些禁忌的存在。

社会关系

人际交往的特点是它有一套强调尊卑的行为准则。在许多部落，有资历的人应该受到敬重。长者必须获得尊重，年轻的弟弟要尊重年长的哥哥，年长的妻子指望得到丈夫年轻的妻子们的顺从，高等级的官员在工作时需要得到下属的尊重。社会应该给予有钱、有权、有官衔的人以尊重。不论国王年龄大小，人们必须基于国王身居崇高职务而尊敬他。

尊重，可以通过迎接礼仪（比如鞠躬）和称谓语（敬畏），以及其他被文化许可的表达方式体现出来。在许多场合，人们绝对不可以直呼年长者和资历高者的名字。在许多地方，人们早晨时互致问候是必不可少的，而且必须询问对方的健康状况。

出于对长辈的尊重，年轻人应首先向老年人表达问候。比如在非洲约鲁巴族，不论何种场合或大型活动，人们都会进行相应的问候。一天中一个人可能会收到二十多次问候。这里简单举一些例子：比如清晨起床的时候，准备去工作的时候，吃饭的时候，遇到诸如一只脚撞到椅子这种小事故的时候，当你在炎炎夏日中汗流浃背的时候，结束工作回到家中的时候，玩游戏的时候，跳舞的时候，帮助别人的时候，还有上床睡觉的时候。当一个人在接受他人的问候之后，必须给予一定的回应并表达感谢。在非洲西部的努佩人中，身份较高、同龄或者社

139

会地位相同的男人在向彼此问候时需要屈膝下蹲，而女人要单膝跪地（约鲁巴女人则要双膝跪地）。努佩人朋友之间打招呼的方式则是向彼此伸出双手去碰触指尖。当一个年轻人向老年人问候的时候，他不会和对方握手，而是鞠躬。当一位年轻人去长者家拜访的时候，他需要脱掉鞋，等待老人的邀请才能坐下。在这些不同种族的文化中，如果一个人没有对对方的问候做出回应，则意味着双方存在分歧，需要马上找到解决矛盾的办法。

尼日利亚人总是对于自己的头衔情有独钟，因此把职业加在名字之前去称呼对方并不稀奇。比如称对方为工程师道拉波·法劳拉（而不叫道拉波·法劳拉先生），还有建筑师白索拉·法劳拉（而不说法劳拉小姐）。而那些曾跋涉麦加的朝圣者则被称为"哈吉"（男性称呼）和"哈加"（女性称呼）。人们把拥有头衔的人称为首领。为了抬高自身或其从事的职业价值，许多人会给自己起别名。比如，音乐家会叫自己"国王""指挥官""长官"或者"教授"。一个人拥有除去先生或太太以外的其他尊称是一种地位的象征。人们拥有许多头衔和荣誉之后，就会向别人炫耀自己。在私人信件中，我们会读到这样的话：哈吉阿迪哥·奥拉汀渥·法托奇博士（长官），文学学士，文学硕士，哲学博士，奥洛都地（Olodoland）地区的俄卡伦（Ekarun）。在这之后便是对其一生成就的总结。这就好比是节目开播前的一首"信号曲"，体现了一个人在社会中的重要地位。他既拥有传统意义上的头衔，又有当代的荣誉称号，因此这是一个受过高等教育的人。许多人希望这些头衔能够吸引他人，证明自己的成功和自我价值。同样，在现代文化背景影响下长大的人会表现出一种强烈的进取心，为了摆脱贫困的束缚，爬上社会阶层的制高点，但凡能够取得成功，他们可以无所不用其极。只有这样，才能最终坐在配有专属司机的小轿车里，享受佣人的服务，保镖的护航，并拥有广泛的社交人脉。

除了个人表现出的进取心以外，大多数人认为道德行为也与人际交往存在着密不可分的关系。普遍意义上讲，人应该是拥有宗教信仰并且品德高尚的，良好的品性会带来美好的前程和友谊。

在尼日利亚，所有族群都会要求每位族员尊重他人，行为坦诚；要友善待人，包括对待陌生人，要慷慨大方，特别是对待自己的亲朋好友；同时要规避淫乱、盗窃等一系列不正当行为。在尼日利亚，人们流行赠送礼物，尤其是在一些庆典上，赠送礼物是为了表达受邀的谢意，回赠礼物，或是感恩朋友曾经施以援手。赠送礼物能帮助支付一部分活动经费，也能用来与权势巨子交好。当有人需要帮助时，尤其是当他遇到如疾病或者有生命危险等紧急事件时，人们往往会去帮助他。在许多尼日利亚人看来，人是比金钱或其它物质更值得珍惜的，所以必须要对他人常怀怜悯之心。

140

典　礼

典礼与成人礼和其他许多宗教活动息息相关，一些典礼还有它们固定的礼节。人们通过典礼聚集在一起，而典礼让人们能够坚持本民族的习俗，坚定奉献他人的信念；他们享受典礼过程并乐在其中。在典礼上，人们尽情表演，载歌载舞，欢乐非常。

在这里，生命中的每个阶段都有着特别的风俗印记。起源最早、流传最广的是给孩子取名的典礼。在约鲁巴族，大人们必须在孩子出生七到九天内为他取一个名字，这样孩子才能比父母更长寿。届时，孩子的爷爷奶奶，爸爸妈妈以及其他亲朋好友都会带着他们为孩子取好的名字来参加典礼。祈祷者们将会精心准备这次典礼，而食物则用来传达他们对孩子的美好祝愿。在伊博族，情况大致相同，只不过在仪式开始前，伊博人可能会等待更长的时间。对尼日利亚所有民族的人来说，孩子的名字都是有寓意的。传统的人认为，神谕联系着孩子和他们的祖先，如果孩子是爷爷的转世，那么他的名字就会是爷爷的名字。由于基督教在伊博族中的广泛传播，大多数当地人的名字都带有"Chi"（指上帝），比如说"Chidi"（意为上帝依然活着）。

成人典礼标志着人们从未成年向成年的过渡。人们将这种仪式作为一个群体性活动来庆祝。成人典礼既是典礼，也是一场试炼，因为典礼中还有一项是对人忍耐力的测试。接受测试的人必须毫无怨言地克服困难。在过去，伊博族的年轻人们往往会在集市上比赛摔跤，胜利者则会被人们接纳为成年人，他们会加入同龄人的联盟，开始与成年人同辈的社交。对成人典礼的主角来说，这场典礼意义非凡，因为它不仅仅是一次由少年向受人欢迎、令人尊敬的成年人的过渡，更是一堂展示尼日利亚民族历史和民族自豪感的教育课。

经历过成人礼就可以成家立业了，性认同和不同性别应该

141

扮演的角色也随之确定下来。耐力考验包括切除包皮，经受住疼痛考验的人值得为自己感到骄傲和自豪。刚加入成年群体的人会向同辈吹嘘此事，还会在小辈们面前炫耀自己业已成年。

葬礼是人生的最后一个仪式。它会反映出死者、死者孩子和其他家属的身份和地位。有些人的葬礼没有庆祝活动，比如那些夭折的孩子，他们的死给人们带来太大的伤痛。有些人因为令人蒙羞也不举行葬礼，比如那些因犯罪被处决的人。那些自杀的人无权举办体面的葬礼。而有些人的葬礼则要有特别的仪式，比如秘密组织的成员。

只有那些高寿、留有子嗣、公认生活幸福的人才能享受最精心安排的葬礼。在这些人的葬礼上，人们要哀悼也要庆祝，庆祝逝者成为了受人尊敬的祖先。然而努佩人从来不会庆祝葬礼，他们认为即便是家族中最年迈的人过世也是重大损失。整个努佩族都会沉浸在悲痛中，但只有成年男子能参加葬礼。同一口棺材会用在所有葬礼上，人们用它把尸体抬到离居住区很远的墓地——亡灵之地。

任何种族关于如何处理尸体都会遵循一定的规矩。当然，国王和首领的葬礼比其他人的更加细致复杂。在伊博族，家人用奥图卡布（*oto kwbu*）——一种特殊的混合物清洗首领的遗体。用于清洗的水和毛巾绝不能接触地面。妻子和姐妹给清洁后的遗体穿上特别的服装。然后死者的兄弟和儿子便会把遗体抬到放有祖先神龛的房间。期间哭声与鼓声相伴，但这不是在宣告死亡而是在知会祖先，又有一个受人尊敬的人要加入他们了。首领的妻子们按资排序坐在遗体周围，每人需持一把坏掉的刀子。女儿和姐妹们也坐在遗体两侧。整晚都有客人来来往往。

　　孩子和遗孀在葬礼上歌颂死者。这就是著名的卡拉艾可佩斯巴（*kala ekkpe siaba*），该表演富有表现力，极具戏剧性。妻子身上要涂上红色和黑色的染料，在屋子里待三天。同时她会唱独特的歌曲赞颂死者。尸体上盖着很多东西——杜松子酒、餐盘、刀子、烟草、念珠和装饰品，因为他们认为死者在另一个世界可能会用到这些东西。

142　　下葬的土地上会放一个罐子，上面的祭品在几个月内隔八天换一次。在这段时间里，逝者的灵魂会先到祖先那里，随后得以转世重生。为了不妨碍死者的灵魂离开肉体女人们不允许在葬礼上哭泣。一旦有人哭，就必须献出祭品来净化泪水。用炮声来告知阴间：一个新成员正在来的路上，准备加入他们。葬礼之后就是哀悼。丧服要穿十个月。寡妇和女性的亲属要着黑色的裙子或白色粗布的欧库鲁服（Okuru），其他亲属可以穿粗布服，男人穿蓝色的，女人穿白色的。在这十月中，无论男性亲属还是女性亲属都必须剃头，妻子则不能戴头巾或帽子。葬礼的十个月过后紧跟着另一个仪式——柯比纳衣（Kopinai①），这是一个盛大的典礼，用以展示逝者一生的重要影响，逝者的家人会盛情款待受邀而来的逝者的好友和伙伴们。

　　对逝者的悼念活动还包括敬祖以及下文中详细说明的各种假面仪式。相信死而复生的文化（例如特里基索）会安排迎接亡灵的仪式。人们认为，生命在逝去后可以通过一种名为

————————

① 柯比纳衣 Kopinai：葬礼举行结束十个月后的活动，活动上会有许多食物，并以此来彰显酋长的伟大，他能与世界的鬼神共餐。

"察布"（Tsav）的精神力量而存在。人们相信复活会在葬礼后的前三个夜晚发生，在这三天里，必须有人来反复吟唱一系列的咒语召唤死者回到阳间。

节　日

为了庆祝城市的建立或者某个宗教节日，大部分地区每年都会举办周年庆典活动。因此，尼日利亚不但有很多节日，而且在全国的大部分地区人们都会庆祝这些节日。这些地区会上演大型戏剧、演唱别出心裁的歌曲，表演热烈的舞蹈。

节日使得不同社团和社区的人们聚在一起，从而实现社会意义、政治意义以及娱乐的意义。举办这些节日庆典是为了让人们感到骄傲；它也可以让某个独特的社区社团区别于其他的团体而存在，通过团体的特殊之处，成员们产生归属感并感到独一无二；节日的目的还在于带来欢笑和快乐。众神通过不同的节日来表扬或赐福。

节日也揭示了每个团体的权力构成。事实上很多节日都是为了彰显（并且激发）国王或者首领的力量。在这样的庆祝活动中，人们会重写一个朝代建立的历史，再现古老的冲突，载歌载舞，庆祝祖先的胜利。

有些庆典是全民狂欢节，公众们尽情诉说他们对政府、国王、首领以及富人的看法。大家认为做过坏事或是非法获取财富的人会受到公众的指责。还有一些类似伊巴丹族的"奥克巴丹（Okebadan）节"那样不太正式的节日，人们甚至可以在节日活动中讲黄色笑话。

143

最后，节日还可以起到控制犯罪的作用，比如约鲁巴族人的节日——奥罗（Oro）。在奥罗节期间，罪犯将会受到惩罚。在有些节日里，违反法律或习俗而受到制裁或谴责的人将会被游行示众，约鲁巴族奥屯迦（Otunja）的奥苏鲁节（Osuru）就有这一习俗。

在游行罪犯时，人们会唱谴责罪犯的歌。例如：

> 让我们庆祝这一节日吧
>
> 将盗贼公之于众
>
> 如过街老鼠般人人喊打
>
> 我不是一个爱诅咒的人
>
> 偷甘薯苗的人会遭殃
>
> 私通者颜面扫地遭人唾弃
>
> 盗贼定原形毕露
>
> 奸夫将无处藏身

这个节日让有罪之人感到恐惧，因为人们可能会冲到他们家里来谴责他们。在这类狂欢活动中人们所发表的言论并不会被认为是诽谤，只要人们按照社团和社区的规范和价值观行事就行。

最流行的一个节日活动，尤其是在南部和中部地带最为流行的，当属戴面具祭祀祖先的活动，约鲁巴族人称这一活动为奥顿古古（odun egungun）。戴面具祭祀寓意着逝者复活，祖先返回阳间。在这个活动上，人们捏着腔儿交谈，身着长袍，戴着大大的面具，在公共场合跳舞、祈祷、收礼物、嬉戏娱乐。还有一些假面活动带有暴力色彩和攻击性，比如用鞭子抽打参与者。当此类刺激的假面活动在城市举行的时候，成千上万的观众会来参观。有些活动，禁止妇女参加，例如约鲁巴族人的奥罗和阿基摩（Agemo）。奥罗是一个秘密团体的活动，在晚上举行。阿基摩是一个假面活动，因能将人们聚集在一起而众所周知。

当获得好收成的时候，人们也会举行宗教庆典来祭祀大地、庆祝丰收。伊博族会举行"新薯节"（New Yam Festival）来庆祝甘薯和粮食的丰收。

新薯节大约在六月，第一批白薯（yam）收割后不久，人们祭祀先人，歌颂土地之神，赞扬他们保佑丰收的功绩。那时，人们会举办化装舞会，准备祭品，祈求来年五谷丰登。新薯节十分重要，所以伊博的基督教徒将其定为基督教丰收节的一部分。最近几年，得到了政府的赞助，新薯节已经成为阿布贾庆祝白薯丰收的盛大的节日。伊博族的知识分子也会发表演讲，全面细致地讲述伊博人的文化和生活的方方面面。

联邦及各州政府也会时常举行国家级或者州级的比赛，来宣传主要的节日。在大厅或者体育馆中，资深的演员们会精心编排舞蹈动作，给形形色色的观众表演，促进传统节日融入现代。在这样的比赛中，节日的宗教色彩会隐去，其娱乐价值会更加凸显出来。由此，节日不仅展现了国家丰富的遗产，还能挑选人才，而且有助于不同团体及其艺术家之间的团结。

民族节日和宗教节日

节日是民族的庆祝活动，既有世俗目的的，也有宗教性的。即使与自身关系不大，人们依然会欢度节日。世俗的节日包括我们普遍熟知的新年（1月1日），新年前夕会举行各种社会活动和宗教仪式。还包括5月1日劳动节，这一天工人团体会聚在一起讨论工人阶级及穷苦人民的困难。青年节，一个专门为了学生而设立的特殊节日，在5月27日那天，学生们可以借此待在家中。10月1日是独立日，孩子不用上学，大人不用上班。独立日的特点是联邦政府的首脑发表演说，人们去各州首府及联邦首都阿布贾游行庆祝。

基督教的节日包括复活节（耶稣受难节和复活节），象征着耶稣的死去与重生。在复活节，人们做礼拜，周末举办各种活动，大家在外面跳舞，野餐，享受盛宴，节日在周一结束。接下来是12月25日的圣诞节，前一天晚上，基督教徒会开一个长时间的会议，诵读祈祷文，圣诞节当天也会有各种各样的活动，人们庆祝整整一天，互相交换卡片，但不会送太奢华的礼物。最后是12月26日的节礼日，这一天人们主要去野餐和进行户外活动。

穆斯林在每年三四月前后庆祝斋月（Ramadan）和开斋节（Eidel Fitr）。斋月是一个为期30天的斋戒期，它的开始以满月的出现为准。这是穆斯林一年一度的重大活动，要求穆斯林在白天必须严格把斋，不行房事，不吃不喝。斋月是一个非常喜庆的节日，在此期间，人们可以玩各种游戏，消遣娱乐。虽然斋月是一个斋戒期，但实际上，人们可以在晚上享受丰盛的水果、大餐和甜点。

年轻人会提前为斋月准备乐器，因为在满月出现的那天清晨，他们要绕城演奏，叫醒人们准备食物并做祈祷。（穆斯林

145

是通过这种方式来确定何时开始斋月的，而不是通过日历）

在斋月期间豪萨族会表演一段戏曲，这部戏曲讲述了一群男孩嘲笑单身男女、讥讽离婚夫妇的故事。在斋月的第十天，豪萨族的年轻男女还会四处歌唱，互送礼物。《大社》（the tashe）是一部很有名的宗教性戏曲，人们在家门口就可以看到这种表演。男孩们表演这部戏曲时会故意改变腔调，把脸染成黑色，并拿着驴的头骨。不仅如此，他们还会为了获得更多的礼物而讲笑话。但是，表演过程中会发生一些小的冲突，比如一个乐队会通过更加激烈的演奏来抢另一个乐队的风头，以此夺取对方的战利品。可以说，收到礼物是一回事儿，有没有本事把礼物带回家就是另一回事儿了。斋月的演奏传统造就了许多著名的音乐家，比如两位杰出的约鲁巴族音乐家埃因德·巴雷斯特（Ayinde Barrister）和科林顿·埃因拉（Kollington Ayinla），他们擅长演奏福吉（fuji）。福吉是一种改良的伊斯兰曲式，现在已成为一种民族性剧种。

开斋节标志着斋月的结束。在开斋节这一天，专门做祈祷的人会聚集起来在指定的祈祷场所感谢真主安拉。穆斯林国王和达官显贵们利用这个节日彰显他们的伟大和慷慨。在北方地区，埃米尔和酋长们骑马回到他们的宫殿，在那里会有诗人、歌手和鼓手迎接他们。人们还会通过杜尔巴（一种游行和狂欢活动）向国王表示敬意。国王每年会发表讲话，随后举行盛宴。而伊斯兰家家户户都参加杜尔巴活动。开斋节这天，豪萨族人首先会进行施舍活动，通常是对穷人施予谷物，随后穿上新衣服，前往祈祷地进行祈祷。之后人们回家吃东西，娱乐消遣，走亲访友。许多人可能还会去宫殿观看马术比赛。

古尔邦节（Eidel-Kabir）是伊斯兰第二大节日，每年六月举行两天。这个节日标志着哈吉（hajj）的结束，也就是麦加朝圣的结束。在古尔邦节上孩子们会和动物们嬉戏玩闹，边唱边跳，而古尔邦节宰杀公羊这一重要习俗又给孩子们带来了更多乐趣。在圣纪节这一天，加入了其他形式的娱乐活动，例如骑术表演和比赛。9月份的圣纪节是为了纪念穆罕默德的诞生日，在这天人们会做祈祷和救济穷人，北方的人会举办马术表演。

娱乐活动与运动

一提到节日和庆祝仪式，人们就会想到跳舞、唱歌和歌剧。不管大人小孩，不管男人女人，都参与其中。在宗教仪式和传统节日上，人们都很喜欢戏剧和游戏。大人和小孩子都可以参与到摔跤、游戏和诗歌比赛中来。讲故事和夜晚戏剧作为传统的活动形式，通过讲述传统故事来娱乐观众，后来出现了电视和录音机。此后电视剧、电影和广播节目便对这些传统活动形式加以辅助，继续讲述传统故事以娱乐大众。所有人都有自己的故事并用之来叙述大事件，弘扬美德和提出谜团。很多故事都有一个既定模式，举例来说，富拉尼人的故事可以根据读者的年龄段来划分，一部分是写给孩子们，一部分是写给大人的。儿童故事通过动物、精灵和魔术师这样的角色形象，来教给孩子正确的价值观；而成人故事是有关于如何和生活"打交道"，或如何处理生活中的问题，并且对避免噩运和恶习的发生给予警示。

　　孩子既有室外活动也有室外活动，经常可以看见他们用泥土，玉米秆和纸张来制作各种形式的玩具。成人也会参与各种形式的运动，包括拳击、篮球、乒乓球、草地网球、曲棍球和手球。在很多地区，摔跤是一种古老的运动，并且已经发展成了一种地区文化。在豪萨族，大型的仪式中都有摔跤运动。部落之间可以相互挑战，孩子和大人也可以以个人身份参加比赛。一个部落可以率先向邻近的部族提出挑战，并定下比赛日期。在比赛当天，参赛人员可以跟着小男孩们到邻近的部落，去各个人家里用餐。鼓手会围成一个圈，用鼓声催促村民快来看摔跤比赛。在比赛场地，老人和裁判会收到分发的草席，可以席地而坐，其他的大部分观众围聚在一起观看比赛。摔跤选手穿着制服，纷纷吹嘘着自己的力量和勇敢。当一个选手做出一个挑战的手势，并且同意和同龄人进行比赛的时候，一场真正的打斗就要开始了。博斗者在扭打的过程中，膝盖和手不能碰到地面，如果比赛双方倒向各自的一边，算平局，如果一方倒在地上，他就输掉了这个比赛，如果双方都倒在了地上，那么在上面的一方胜利。

　　在尼日利亚，足球是最流行的运动。在大型的足球比赛上，人们会暂时的抛下政治观念和其他问题，来支持国家队。足球的魅力可以让各个阶层的人齐聚在运动场或客厅，在客厅中的人们，他们会目不转睛地盯着电视。人们总能看到各个阶层的青年人踢足球和参加足球赛事。尼日利亚人也许会违反交通规则，却不会违反足球规则。如果有人违反规则或者裁判员有偏袒行为的话，人们会用暴力行为终止比赛。有天赋的尼日利亚足球运动员在欧洲靠踢球赚钱，但是这些人很快响应

147

"绿色雄鹰"① （the Green Eagles）的号召，回国为国家队效力。虽然尼日利亚还没有举办过世界杯，但是它曾经举办过青少年世界杯并且赢得了大陆奖杯和其他国际奖杯。

休闲方式的变化：电影

同作为休闲娱乐的现代来源，电影和电视二者相辅相成。电影是一个资源丰富的媒介，这种媒介不止能从海外获取一切可用资源，也可以创造能够捕捉本土出现的新兴文化、社会价值以及颓废现象的本地资源。

伴随英国统治而生的电影业，主要是作为一种宣传手段，传播政府的政策并且得到人民的支持。英国人也希望能够通过电影来传播他们的文明。20 世纪 30 年代的早期电影是针对新一代的非洲人，他们曾希望接受西方教育，使自己的生活适应实际情况。但是早期电影质量很差，主要用 16 毫米摄像机和 12 英寸碟片来进行录音。

殖民电影部成立于 1939 年，在尼日利亚设有地方办事处，在一定程度上是为了动员在英国殖民地的人民支持第二次世界大战并入伍从军。1955 年，海外电影电视中心（Overseas Film and Television Center）取代了殖民电影部，并为非洲人制作了各种简单的电影。在这种电影中，演员很少，故事情节简单，

---

① 绿色雄鹰（Green Eagles）：尼日利亚队以前被称为"绿色雄鹰"，这个绰号来源于尼日利亚国家足球队胸标上那只站在足球顶端的雄鹰。1988 年非洲国家杯决赛中，尼日利亚队在争议声中负于非洲雄狮喀麦隆队，之后便开始使用这个绰号。

节奏缓慢，非洲人被刻板描绘为"原始""迷信"。英国通过控制对尼日利亚演员的支出成本来稳定电影价格。与此同时，商业电影，尤其是像由查理·卓别林（Chaplin Charlie）等明星出演的电影也越来越知名。[1]

　　尼日利亚独立后，由于最初几年没有技术经验和启动资金，电影产业发展缓慢。殖民电影部留下了小型实验室、工作室和许多16毫米相机。随后出现了三个政府机构：电影部继续制作纪录片，并为政府培训电影制作人。尼日利亚国家电影发行公司创建于20世纪70年代，旨在鼓励当地电影业的推广，迫使电影院每放映十部国外电影及至少展示一部本地电影。尼日利亚国家电影发行公司（The National Film Distribution Company）还管理电影的进口和进口电影在国内的发行。这些政府机关自成立以来制作了很多具有教育意义的影片。

　　然而，那些最具有生命力的令人难忘的影片往往出自于独立电影制作人之手。1970年，尼日利亚电影业的一家先锋公司非迪影业（Fedfilms）拍摄了电影《非洲之子》，但其商业收效并不理想。另一家电影公司卡彭尼有限公司（Calpenny Limited）将作家阿切比·齐诺瓦（Chinua Achebe）的小说《分崩离析》和《再也不得安宁》改编成了电影《阳光下的蟾蜍》（1972）。尼日利亚首批电影制作人中，最高产的一位是欧拉·巴罗根。他想办法振兴真正的电影行业并寻求途径与其他国家合作拍摄电影。仅在1972至1977年间，巴罗根就制作了十多部电影。尽管许多第一批的电影并没有取得商业上的成功，但它们为尼日利亚电影业的创立奠定了坚实的基础。渐渐地，电影制作的相关技术发展起来了，才华横溢的演员在尼日

148

利亚今日的影视圈里也是随处可见。

　　早期的尼日利亚电影主题多围绕以下几个方面展开：文化议题、英国殖民统治对尼日利亚人的影响以及对本土习俗西方化现象的批判。少数电影则体现出一种激进主义，抨击了新殖民主义①和腐败的领导阶层。对尼日利亚来说，19 世纪 60 年代是一个喜忧参半的年代：一方面，国家刚刚实现独立；另一方面，执政的领导层处于萎靡状态。外界所呈现的非洲形象或尼日利亚民俗文化的风貌往往是负面的，而尼日利亚电影人则把颠覆这种负面形象当作自己的责任。为了更好地展现尼日利亚风貌，尼日利亚电影旨在鼓励本国人珍赏本国文化并投入到文化的发展建设中去。与此同时，国外的电影作品持续风靡并主宰着尼日利亚各大城市的电影院线。在北部地区，印度电影一直很受欢迎。动作片则在全国各地都倍受推崇，尤其是对于那些喜欢激烈刺激情节的年轻人来说。

　　19 世纪 80 年代开始，尼日利亚当地电影业进入飞速发展阶段。电影市场愈发壮大，几乎各个城市都开设大型电影院并拥有数以百计的小型影片商店及观影场所。每月都有许多新片上映，这些影片通常会处理为可在社区商店出售的视频格式，人们可以直接在附近的商店购买。尽管尼日利亚电影业出产了一些优秀电影并拥有造诣深、天赋高的艺人，影片制作的整体质量却参差不齐。尼日利亚电影可用本土语、英语或两种语言

① neocolonialism：新殖民主义——第二次世界大战后，西方强国对非西方国家实施的一种隐蔽、间接的侵略手段，具体指利用经济优势，通过对非西方国家政治、经济、文化侵略实现对其的控制。

混合拍摄。其中，最为成功的影片是以本土语拍摄的，因为这些影片不像用英语拍摄的电影那样要求演员花费大量精力记忆英文剧本，而是允许演员把更多的精力放在创造性的表演上。只要不破坏故事情节，演员们甚至会在录制过程中增改剧本。一些成功的戏剧演员也转去拍电影，以创造大众真正喜闻乐见的作品。

著名的艺术家，例如电影《音乐人》的主演阿德·福尔扬（别名阿德·爱）、约鲁巴戏剧大师休伯特·奥格德和著名喜剧演员摩西·奥莱亚，也成为了导演和制片人，且已经拍了一些成功的电影。这些电影的流行得益于参演明星的高知名度，电影内容对文化的重视和对现实的重构。最初，当地制作人拍电影要用 16 毫米镜头的超 8 摄像机，而现在却用廉价的录制设备拍摄，他们更少地关注影片的拍摄效果，而更多注重引人入胜的剧情、知名的演员和抓人眼球的服装造型这几方面。

尼日利亚电影体现了新和旧两种主题，其中包括尼日利亚文化和西方文化的冲突、拉各斯等地区城镇居民的疏离、尼日利亚人与传统文化的脱离、城市问题，尤其是犯罪、诈骗和卖淫。另一个在电影中反复出现的主题是关于权力的使用和滥用问题，主要体现在腐败现象、政治军事领导人的越轨行为、种族冲突危机和无力解决贫困问题这几方面。电影也通过赞美社会人民的富足或者展示贫困、失业等仍旧存在的问题，反映出了尼日利亚的经济状况。社会现状永远是电影取之不尽的话题资源，比如家庭生活的方方面面，妇女、儿童和医疗健康服务问题，电影都可以从这些方面取材。无论什么主题的电影都有

149

传统文化因素融入的痕迹，例如电影中运用了本土讲故事技巧，电影中被用来帮主角解决麻烦的占卜师形象，以及电影中对女巫力量的描摹展示。

电影业实现了对尼日利亚现状和文化的展示，并且扩大了人们休闲娱乐的范围。随着人们观影经验的丰富，他们开始反思自己在屏幕上看到的内容。同时尼日利亚电影也会出口到海外，主要是为了满足尼日利亚侨民的需求。

旧与新：乡村与城市

所谓传统、乡下的人与西方化、现代化的人之间的界限越来越明显，这种界限以积极和消极两种形式呈现。有时，那些推崇传统文化的人认为西方文化的追随者是好斗的、以顾客为中心的、颓废的，而他们自己是淳朴、谦逊、爱好和平的。对于西方化的人来说，乡下人是落后的、不文明的、原始的，而与之相比的是西方化人的自由思想、精致、魅力和美丽。他们还认为西式教育、外出旅行并用外国语言交流的能力对个人和国家都有好处。

文化的划分体现在空间布局上，城市与农村形成了鲜明的对比。像拉各斯和阿布贾这样的大城市都以拥有西式高规格影院、酒店和餐馆为豪。农村缺少了这些，甚至还出现供电不足、用不上干净水的情况。在农村生活的这些人，他们的基本生活福利都无法得到保障。而城市里的人却正为自己拥有那些时尚的、吸引人眼球的东西而骄傲。

一个世纪以来，越来越多的人移居到城市，这些城市也因

150

此迅速扩张，并吸引了许多产业驻足，创造了大量工作机会。中产阶级、教授和富人纷纷驻扎在城市。但大多数人还生活在乡村，以种植农产品为生。越来越多的人迁徙到了大都市，也就导致了种地的人越来越少。有些人只是暂时的离开，但对于那些年轻人和雇佣劳动者而言，毫无疑问，他们永远离开了农村。

田园主义、务农和小村庄

在北方，畜牧业仍是富拉尼人和苏瓦阿拉伯（Shuwa Arabs）的传统职业。为了寻找自由放牧区、预防因舌蝇叮咬所导致的严重动物疾病——锥虫病，牛群不停迁徙。因此，半游牧或游牧变成牛群饲养的必要生活方式。

游牧的富拉尼人擅长饲养山羊、绵羊和牛群。他们以营地方式生活，适应快速迁徙的简单生活。从七月到十二月，他们和牛群在北苏丹，这里草木资源丰富、鲜见舌蝇。而从十二月到六月，他们则会向南方迁徙，一直到几内亚和热带的稀树大草原地区，至此还会继续向南前进400英里。半游牧的富拉尼人和苏瓦将牛群养殖、贸易以及小规模饲养结合起来。

但是游牧的生活方式正逐渐发生变化。州政府通过在乍得湖（Chad）湖旁的空地上凿洞、建喷水井的方式正在改善水资源供给问题。这些井为动物的放牧打开了一扇新窗。一些游牧民族在曼比拉高原和科麦隆高地处定居，因为他们的动物可以在此生活一整年。但是，农业社区之间也发生了一些领土争端。放牧者通常在干燥的季节燃烧灌木丛，以此来使这些枯萎的小草"春风吹又生"。但是耕种者会因此失去他们的庄稼，这让农民们心里很不平衡。各州政府和企业家正在建造家禽、猪、奶制品工厂和饲养牛群的牧场。但这种做法并不经济同时还需兼顾游牧和半游牧的职能。当游牧民族从一个地方迁徙到另一个地方的时候，流动学校和流动诊所也随之建造起来。

农业是一个比畜牧业规模更大的产业，也在整个国家盛行起来。尼日利亚的农场生产谷物、种植植物、豆科植物、各种各样的经济作物（花生、可可豆、橡胶）、水果和蔬菜。

151

农民会专门挑选那些适合在他们生态区生长的农作物进行播种（例如，西南地区的可可豆和北方的花生）。大多数尼日利亚人都是农民，他们在全国各地的小农场工作，负责着全国大部分食物的供应。农民们进行着有限的商品交易，并饲养一些动物来补充蛋白质。

总的来说，农业遵循了既定的传统做法。农民使用手工工具，如锄头、弯刀、镰刀和匕首。虽然这些工具在过去可以很好地为农业服务，但如今它们已经不足以为大量的人口生产出充足的食物。除此之外，与机械工具相比，传统工具的操作难度高也让年轻男女都望而却步。农民主要在从父母那里继承的土地上工作，或者他们选择成为佃农，在外租地劳作。然而在过去，一旦土地的使用权得到保证，政府和富人便将大块可用土地缩减为小型种植者可用的耕地面积。

农民主要依靠家庭成员来劳作。在种植经济作物的地方，可能会雇佣一些季节性劳工，他们从生产力较低的区域迁徙过来。条件允许的话，农民们还会组织形成合作社，联合起来出售他们的产品，这样也可以节省一些开支。最可靠的耕作方式仍然是不断迁移式的种植方法——农民在一块土地上耕作几年后，给它几年休息的时间让它肥力再生，然后再回这片土地上耕作。在有些地方灌溉农业也是行得通的，比如在靠近江河流域的地区，可以一整年在同一块土地上种植，每次持续数年。现如今农民开始使用肥料，特别是在一些他们觉得会增加产量的地方。

其他传统手工艺者和妇女仍然靠传统的职业谋生。其中包括铁匠、纺织工、理发师、裁缝、肉商和包装食品生产商。这些都是平均有 1 到 10 个工人的小规模企业。他们从事维修和生产当地所需新物品的工作，并仿制进口物品。像农民一样，他们中的许多人仅仅从石油经济中间接获利：虽然从其他群体（包括中产阶级在内）的支出中获利，但政府给予他们的帮助是有限的，改进他们的交易工具，使他们能够获取资金以便扩大业务，亦或是在灾难发生时伸出援手。

这些村庄并没有像城市居民描述的那样一成不变。现如今在许多地方，政府当局建造了诊所、学校、铁路和市场来改造这些村庄，并让精英小组入驻其中。物质文化的改变是广泛的，这要归功于贸易，它把货物带到了国家的每个角落。当地生产或进口的炊具、进口布料、以国外方式缝制和设计的本地纺织品、建筑材料和农业设备都可以在这个县的最偏远的角落里找到。

152

改变的机构

尼日利亚社会和文化长久以来都在经历着种种变化，并且变化还将持续下去。尼日利亚人口中一部分表现出了科学理性的思维方式，与此同时，也有另外一部分人口则仍受固有传统思想的影响，思考方式截然不同。在经济方面，尼日利亚有很多领域正进行着现代化和机械化改造，但传统行业也仍存在。人们可以看到停车场里的日产轿车，同时也可以看到山羊、鸡群在村子里和马路边走来走去。某些领域里的变革是很迅速的（由于西方教育的需求），由于受到伊斯兰教和基督教的影响，绝大多数情况下这些变革是持续性的，有些是缓慢的，另外有些具有革命意义的。

传播西方文化的机构职能包括殖民统治，传播基督教教义，增加与欧洲和美国的联系，以及工业化。殖民主义、西式教育以及工业化程度也会被这些机构检验。

英国的统治加快了尼日利亚社会和文化的变迁。一些新的（一些在当地人看来是难以理解的）制度和思想在 20 世纪上半叶被带进这个国家，后来也都被接受了。如今，这些制度和思想已成为尼日利亚当代文化的一部分。国家产生了众多改变，包括产生了新的政府管理机制，现代治安和军队力量，进出口经济体制，引进了英格兰法律机制以及西方化的教育体制等。起初各方面的变革进程并不均匀。20 世纪上半叶，作为社会少数的一些精英表现出了一种对未受过教育的多数人的排挤。由于作为少数的精英的巨大影响力，在正式领域中，社会大多数人就被边缘化了。这种分歧在尼日利亚独立后的几年又重现出来。具体表现在人口的大多数处于贫穷状态，只有少数人生活富裕，住在发达地区。

殖民经济在尼日利亚发展成了现代经济的一部分。殖民经济是以大规模生产和外国商家贸易为基础的。尼日利亚农民以栽种经济作物为生（北方以花生为主，西边以可可豆为主，中西部橡胶，东边的是油棕榈树）。农民必须按政府或市场规定的售价出售他们的农作物，只有很小一部分农民通过传统的"农民生意"发家致富了。相比农民，商人就比较成功了，无论是尼日利亚国内的还是外国的商人，并且他们其中很多人用获得的利润再向农民购买了更多土地。

传教士率先开启了西方教育的先河，随后殖民地和尼日利亚政府以此为基础进行改进。南方发展得比较快，因为早期传教士把主要精力都集中在南方上。该国第一所大学，伊巴丹大学成立于 1948 年，在最初的几年中由南方人主导招生。独立后，大学数量大大增加，到 20 世纪末达到近 40 所，这还不包括一些理工学院和教育学院。几乎每个大型村庄都有小学，有很多还有中学。

西方教育并不涉及启蒙学习和本土社会化的其他方面。传教士把教育视为一种转化手段。尼日利亚人则认为教育是通向较高社会地位和高薪职位的康庄大道。在 20 世纪上半叶，只有少数人受过教育并且享受着很高的社会地位。当西方教育带来新的价值观和生活态度时，他们接收了这些促使他们更"现代化"，更有竞争力的改变。消费习惯也产生了变化，比如人们开始看报纸、看电视、看电影。

独立后，很多受过教育的人接替了英国人的工作，认为这是不需要努力工作就能得到很高的工资的工作。他们认为在政府工作不是一个为人民服务的机会，而是一个进军商业，用钱支使普通老百姓，让自己获利的机会。对群众来说，政府就成了敌人——税务人员收税，警方来抓人，法官判人蹲监狱，书记员对百姓说鸟语。

正规学校系统已经接替了很多过去由家庭、割礼专家和长辈所充当的社会角色。当社会尊敬并且需要受过高等教育的人时，社会地位和年龄的关系就没那么大了。尽管男性依旧比女性更有威望，但并不再只有男性才能做有威望的工作了。尽管尊敬老人依旧很重要，但通过教育积累的知识远比通过年龄积累的知识在工作中更加有用。

医院与现代医生和传统诊所并存。如果得了头疼或疟疾之类的常见病，人们会吃对症/相应的药。但当人们弄不清自己生病的原因时，他们则会去找当地的草药医生或者占卜师咨询。

155　　针对雇主和政府进行的罢工运动已经组织起来，目的是为了确保他们的请求得到满足。现代的工作岗位比传统的职位带来更多的回报。一个受过西方教育的医生享有比当地草药医生更好的收入。较高的收入转化为更高的生活标准和威望。然而草药医生住在泥屋里，西医住在新城市最好的区域；草药医生步行，西医驾车；并且西医与其他的精英成员很好地联系起来。现代的职位提供了更多的机会让人们致富，让人们可以迁移到其他国家实现职业目标，参加到政治中来，去获得那些物质实品，这些物品定义了最为成功和拥有巨大威望的生活方式。

尼日利亚人已经认识到，教育和经济的变化将会伴随着问题的出现。在城市里，他们需要处理卖淫、犯罪、盗窃、通奸、性别歧视以及不同种族间的竞争的问题。传统的努力工作的道德准则可能要向"不惜一切向钱看"屈服。

210

政治文化的变化

随着政府新的机构扎根，他们影响了国王、首领以及部落长老的势力。土司制度继续存在，但已不复之前的权力和威风了。在乡村，部落头领和首领仍然占据着重要的位置。年长者仍然被信任去解决家庭矛盾和小事件。习俗法和伊斯兰法使传统的、伊斯兰的精英行使司法权。政府向首领和国王寻求帮助，并且利用他们去解决争端，征集税收以及普及项目。

本土的政治理念和价值观的元素被保留在现代政治。酋长和国王仍然被视为合法的，即使他们的政治影响小。他们的合法性来源于传统的力量。这些是被历史所证实为合法的办公室，并且只能由有限数量家庭所胜任，这些家庭长期对头衔有着历史性主张。名誉酋长的头衔是被重视的，这就是为什么富有的尼日利亚人以及政治家想获得这一"首领"头衔。

许多志愿者协会是建立在出身同一族裔和地域的基础上的，并且成员都处于同一宗族。许多志愿者协会存在于城市或在其它国家的尼日利亚移民区。他们也许会被认为是"伊比比奥族人联盟"以显示这些成员都来自于伊比比奥地区，或者被称作"奥克巴丹俱乐部"（Okebadan Club）意味着成员只有来自伊巴丹的人。

这些协会为其成员提供支持，组织社会活动把他们聚集在一起，向慈善机构募捐，为家乡工程项目埋单，他们为政客组织政治动员，寻求支持政客的选民。

在政治方面，种族的属性因素不可或缺。尼日利亚人分属于不同的民族。族群的存在本不成问题，但是当这些族群竞争

156

资源和权力，并以籍贯为"资本"而彼此歧视的时候，种族的属性就变得富有争议。当人们为了获取优惠，而强调裙带关系和种族属性时，就可能造成政治局势不稳定与战乱。尼日利亚在 20 世纪 60 年代就因种族文化爆发了一场激烈的内战。

英国殖民政府和尼日利亚的政客们反而把多民族的问题变成了利己的优势。对于英国殖民政府来说，防止各族领导人结成强大的联盟巩固了殖民地政府的地位。而对于尼日利亚政客来讲，强调他们的种族属性则会为他们赢得选民的支持和关注。掌权的时候，政客们可以利用种族属性原则把执政职位分配给那些有思进取的拥护者。当政客陷入麻烦，他可以动员他的族群从而获得拥护，并指责来自其他族群的对手谋划他的垮台。当人们认为他们自己是约鲁巴人，埃菲克人或朱昆人时，他们认为他们对自己的族群的承诺比对尼日利亚的承诺更为重要，由此可见权力的决定因素便可能是种族的属性。

此外还存在政治精英的因素，它既是族裔群体的代表，也是新兴的政治网络的运作者。少数政治精英和军事武装力量深受政治文化"青睐"，他们都为了控制国家和联邦政府而明争暗斗。政治精英涵盖了受过教育的尼日利亚南方阶层和那些受英国赋权而倾向英国专制殖民主义的北方传统精英阶层。政治精英并不团结，他们依靠种族属性来操纵政治，用权力谋取私利，更是借此来积累财富。政治体系中最成功的受益者是自尼日利亚独立以来，统治国家多年的高级军官。他们依靠政变上台，自身又腐败贪婪。政治精英和军事精英把政治变成商业和贪腐场所，继而把商业和贪腐又变为政治文化中"不可或缺"的一部分。[2]

　　尼日利亚人对于谈论本国尤为热衷，他们与本国人讨论时常常对尼日利亚沮丧不已，而与陌生人讨论则又开始偏袒。渴求成为强国的梦想造就了许多尼日利亚政治分析家。他们中大多数都具备政治意识，了解国内外事件，且对事件有强烈的见解。他们通常探讨关于种族和腐败的问题。在尼日利亚存在着一种国家认同感危机，许多人对被称为尼日利亚人嗤之以鼻，但他们又更偏好被称为某一特定族群（如努佩人或伊戈拉人）的一员。当谈论的主题变成文化时，他们又会感到十分自豪，经常自夸本国文明优于西方文明。

157

注释：

　　1. 简·罗契，《非洲黑人民族志电影》，巴黎：联合国教科文组织，1967，375～408。

　　2. 托因·法罗达和安德鲁科拉诺，《父权制、赞助权和权力：尼日利亚的腐败》；约翰·穆库姆·姆巴库编，《腐败与非洲体制改革的危机》，路易斯顿，NY：艾德温·梅伦，1998，167～192。

8 音乐和舞蹈

传统音乐无论是在过去还是在现代世界都是社会生活、节日庆祝和典礼仪式的核心活动。传统音乐一直流传至今，现代音乐的绝大多数特点都有传统音乐的影子。

音乐体裁

尼日利亚的音乐有多种多样的划分方式：产生时间（传统或当代）；来源（本地或外来）；演奏方式（器乐，声乐或混合；独奏或团体演奏）；结构形式；剧目或使用的场合及功能。我将从两个方面谈一谈尼日利亚的音乐。首先是听众，其次是功能和表演形式。

传统音乐形式可按有无特定听众来分类。特定的音乐对应特定的听众。音乐家可以在宫廷演奏音乐，来为君王或首领助兴；诗人可以吟诵诗歌向新郎新娘致敬。虽然其他人也非常喜爱音乐，但特定的音乐主要是针对某些听众的。一个人也可以为自己唱歌，享受乐趣。这种方式无论有无乐器伴奏都可以进行，既存在于业余爱好者中也见于专业人士，因为即便没人在场，他们也可以从中获得自尊感，克服无聊和孤独感。乐器的取材很广，树枝、干果、蜗牛壳都可以使用。妇女做饭、做家务、陪孩子玩或是做手艺活时歌唱是很寻常的事。而团体音乐则是另一种表现形式。许多歌手为听众和随乐起舞的人表演。团体音乐和舞蹈多用于节日和庆典，比如婚礼、团队合作，甚至是孩子们或大人们欢聚的时候。其中可能会有职业音乐家的参与，或者仅仅是为博得众彩。团体音乐的演奏者通常是三名鼓手，也可以是由歌手，鼓手，长笛、小号的吹奏者组成的小乐队。

如果将传统音乐按功能和表演环境进行分类，就有多达八种主要的音乐体裁。

宫廷音乐

宫廷音乐是为国王、皇室成员、达官贵人、酋长和来宾演奏的音乐。它也与王权的仪式有关——加冕新国王，恢复王位制度，举办国王葬礼时都需演奏宫廷音乐。历代杰出国王的宫殿中都会为乐师和鼓手配置住所，有些可以供他们长期居住。这样一来，孩子们也可以随着父母学习乐器，继承父母的音乐传统，所以乐师和鼓手也常常变成家族性的职业。

宫廷音乐是权力的象征，有些地方的宫廷音乐仅供王室专享，鼓和一些特定的乐器则只能为国王演奏。贝宁宫廷（the Benin court）音乐——埃曼杜·安弥汗（*emedo emighan*）禁止在宫廷以外的地方演奏。在奥约帝国，国王安尔拉菲（Alaafin）很享受垄断戈贝度（*gbedu*）、苦苏（*koso*）和欧吉第博（*ogidigbo*）音乐给他带来的乐趣。

161

宫廷音乐结合了声乐和器乐编曲，精致细腻，可以折射王公贵族的宫廷生活。有些音乐有助于宫廷管理：比如早晨用音乐唤醒国王和其他王室成员；用音乐恭迎国王驾到，开始每日朝政；也用于宣告各种日常活动，如迎宾送客、国王就寝。大多数音乐都是用来歌颂赞美国王的，同时也是国王和贵宾娱乐享受的一种方式。此外，音乐在宫廷中还能用来传达厄讯，如战争爆发或国王驾崩。

娱乐音乐

音乐对于尼日利亚人来说，和其他多数文化一样，是一种娱乐方式。即便是仪式和典礼用的音乐也都具有一定的娱乐性。有很多秘密社团，如伊比比奥秘密社团艾克普（Ekpo）都会设有一支像多克艾克普（Ndok Ekpo）这样的"非秘密"分支组织，专门用来给公众表演音乐喜剧。化装舞会包含的舞蹈表演不仅有娱乐作用，也可以让人们意识到舞蹈表演的仪式感。很多乐团为了给观众带来更丰富的视听享受，采用了音乐和戏剧结合的形式。娱乐歌曲也时常出现在仪式或典礼上，纪念人们从生命开始到结束，一生中的不同阶段，传递爱情、赞美人生、庆贺喜悦。

劳动歌曲

人们经常会一边劳动一边唱歌，农民锄地、铁匠打铁、妇女煮饭时都会用唱歌的方式来缓解劳作时的辛苦。在行会群体中，比如猎人、铁匠们会用歌声召集同伴来一起庆祝；在贸易群体中，商贩们用歌声来叫卖商品，招揽客人。

仪式音乐

在宗教仪式中，歌曲也被视为一种净化社会的方式。通过歌唱，人们向神明忏悔，以求驱走来年的一切不幸。在各种仪式的举办过程以及出生、青春期、结婚、死亡等重要的人生时刻，音乐都是必不可少的。人们受到神明的启发，创造出特定的乐器和音乐，从而再去取悦神明。奥巴塔拉是约鲁巴人信奉的鼓神，他珍藏了四个鼓：亚拉，以亚阿甘，阿费勒和克克，分别代表他的四个妻子，但这四个鼓只能用于向他自己表达敬意。此外，雷神和闪电之神桑格也受敬于此鼓。伊比比奥族的女人若感到被怠慢或是认为其美貌正慢慢消逝，很可能会花钱请乌塔乐队演奏一首仪式音乐，以寻求新生。

有许多乐团是专门为仪式典礼设定的，伊比比奥族的伊皮瑞. 阿卡塔乐团就是其中一个例子。该乐团时不时地扮演道德圣斗士的角色，并试图去恢复原有的道德品行和社会价值。同约鲁巴的奥罗乐团一样，伊皮瑞. 阿卡塔乐团在夜里 2 点左右开始演奏。乐队成员们在大街中游走，向那些做坏事的人、窃贼及女巫发出警告，勒令其停止恶行并离开城市。这些乐队成员们还会通过大声叫嚷那些坏人的名字来让他们感到尴尬，从而羞愧地跑掉或改正恶习。

节日音乐

现如今，歌曲已成为所有传统节日中必不可少的部分。歌曲不仅能够为人们提供赞美神明和表达感激之情的机会，同时也对制造社会舆论有一定的帮助。歌曲能够坚定人们的信念，当事情趋于恶化时，也可表达悲愤之情。此外，歌曲也能表达恐惧，或通过展现一个人的强壮以警示他人，比如下面这首诗中所写：

> 啊！朋友啊！
> 我可要赞美赞美他的勇气，
> 他虽威胁我，但无法战胜我
> 如同熊熊燃烧的火炬，遇水即灭，
> 小小的蜥蜴也要与地主抗衡，最终却死路一条，
> 可飞翔的鹦鹉是不会因于陆地上的陷阱的，
> 就如同萨德·伊塔贝尔的丈夫，虽追求耶米·奥—伊贝克勒，却永远无法得到她的心。[1]

音乐可作为一种政治和社会接合的媒介，丰富多彩的节日为公众提供了表达自我想法的机会。讽刺是最主要的表达方式之一，歌手们会在歌曲中嘲讽以下几种人：品行恶劣的，炫耀财富的，缺乏原则的以及道德沦丧的人。

在一些小的部落，人们想去了解邻居以及他们的缺陷，而节日刚好为他们提供了一个对别人评头论足的机会。以下的这个例子讽刺了一个有权有势、但不被民众喜欢的政客。

> 虚伪的人，可恶的人！
> 像畜生一样的恶棍。
> 大大的下巴，突出的后背。
> 粗野的人，放荡的人，

163

　　脑袋像大象，脸颊圆又胖。

　　人们嘲笑他，说他长相丑陋，行为不雅。

　　许多歌曲都被赋予了政治色彩，反映当代社会面貌。近年来的歌曲反映了军事统治的残酷，平民政治家的失败和政权的瓦解。同样，歌曲也能赞美受欢迎的政治家。例如在约鲁巴人的节日歌曲中，颂扬了奥巴费米亚沃洛沃酋长取得的成就。歌曲还能质疑人们的行为，政府的花销，以及人们引以为傲的经济来源。这里举一个例子：

　　用上亿元修筑道路，

　　一年就无法使用。

　　有几个亿让你修路？

　　我们的钱在何处？

　　歌唱家表达抱怨和质疑的同时，还会把对于改变、平静、和平、进步的强烈渴望融入曲风。他们向上帝祈求帮助、支持和恩赐。在这里举一个例子：

　　我们的上帝啊，

　　让我们不再悲伤。

　　我们不愿终日劳动，

　　给我们些钱吧，

　　让我们不再贫困。

节日歌曲可以展示部落的音乐节目，以及每年涌现出的音乐新星创作的歌曲。一首新的歌曲的问世需要作曲者在节日前几周就潜心创作，并且要仔细斟酌措词和表现出的效果。但是，许多歌曲要根据场合的需要进行即兴创作和修改。

休闲音乐

最常见的休闲音乐主要有以下几种形式：游戏歌曲、舞曲、角斗音乐以及民间童话音乐。这些富于内涵，有创造性力的音乐满足了社会中各个阶层人们的需求。譬如，夏季的夜晚，孩子和大人都外出乘凉，一首民间故事音乐萦绕耳边，向他们讲述一个美丽动人的长篇民间故事。

音乐剧

为庆祝各种节日而表演的舞蹈剧和音乐剧是戏剧的两种形式。演员戴着面具，随着背景音乐进行杂技般的动作表演，让观众耳目一新、记忆深刻。沿海地区水上赛艇会的热场表演、约鲁巴人的丧葬仪式还有不同地区的假面舞会都属于这种艺术形式。

颂乐

赞美性的咏唱和吟颂都属于颂乐，这种音乐形式会涉及其他的音乐体裁，在全球也非常普遍。约鲁巴语的奥瑞基（*oriki*）和豪萨语的吉拉里（*kilali*）都作为颂乐而为人所熟知，他们都以音乐的形式，将个人英雄的传奇、家族的兴衰、城市的兴亡、王朝的荣辱以及事件的始终演绎得淋漓尽致。各段历史的影响、成果以及各自的特色在得到歌颂的同时又展现在世人眼前。颂乐有时会采用诗歌的形式，这些创造性的表达使得赞美之情跃然纸上。对个人而言，颂词是一种动力的源泉，它向世人宣扬英雄的伟大，使他们的威名得以远扬。

乐器和唱腔

　　乐器的形态构造各不相同，演奏出的声音也风格迥异。其中包括各种鼓、锣、铃铛、笛子还有弦乐器和按键类的乐器。演奏乐器的方式也不尽相同，人们可以吹（譬如吹喇叭）、摇（譬如摇拨浪鼓，两边的珠子击打中间的木鼓发出咚咚声）、擦（譬如擦钹）、敲（譬如敲鼓和木琴），弹（弹各种弦乐器）。在尼日利亚，最为人称道的乐器非鼓莫属。它在当地人的生活中占据重要地位，以至于许多人将它视为唯一的乐器。不管是击鼓独奏还是乐器合奏，鼓都在其中扮演重要角色，许多形式的舞蹈也是和着鼓的拍子进行的。当然，鼓也并非出现在每一种音乐形式中。在热带草原的各个地区使用的单弦小提琴（弦乐器），在全国许多地方被称为郭节（*goje*）就是这样的一个例子。弦乐器具有各种类型和音质。长笛就有不同的形状和大小。其他乐器，包括单音小号（由木头，动物角或象牙制成），铃铛，摇铃和木棍（击木），都可以用来控制节奏。

　　乐器可以分为四组。第一组是木管乐器组，即管乐器。它们由竹子，贝壳，动物角，葫芦，木头和金属制成，并由空气柱振动发声。其中，著名的乐器包括卡卡可中长笛（*kakaki*），

165

阿伽塔（*alghaita*），法拉伊（*farai*），卡胡（*kaho*），奥菲（*ofi*），奥嘉（*oja*），提亚戈（*tiyako*）和奥杜（*odo*）。第二组为弦鸣乐器，即乐器中带有作为谐振器音箱的耐张力弦。例如戈杰（*goje*），库姆（*komo*），戈弥（*gormi*）和诺立玛（*nwolima*）他们都可以发出很好听的声音。第三组是膜制乐器，包括各种鼓。最后一组是非膜制打击乐器，他们会产生特定的旋律（如演奏手持钢琴和木琴时）或不确定音高的声音（如演奏摇铃和葫芦鼓时）。乐器也可以再现模仿祖先的声音（如在伊博人中），或动物和自然环境的声音。

　　这些不同的乐器可以用于独奏和小组演奏，必要时可以代替人声。比如锣铃可以用来召集会议；鼓可以用来交流；小号可以宣布一个国王的莅临。他们也用作信号，例如宣布和结束战争，通告火灾的爆发，并宣布重大仪式的开幕。

　　乐器可能会蕴含文化内涵。约鲁巴人使用非洲棕榈（*oma*）和非洲柚木（*apa*）雕刻鼓。他们相信这两种树可以听到人们说话，因此会说话的鼓很有价值。某些鼓可能会被打击一定次数以传达某种有意的含义，例如，在翁多中敲击七次陶瓷以宣告战争的开始。乐器也可以显示种族身份。比如，来自森林地区的人，把鼓作为主要乐器；而来自草原的人，把管弦乐器作为主要乐器。再比如戈贝度鼓（*gbedu* drum）在约鲁巴象征着皇室，坦布拉琴（*tambura*）则代表豪萨族中的王权。

　　他们制作的乐器和创作的歌曲也可能有特殊的含义。比如象牙号角只为伊布和约鲁巴的国王和酋长而吹响。而当卡卡可中长笛在豪萨人和约鲁巴人当中被吹响，就意味着国王即将公开露面。在卡齐纳，宣誓新国王就位时要击鼓12下。在贝宁，

166

当六位鼓手击打贝宁宫殿特有的安莫巴鼓时，象征着国王陛下莅临。

乐器基本上是用来辅助歌唱的。器乐流派可能存在，但它们不像那些器乐和歌唱的结合体一样流行。合奏中，各种乐器共同演绎一首歌。乐器可以用来进行口头表达。就讯息鼓而言，它有许多音高变化，这些变化使得音乐家可以模仿各种人类声音并传达信息。约鲁巴族鼓手可以通过紧握细绳，用讯息鼓来传达任何东西，包括谚语、人名和赞美诗。除此之外，还可以通过不同的节拍，来表达问候、辱骂、表扬和感谢。

许多音乐流派没有区别器乐和声乐，而是利用两者的结合。声乐部分以"对唱"的方式构成：独唱者歌唱呼唤，合唱团应答。这种呼唤或短或长，同样地，合唱团的应答也是或短或长，有时还可能是两个合唱团交替应答。其他的歌曲可以通过独奏或包括一个独唱和一个合唱团为一组的形式进行表演。但不论哪种情况，歌手都要有即兴创作的能力，因为歌词往往比旋律更重要。合唱部分可以是重复的，但是歌词不能重复。许多情况下，一个人在能够享受音乐之前，理解歌词是很重要的，因为歌词可能是一个很长的故事，尤其是在用单一的乐器来配合长文本的叙述时。

歌曲可以采用民谣、诗歌、咒语和长段散文的形式。在乐诗形式中，歌曲可以由多节或单节组成，并且可以将领唱和合唱结合在一起。单节歌曲依靠重复，而多节歌曲可以依靠循环元素或主题。歌曲挖掘意象和文辞的资源。优秀的歌手是语言大师：他们巧妙地运用比喻、行为动词和夸张手法。在意象的勾勒上，他们运用森林、动物、植物、农业、战争、职业和历史中的人与城市等元素把语言运用到创造力的极致。歌手，像诗人一样，可以按照他或她认为合适的方式自由地使用词语和表达方式。尼日利亚语是抑扬顿挫的，尼日利亚人是重视抑扬顿挫的，这反映在音高上，

比如元音中的高元音，低元音和中元音。男男女女都唱歌；独唱展示歌唱、领导和即兴表演的能力；不同的歌手具有不同的音质，这其中的原因可能是他们是否开喉。在社区活动中，音乐家可以作为不同乐队的成员来参与比赛。

在迪夫族中，竞争会在歌手们争夺焦点或者通过批评某个政治团体以赞扬他人时展开。

167

舞　蹈

无论是传统还是现代音乐，大多数音乐种类都伴随着舞蹈，但也有些例外，比如用来悼念死者或组织游行的歌曲就没有伴舞。总的来说，音乐不是封闭于自身的活动，而是要去刺激听众的生理反应。舞蹈作为一种艺术表演形式，古老程度与最早期的尼日利亚相当。舞蹈反映了人们的行为习惯以及对于生活、休闲消遣以及悲剧的态度。舞蹈中情绪的变化可以反映生活的日常点滴。作为节日和庆典的组成部分，舞蹈表演中会渗透人们的美德品行，行为准则和惩处观念。舞蹈使人们聚集在一起，不论男女老少，贫穷富有，都会参与其中，即便是观众也参与其中。然而，有少数人，比如豪萨—富拉尼的一些伊斯兰贵族成员，认为舞蹈是专属下层阶级的活动。

舞蹈的演绎需要身体各部位和谐、模式化、有节奏的律

动。男女可以共舞也可以独舞，共舞的男女不必非得是夫妻，而只是作为群体的成员。编排舞步的集体舞蹈也很常见。豪萨族的舞者们会随着柔和的旋律悠然舞动。而在伊博族、埃多族和伊比比奥族，舞蹈则更为活跃，舞者会随着节奏感律动。

主要的舞蹈模式有四种：跳跃舞，跨步舞，近身舞和踢踏舞。跳跃舞主要由伊博地区的埃迪勒舞（*atilodwu*）舞者，约鲁巴人地区的芭塔舞（*bata*）舞者，以及埃多地区假面舞舞蹈演员演绎，舞者将脚抬离地面，好像准备进行杂技表演一样。在跨步舞中，舞者则以相当缓慢的动作，一步一步优雅地移动。约鲁巴族、豪萨族以及富拉尼族的酋长和长者们会选择跳跨步舞。阿菲克波、伊乔和伊比比奥地区的少女们都会跳近身舞，这种舞蹈只有腰部扭动而身体的其他部位不动。迪夫族以踢踏舞出名，这种舞蹈结合了跳跃和跨步。

无论传统舞或现代舞，不同舞种都有特定的名称和特点。在一些地区，存在一些限定舞者性别的舞种，或者一些与特定职业相关的舞种。例如，约鲁巴族的依加拉舞（*ijala*）是男性的传统舞蹈，而迪夫族的特里基索舞（*telegh ishol*）则是专门的女性舞蹈。[2]

每种特定的舞种都有专业的表演者。以仿生舞蹈为例，形式与化装舞会相似，舞蹈演员可以模仿动物或者知名人士，也可以通过舞蹈来戏剧化表演性行为。约鲁巴的阿格贝吉爵（*agbegijo*）剧作家穿梭在城市的各个地区表演舞蹈以谋生。这些舞者会模仿鳄鱼或表演以爱情为主题的舞蹈。有一种流行的舞蹈会模仿白人。舞者穿着疣猴皮，带着假发和长长的鼻子表演国标舞，达到一种嘲笑的效果。迪夫族的木偶舞者也会像这

168

样用舞蹈来表达讽刺。

专业的舞蹈涉及竞争和组织。舞蹈演员们为了生存要满足公众的需求，要注重自己的外表、服装和乐器。大多数表演都是在城市进行的，因此要融合能吸引城市居民的元素。舞者利用象征性的符号来吸引男性和女性。舞者会在舞蹈中融入种族政治成分，作为对其他民族文化的嘲讽。

舞蹈与大多数宗教和仪式表演相联系。在许多情况下，化装舞会上的舞蹈会把精神世界与现实生活相联系。一些宗教舞蹈，如约鲁巴的奥罗以及在伊比比埃德埃克波和埃佩，具有重要地位。这些协会中的重要成员在执行一项重要决定之前可能会跳舞。

好的舞蹈表演通常是由音乐自发引起的。音乐家可以邀请人们跳舞，改变音乐来配合舞步。舞者不需要特别的服装，但可以用掸子，面具，皮革扇子和手帕来增加舞姿。舞蹈时人们可以直立，弯腰，扭动身体，跺脚或是用手比划。

正如各种外国音乐传入尼日利亚一样，舞蹈也是如此。如果一种新舞蹈在纽约很流行，它将在一个月内到达尼日利亚！

舞蹈的用途

舞蹈某些方面具有特定的意义，可以被象征性解读，例如舞蹈可以在仪式中表演，而具备"标记"的功能。有一种叫做"婴儿的舞蹈"，可以使婴儿平静下来，帮助其入睡，并在婴儿生气时抚慰他们。双胞胎在约鲁巴地区很常见，当地一个传统的习俗是这些双胞胎的母亲每周跳一次舞来纪念。当孩子长大后，会和一群孩子跳舞。向孩子们介绍社区的音乐舞蹈以及对他们的奖励是社交的一部分。歌曲中会传达社会评论和对事件的反思，孩子们因此可以从中获取重要的社会信息观念。有舞蹈团存在的地方，就会吸引孩子们的加入。年轻人也以创作抗议长辈和糟糕的领导方式的歌曲而闻名。随着成长和婚姻的过程，舞蹈文化会得到加强。

169

这时的舞蹈文化形式可能包含开场舞蹈，婚礼舞蹈，以及职业歌唱队中的领舞和伴舞。此时年长的人就会退居舞蹈评论者，根据需要偶尔也会重操旧业，继跳跳舞。家里有老人过世，舞蹈还会作为葬礼的一部分。丧葬歌曲种类丰富，随之衍生的舞蹈当然也不尽相同。

舞蹈的第二大功能就是作为社会批评的一种手段，它可以直接或间接地评论社会秩序。假如有人声称人群里有罪犯，那么正在举行化装舞会的迪夫族女舞者能够毫不犹豫地开始攻击罪犯。有些身手敏捷的热血青年会跳含有性暗示的舞蹈展示他们的勇猛，以此来嘲笑老人们的羸弱。还有一些纵欲的色情舞蹈是专门用来对付那些假正经之人，宣扬自由的文化氛围。此外，舞蹈还被创新性地用来表达政治观点。迪夫族女舞者用舞蹈动员群众，发起政治运动。政客们还会召集一大批支持他们的舞者去批评谴责反对者们。

舞蹈的第三个功能是被当做情感和身体发泄的渠道。丧葬舞蹈可以帮助减轻失去亲人的痛苦。快节奏的舞蹈还能用来锻炼身体，比如迪夫族的迪迦舞和库扎舞以及约鲁巴人的巴塔舞。

第四，舞蹈和宗教仪式密切相关，可用来通灵。宗教仪式一旦涉及催眠和法术，人们就会跳特定的舞蹈助力催眠术，加强催眠效果。此外，一说到仪式用舞蹈，就不得不提各种神灵和化装舞会了。最后，舞蹈还可以传递历史和文化。借助手势模仿和音乐，舞蹈可以展现过去。内战、重大政治变革和社会变革都可以用舞蹈表现出来。

值得一提的是，上述的大多数传统音乐类型、乐器和舞蹈至今依然保存完好。科技的发展将歌舞转录到了录像带、录音带和激光唱片中，这些传统文化遂得以留存。一些"传统音乐家"也因此在他们的部族中逐渐赢得声誉。许多音乐剧和舞台剧仅仅是重新对传统歌舞表演进行了包装，就大获成功，获利颇丰。过去的传说，历史和故事以更加新颖的方式被重新搬上了舞台。据此杜罗·拉迪普①创作了剧本《国王未行绞刑》②（Oba Koso），里面充满了对雷和闪电之神桑戈的颂歌。而如今，现代城市生活、西洋乐器以及种类繁多的异域音乐令人眼花缭乱，人们逐渐背离了传统音乐舞蹈，而去追求现代化的表现形式。

现代音乐

传统音乐的许多方面依然持续影响着现代音乐。一般而言现代音乐的功能和传统音乐是对等的。然而，尼日利亚音乐最注重其娱乐功能。音乐家会采取单独或集体表演的方式为商品

170

---

① 杜罗·拉迪普（Duro Ladipo），约鲁巴最负盛名的剧作家，兴起于后殖民时代，只用约鲁巴语言进行创作，作品中大量使用象征手法。

② 《国王未行绞刑》（Oba Koso），杜罗·拉迪普最有名的作品，以约鲁巴当地神话为原型，讲述了桑戈如何成为雷与闪电之神。

或政府项目做宣传。可以肯定的是，只要有重大项目启动，必然会有一位或多位音乐家通过歌曲宣传使其广为人知。有时，音乐家会受到联合国委任，有偿为支持计划生育政策创作歌曲。多数情况下，他们会为此主动创作。因此，音乐家们作曲宣传和支持政府政策——兑换货币，控制租金，打击违法行为，发动战争，参加选举和进行人口普查。在政治和经济变革运动中都能看到尼日利亚音乐家的身影；他们发表政治评论，抨击政治领袖，以及为正义发声。

现代尼日利亚音乐家也是文化和风俗的伟大解说家。他们强化了人们对婚姻，离婚，儿童，教育和仪式的社会价值观。他们歌颂古代传统，支持积极、现代化的变革。并且，许多音乐家歌颂富人和成功人士，且多把目光放在他们的慷慨行为上，而不是执着探寻获得财富的方法。

和传统音乐一样，节奏是尼日利亚音乐的关键。如果说西方音乐强调和声，那么节奏则是现代非洲音乐的基础。一个成功的音乐家，要能在创作和把握复杂节奏的同时，又兼顾旋律、和声和作词。

基督教音乐

基督教音乐是现代音乐的一部分，这一点是毋庸置疑的。由于每个宗教组织每年都会发行新的磁带和唱片，所以基督教音乐整体发行数量很多。正如美国黑人灵歌所起到的作用，基督教歌曲创作目的是为了激励信徒（使他们一边鼓掌，一边唱歌，并热情地唱跳）和招募新信徒。

基督教早期的"无情感"式崇拜方式已经被一种更强烈

的方式所取代。这种新的传教方式融合了大多数本土仪式和节日的特色。然而，基督教音乐和尼日利亚文化风俗的关系已历经了几个阶段。在 19 世纪基督教传教的早期，当时的主流宗教（罗马天主教，圣公会及卫理公会）对本土宗教及相关的音乐、乐器都充满敌意。他们要求早期的皈依者烧毁乐器，禁演庆典歌曲，好像这种做法包含了能阻止他们成为真正教徒的某种力量。

171　　　尼日利亚开始建造自己的教堂的时候，大量吸收借鉴了传统习俗，来强化人们的宗教信仰。但是即使最初三个传教会的教徒也开始抱怨说，这种行为其实很枯燥很无趣。他们想通过拍手，大声祷告，跳舞，唱歌的方式来感知上帝。

　　基督教圣歌已经被翻译成了尼日利亚语。早年圣歌是根据教堂的祷文创作的。译成的尼日利亚语圣歌使教徒们可以用自己的语言唱歌和祷告，它和基督教圣歌最大的不同就是尼日利亚语的元音和英语的元音听起来不同。圣歌还没译成的时候，尼日利亚教堂有自己独特的音乐风俗来祈祷和歌唱，而现在，圣歌已经成为所有教堂活动的一种普遍形式。人们通过演奏乐器，唱地方歌曲，跳传统舞蹈的方式来诠释圣歌。因此，当你看到人们聚集在一起跳舞，好像在举行某种仪式的时候，你就可以加入他们。当传统歌舞开始表演时，教堂就变得热闹起来。教徒可能充当起牧师的角色，指挥合唱队演奏某首流行歌曲，此刻，教堂就变成了大型舞厅。

新古典主义

　　一小群精英分子受到教堂和西方教育的影响，更欣赏新古典主义的创作。新古典主义创作的先驱是费拉·索万德．他因在 1956 年英国女王的尼日利亚之行中，盛情款待了英女王而享誉国内。索万德创作了非洲组曲，这是一首以尼日利亚为主题的欧洲管弦乐改编曲。很多人受索万德的影响，开始以他的风格或一些其它风格来发展新古典主义音乐。山姆·E. 艾克帕博，艾金·俄巴，艾育·班格勒和亚当·费伯利斯玛对古典主义传统的形成有不可磨灭的功绩。他们在欧洲学校学习音乐。

新古典主义音乐家不在夜总会演奏音乐，而是在大学，五星级酒店，重大的音乐节日等一些高端场所演奏。1963 年，美国匹兹堡管弦交响乐团组织了尼日利亚音乐节，为俄巴（Euba），班格勒（Bankole），艾克帕博（Akpabot），和威尔伯福斯·俄车佐纳（Wilberforce Echezona）为作曲家和教育家提供了创作和演奏原创音乐的机会。这些音乐家都注重土著传统和曲调。3 年后，俄车佐纳（Echezona）以作曲家和教育家的身份出席了伦敦联邦艺术节；艾克帕博和英国广播电视台威尔士交响乐团一起演奏了尼日利亚之景。此后，他们继续以作曲家和教育家的身份在欧洲，美国和莫斯科演出。

当尼日利亚的大学和高中的学位科目涉及到音乐课时，这些音乐家还会充当起老师的角色。[3] 他们的作曲在受教育阶层中家喻户晓，但在偏爱流行音乐的人当中名气却略低。然而，他们当中没有一人抛弃尼日利亚的传统音乐——他们汲取了当地传说，民间故事和习语的长处加以改进。但新古典主义音乐家要想让大多数尼日利亚人接受他们的音乐，仍然还有很长的路要走。

强节奏爵士乐

20 世纪 30 年代，强节奏爵士乐从加纳传入尼日利亚。加纳乐队"甜心宝贝"来到尼日利亚后，成功地使强节奏爵士音乐流行开来。殖民统治时期，强节奏爵士乐在喇叭、军号、其他军事铜管乐器、手风琴、吉他、口琴、二指吉他及当地锣鼓等各种乐器的基础上发展起来。这种城市音乐的特殊性吸引了受过教育的人以及成功人士，他们将它命名为"强节奏爵士乐"来反映其与高雅文化之间的联系。然而，强节奏爵士乐在吸收当地音乐，使用传统乐器，尤其是鼓以及外国乐器后，也开始成为流行音乐。卡利普索民歌及其他当地形式的音乐也开始融入到强节奏爵士乐的新型风格中。

E. T. 门萨（E. T. Mensah）或许是对尼日利亚音乐家影响最大的人。他是加纳著名的"强节奏爵士乐之王"，喇叭、萨克斯及歌词创作大师。门萨关于爱、政治、哲学及社会评论方面的主题引导着这股有影响力的音乐流派。20 世纪 40 年代，门萨访问尼日利亚后，乐坛迅速发生了变化。许多尼日利亚音乐家在获得教堂和面向学校的表演使用的乐器及音乐资源后，也开始像门萨那样表演。

20 世纪 50 年代，许多新兴音乐团体出现，诞生了诸如维克托·奥来亚（Victor Olaiya）、巴拉·米勒（Bala Miller）、艾迪·奥康塔（Eddie Okonta）、乔法布朗·爱思（Jofabro Aces）、罗伊·芝加哥（Roy Chicago）、埃里克·奥努卡（Eric Onuga）、斯蒂芬·艾米奇（Stephen Amechi）、克里斯·阿吉乐（Chris Ajilo）、比利·福瑞迪（Billy Friday）、查尔斯·尤

克比（Charles Iwegbue）、E. C. 安霖泽（E. C. Arinze）以及俄拉斯·谟简努娃伊（Erasmus Januwari）这样的天才。他们当中最伟大的就是拥有蝉联冠军记录，风靡一时的维克托·奥来亚了。奥来亚在音乐中加入了一些年轻人喜爱的约鲁巴节奏，以及尼日利亚兼西方流行音乐的元素。雷克斯名列其次。但是他的音乐生涯于1970年他离世后戛然而止。一般来说，强节奏爵士乐乐队成员人数在8～20人之间。其中，吹喇叭和萨克斯的各2人，吹竖铜管乐器、弹电吉他、吹长号，完成其他打击乐器及声乐的各1人。

　　强节奏爵士乐随着不同音乐家的竞争而不断创新。音乐界内，最经久不衰的名字就是于1983年去世的鲍比·本森（Bobby Benson）。他20世纪40年代在英国海军当了几年水手之后，于1947年回到尼日利亚，组编了鲍比即兴演奏管弦乐队（Bobby Jam Session Orchestra），开始了长期高产的职业生涯。在妻子卡珊德拉（Cassandra）的帮助下，他还引进了好几种演出形式。本森是一个非常伟大的创新者和先驱，很多人都称他为"尼日利亚音乐之父"。他从来没有接受过正式的训练，也没有当过学徒。虽然他只是一名水手，但他十分擅长弹奏乐器，尤其是钢琴、吉他、鼓、低音贝斯、萨克斯和电吉他，这些乐器都是他引进尼日利亚的。除了演奏乐器，本森还是一个歌手、喜剧演员。他会表演强节奏爵士乐、爵士乐，并且引入了卡利普索音乐。他还把爵士带入了通俗大众的生活并组建了一个乐队——鲍比旅馆（Hotel Bobby），这个乐队曾给拉各斯各色各样的观众带来了很多欢乐。

173

吉剧音乐

以国际巨星光明王艾德（King Sunny Ade）为代表的吉剧
音乐可以追溯到殖民地时期，它是当时一种新兴的流行音乐。
它的风格包含了强节奏爵士乐的打击部分并结合了约鲁巴鼓的
吉他乐队风格。吉剧音乐一开始并没有强节奏爵士乐那么流
行，但后来由于 I. K. 达睿欧（I. K. Dario）而大获成功，它从
20 世纪 60 年代开始一直大放异彩。

许多早期的吉剧乐队是从棕榈酒吧起步的。棕榈酒吧是城
市居民晚上和周末常去的地方。这些乐队仅仅用盒子吉他、啤
酒瓶和棍子等几种乐器就创造出了一种新的音乐风格。这些乐
器与约鲁巴鼓组合形成了萨卡拉（Sakara）——一种造就了巨
星欧拉屯吉·尤瑟夫（Olatunji Yusuf）的约鲁巴音乐。自 20
世纪 40 年代以来，吉剧音乐（和萨卡拉）开始转向大众，特
别是那些音乐家们常去演奏的社会典礼。这些音乐的内容常常
包含很多长单词和社会评论。另外，歌颂名人和观众也是它娱
乐价值之外的另一突出表现。

有些音乐家经常到处巡游，其中包括吉剧音乐早期的先驱
音乐家——欧吉戈·丹尼尔（Ojoge Daniel），伊瑞伍勒·登戈
（Irewole Denge Ojoge）和盲人歌手戈戈洛（Kokoro）。他们三
人都在约鲁巴歌唱着爱情、金钱、冲突以及城市的堕落。其他
音乐人则由鼓手、歌手、吉他手组成乐队，乐队包括弹吉他并
担任主唱的队长和唱副歌的鼓手们。这些乐队让吉剧音乐变得
流行起来，音乐人 J. 奥耶史库（J. Oyeshiku），敦得·奈特嘉
勒（Tunde Nightingale）和艾英德·巴卡勒（Ayinde Bakare）

是其中最著名的乐队队长。巴卡勒还将吉剧音乐带到了英格兰。

安帕拉（Apala）音乐是在同时期发展起来的不同于强节奏爵士乐和吉剧音乐的一种类型。这是一种由哈瑞娜·艾索拉（Haruna Ishola）推广和后来的艾英德·欧姆伍拉（Ayinla Omowura）继续发展的音乐类型。哈瑞娜·艾索拉没有采用吉他，而是集中使用约鲁巴鼓。1967 年至 1970 年期间伊博人返回东部的时候，约鲁巴音乐人已经在乐坛独占鳌头，吉剧音乐的名气也超过了强节奏爵士乐。

吉剧音乐的创新是从朱利叶斯·阿拉巴（Julius Araba）开始的，他在乐器中加了电吉他。随后，在 I. K. 达伊瑞（I. K. Dairo）的带领下，吉剧成为一种富人和穷人都可以享受的音乐。达伊瑞在手风琴和鼓这两种乐器上造诣极深，他的音乐讲述了各种各样的主题，并将约鲁巴语的价值观以及熟悉的传统歌词与和声融入他的歌曲文本。20 世纪 60 年代，首席指挥官埃比尼泽·奥贝（Ebenezer Obey）和光明王艾德继续对吉剧音乐进行创新。奥贝在 1964 年组建了他的乐队，后来他成为了这个国家的明星和最富有的人之一。此后不久，艾德就组建了自己的乐队。1968 年他的一首赞扬"文具店"足球俱乐部的歌曲受到了极大的欢迎，这张唱片也因此成为了一张黄金唱片。他被公认为"天才吉他手"——他可以长时间演奏，而且，他的乐队会用舞蹈和玩笑来取悦观众。

奥贝和艾德都在吉剧音乐中增加了吉他、沙漏鼓、低音提琴、钢吉他、电颤琴和西方鼓组合等乐器。他们还借用了其他音乐类型，特别是强节奏爵士乐，使吉剧音乐的发展达到了顶

174

峰。奥贝和艾德不断扩大他们乐队的规模并增加新的乐器，他们之间的竞争激发了伟大的创新，并因此主导了音乐界二十余年。

后来，奥贝的音乐类型从吉剧音乐变成了福音音乐。他甚至把自己的夜总会变成了教堂，又把乐队变成了合唱团。艾德则继续致力于发展吉剧音乐并不断创新。1983年，在雷鬼音乐巨星鲍勃·马利（Bob Marley）去世之后，美国的小岛唱片公司（Island Records）将艾德视为接班人，并在纽约等地为他安排了很多场演唱会。然而，艾德的专辑盈利并没有达到预期，来看他巡演的观众也没有像他的发起人所期望的那样，达到体育场级别。尽管艾德仍是一个国际巨星，但把他变成像马利那样一个传奇的梦想还远没有实现。不过，可喜的是，艾德成功地巩固了日后他在尼日利亚的音乐地位。

在20世纪八九十年代，艾德不断尝试用新乐器和快节奏进行创新。在此期间，也有来自其他音乐类型的和另一代吉剧音乐家与艾德一争高下，其中包括海军少将德勒·阿比欧顿（Dele Abiodun），塞疆·艾德瓦尔（Segun Adewale）王子和齐纳·彼得斯（Shina Peters）爵士。这些音乐家为了创造自己独特的风格，常常从其他传统音乐如爵士乐、非洲节拍（Afro-beat）、雷鬼和强节奏爵士乐中汲取经验。例如，德勒·阿比欧顿（Dele Abiodun）就是钢琴踏板吉他的大师级人物；艾德瓦尔的音乐是一种吉剧音乐与流行乐相结合的快节奏音乐；而齐纳·彼得斯为了迎合年轻一代的口味，演奏的音乐的节奏更快了。

吉剧大量借用了约鲁巴的谚语、神话及世界观来展示伦理

175

观和主流价值观，并且用这一既定文化的赞歌来赞美富人。确实，吉剧音乐家靠着富人们的赞助过活，他们给这些老主顾唱赞歌，以供他们自己在私人派对上肆意消费。在这些可能彻夜狂欢的派对上，成群的人们在音乐声中起舞，花钱捧场，而大多数捧场的钱都钻进了那些冷静细心，不忘赞美所有金主和贵宾的音乐家的腰包。这种赞美他人的需要在一定程度上解释了为什么吉剧比其他风格的音乐少了些对抗性和政治意味。

其他混合音乐

其他混合音乐体裁也都是从吉剧、强节奏爵士乐和传统音乐发展而来的。目前，最著名的就是福基，它将伊斯兰唱法和吉剧的元素相结合，并使用了西方的乐器以及鼓。做福基（fuji）音乐的明星如斯基卢·埃因德·巴雷斯特（Sikiru Ayinde Barrister）和库灵顿·艾英纳（Kollington Ayinl）不仅在尼日利亚国内炙手可热，还在欧洲和美国等不同地区从事娱乐活动。福基很少用到电子乐器而更多依赖于打击乐器。艾英纳在其中加入了巴塔双面鼓，并在之后又加入了钢琴。年轻一代的福基音乐人也会用到夏威夷吉他。这一音乐种类和吉剧主题相同，因此受众也是一样的。

20 世纪 70 年代伊博强节奏爵士乐这一音乐种类衰退了，但现在它在继续发展。这一类音乐的明星包括乔·纳兹（Joe Nez），奥斯塔·奥萨德比（Osita Osadebe），齐夫·诺兹塔（Chief Ngozita），他的恩戈齐他的兄弟（His Ngozi Brothers），查尔斯·伊维布（Charles Iwegbue），希斯海诺之声（His Hino Sound），奥利弗·德·寇克（Oliver de Coque），他的 76 展

（His Expo 76）以及东方兄弟国际（Oriental Brothers International）。伊博强节奏爵士乐最畅销的专辑是由加纳的尼科穆邦加王子（prince Nico Mbanga）发表的《亲爱的母亲》（1976）。他将强节奏爵士乐和刚果爵士融合在一起。这些组合会在各种签约的场合表演，在夜店演出，并且录歌售卖。他们用伊博语、英语和混杂的语言来沟通传递他们的信息。

贝宁的维克托·乌瓦弗（Sir Victor Uwaifo of Bemn）发明了一种他称之为阿奎特维克托的音乐，这也是强节奏爵士乐的一种。他的专辑《乔罗米》是最畅销的专辑之一。乌瓦弗在1959年时成为奥莱亚（Olaiya）的乐队的一员，并在此掌握了强节奏爵士乐的技术，而成为了一名专业的吉他手。1965年，乌瓦弗成立了欧恩女生乐队，成为那个年代的旋律大师。他在音乐中加入了电贝司，埃多族的音乐以及摇滚乐等元素。

176　　　来自同一地区的另一个家喻户晓的名字，桑尼·奥克苏，他叫自己的音乐为奥兹迪。这种音乐将强节奏爵士乐、雷盖音乐、摇滚音乐和非洲节奏相互融合。桑尼最初受埃维斯·普里斯利的影响，在职业生涯初期演奏过披头士乐队的歌曲。在与维克托·乌瓦弗共处一段时间之后，他改换了人生方向。1974年，他成立了自己的乐队，并取得了很大成功，15张唱片中有9张销量巨大。奥克苏在演奏吉他和吹奏小号上技艺精湛；他宣扬非洲团结的理念，他有一首关于反种族隔离、反帝国主义的歌曲《索韦托》轰动一时。桑尼奥克苏现在仍在唱歌，但是他已经开始唱福音音乐，他能非常出色地驾驭其中雷鬼音乐的激进的节奏。

一些女歌手已成为众人注目的焦点，她们中的大多数人都在圣歌和福音音乐演唱方面发挥了她们的才能。里嘉都（Lijadu）双胞胎姐妹就是这些女歌手中的一分子，20世纪80年代她们盛极一时，但是她们的音乐是将流行音乐、非洲节奏和雷鬼音乐融合在一起的。奥耶卡·奥文努（Onyeka Onwenu），克里斯蒂·埃辛·伊博克文（Christie Essien Igbokwe）和多拉·英弗都（Dora Infudu）是这些女歌手的代表。萨拉瓦·艾贝尼（Salawa Abeni）从青少年时期就开始了歌手生涯，现在已经成为了最重要的瓦卡歌手。瓦卡是一种约鲁巴歌曲，既非通俗乐也非福基音乐。

非洲节奏：菲拉·安尼库拉普·库提

人们开始尝试用非洲节奏来演奏流行音乐和弹奏欧洲乐器。奥兰多·尤利乌斯（Orlando Julius）和菲拉·阿尼库拉波·库提（Fela Anikulapo-Kuti）就是这一流派的典型代表。非洲节拍是一种具有新节奏的欧洲伴舞乐队乐器和传统的尼日利亚乐器的创造性结合，特别是其中加入了鼓的元素。爵士乐的风格和节奏也很好地（和非洲节奏）融于一体。奥兰多·尤利乌斯很快就退出音乐舞台，非洲节奏的音乐舞台此后都由菲拉为主导，直到他在1997年去世。菲拉的儿子费米·库提，延续着他父亲的演奏风格。

菲拉毫无疑问是非洲节奏之王，他是尼日利亚最有名的音乐家，也是20世纪的国家英雄之一。菲拉是一个兼容并包的音乐家，他的风格曾被多次翻新重新演绎。他是和维克托·奥来亚一同共事开始的音乐生涯，维克托是名舞曲音乐大师。菲拉和J. K. 布莱玛（J. K. Braimah）后来于20世纪50年代后期在英国重新联系在一起，布莱玛曾把他介绍给了维克托·奥来亚。菲拉上了大学，并学习古典音乐，但他和法律系的学生布莱玛，一同创立了库拉·洛比托（Koola Lobitos）。菲拉于1963年回到了尼日利亚，并继续创作库拉·洛比托，演奏他所谓的强节奏爵士舞曲。他自己写所有的歌并且用他最喜欢的乐器、小号和萨克斯管演奏出所有的歌曲。

177   10年来，受音乐和政治两方面的影响，菲拉的音乐风格大变，且十分独特。首先是受音乐家皮诺的影响，他对皮诺的音乐风格、乐器、编曲以及生活方式感到赞叹不已。但菲拉并没有一味模仿皮诺的音乐，而是独创了属于他自己的风格——非洲调（融合西非和美国爵士乐及南美民乐而成），并且建立了一个叫非洲据点（Afro-Spot）的俱乐部，他因此而名声大振。第二个影响来自美国，在全国有色人种协进会组织的一个活动之后，他遇到了黑豹党成员桑德拉·史密斯，桑德拉向他介绍了民权运动以及马尔科姆·艾克斯和其他伟大的非裔美国领导人的作品。从此，他的政治意识不断增强，成功也接踵而至，并且成为非洲20世纪的音乐传奇。

菲拉之所以能成功，两个原因。第一，是音乐品质优异；第二，是他与政治的对抗。首先就音乐而言，他在"即兴演奏"中协调音乐家的能力本身就是一项壮举。菲拉的乐队规模通常很大，有很多吉他手、号手、萨克斯管吹奏者、鼓手和女歌手。在演奏一些非常独特和原始的音乐时，许多乐器和歌手组合在一起，可奏出加纳爵士和蓝调的混合乐。他总能很快就发现其中的错误，即使没有出丑，他也会立刻发怒。菲拉的音乐会也是传播其思想的好机会。他会在演唱中停下来谈论他对社会的看法，并发表一些和他的歌词如出一辙的社会评论。菲拉不使用"纯英语"，而偏爱大多数人都能理解的洋泾浜语。事实上，他所有的创作都极受欢迎，如《伦敦场景》（1971）、《僵尸》（1977）、《淑女》（1984）和《军队安排》（1985）。

从政治上来说，他最初是一名文化民族主义者。他早期的歌曲表达了捍卫父权制、土著习俗、尼日利亚的团结和黑人文化的思想。在 20 世纪 60 年代，菲拉后来因政治事业名声大噪，但当他为自己的职业生涯奠定基础的时候，政治并没有在他的音乐中占据突出位置。但菲拉家庭中的政治文化氛围很浓厚。他的母亲库蒂什是一名革命领袖，她经常带着儿子参加政治会议。[4] 后来与黑豹党的接触对他的政治事业有革命性的影响。

菲拉的许多歌曲都涉及尼日利亚的发展问题。他总是着眼于大局，消灭社会和政治混乱，他谴责破坏尼日利亚的人——那些大掠夺者以及那些没有远见的领导人。总的来说他的音乐是反腐、反军事、反帝国主义的。

他的反战主题歌曲《僵尸》（Zombie）成为非洲政治音乐中的经典之一。他借《I. T. T：国际盗贼》（I. T. T：International Thief Thief）这首歌表达出对跨国公司的反抗。

他是泛非主义者，民族主义者，同时也是一个激进分子，他崇拜加纳共和国第一任领导人夸梅·恩克鲁玛，也欣赏像马尔克姆·X 一样的民权运动美国黑人领袖，他的音乐里充满了民族主义和泛非主义情感，表达了对于非洲摆脱帝国主义统治，不断发展的愿望。

178

他的生活方式同样也表现出他的政治抱负，在 20 世纪 70 年代，他在音乐上大获成功，因此名声大噪，积累了财富，他利用财富和名气召集了上百人，领导了一场政治运动。他在拉各斯修建了一片建筑群，在这里成立了"卡拉库塔共和国"，是以他 1974 年被捕入狱的牢房命名的。这个社区吸引了数以百计的追随者，成为了不安现状的年轻人、边缘的城市居民和音乐爱好者的港湾。一部分保守的人却对他们这种类似无政府主义者运动表示不满。他因为音乐惹上了大麻烦，军队试图因此毁灭他。他还贪上不少的官司，罪名不一，有时是因为使用大麻，有时是因为政治言论。在"卡拉库塔共和国"周边，他的追随者常常因为交通管制问题与军警产生冲突。1977 年，政府采用武力袭击了"卡拉库塔共和国"，放火烧了房子，殴打共和国内居民，把菲拉的母亲直接扔出了窗外，之后他的母亲因伤势太重抢救无效而死亡。菲拉移居加纳一段时间后又回到拉各斯重新开始他的事业。然而厄运接踵而至，他一再遭到殴打、扣留、监禁，并阻止他履行与其他国家签订的合同。这一系列沉重的打击让菲拉疲惫不堪。在 20 世纪 90 年代，他新开的夜总会也大不如前，一些好的音乐家也纷纷离他而去，他的财富和追随者越来越少。但他这一生都非常乐观，因为他留下了值得铭记的遗产：在一个发展中国家锐意创新，用音乐凝聚力量。

其他地方的音乐

尼日利亚音乐很好地吸收了加勒比海音乐的特点，事实上，尼日利亚的年轻人很喜欢加勒比海的传统。他们会跟着像鲍勃·马利一样的加勒比海的超级明星，亦或是那些受加勒比海风格影响的尼日利亚的音乐家的音乐起舞。在尼日利亚，最常见加勒比海元素莫过于古巴黑人，海地酥皮，特立尼达岛上的卡里普索音乐，和牙买加风的雷鬼乐。出于对鲍勃·马利和吉米·克里夫的崇拜，雷鬼音乐可能是最受欢迎的了。从美国和欧洲传播而来的音乐有当代蓝调、爵士、圣歌、福音、流行和嘻哈，尼日利亚音乐家吸收了其中很多乐器和音律方面的元素。

这些外国的音乐风格本土化后，主要受众群就变成了热衷那些音乐的城市青年。实际上，若将西方乐器或外来音乐融入这种如吉剧、强节奏爵士乐般的民族传统，当地艺术家就会因其创新而饱受称赞。以色列的内曼泽（Njemanze）是一名退役军人，他是最早将尼日利亚音乐与出口传统相结合的人之一。他领导着一支名为"三奇才"的乐队，演奏西印度群岛的卡利普索民歌，这类音乐以女性、爱情和城市生活的艰辛为主题。

人们也曾尝试过改编欧洲音乐。基督教和殖民统治将欧洲舞蹈引进了人们的生活，有华尔兹，阿根廷探戈，快步舞，狐步舞等等。这不仅受到了许多尼日利亚人的欢迎，还得到了很多乐队为其提供的在当地演出的机会。这些乐队除了模仿欧洲的表演艺术家之外，还富有创意地加入了尼日利亚民谣和乐器元素，尤其是鼓。他们精心布置舞台，用西方乐器也能为尼日利亚的观众演奏出独一无二的旋律。波索克乐团，巧克力贵族乐团，以及拉各斯小淘气乐团都是这方面的先驱。很多著名的教会风琴家和高中生都深受吸引，高学历人群也颇感兴趣。这些早期的乐团进行了各种各样的创新。有些音乐家把本地的强节奏爵士乐当作一个分支来研究；而另外一些更受欢迎的表演艺术家，比如 I. K. 戴洛（I. K. Dairo），他们的登台表演影响重大。外来音乐向本土文化方向改编是一个连续不断的过程。尼日利亚音乐家用无限的创造力创作新型的音乐流派，修改旧式的音乐风格，以便能满足任何一位挑剔的听众。

注释：

1. 除另有说明外，本章引用的所有歌曲均由作者翻译。

2. 有关提夫舞蹈，请参考洛乌兹·H. 海格所著的《舞蹈在提夫文化中的作用》，尼日利亚杂志社出版，55：1（1987.1～1987.3），26～38。

3. 音乐教育应讲授本章描述的所有音乐类型。

4. 有关她的故事，请参考谢丽尔·约翰逊—奥迪姆和尼娜·艾玛·姆巴所著的《为了妇女与民族：尼日利亚的梵米莱悠·兰塞姆—库蒂》，厄巴纳：伊利诺伊大学出版社，1997 年。

术语表

abeti-aja.   cap   181

阿贝提阿加/帽子

afere.   drum of the Yoruba god，Obatala

阿弗瑞/约鲁巴的神 "欧巴塔拉" 的鼓

Afin.   Yoruba palace

伊费/约鲁巴皇宫

Afro-beat.   musical genre popularized by Fela Anikulapo-Kuti

非洲节拍/由菲拉·安尼库拉普·库提推广的音乐类型

agbada.   flowing gown

阿格巴达/垂质礼服

agbegijo.   dramatist

阿格贝吉爵/剧作家

agbo-ile.   rectangular compound

阿格博勒/长方形房群

aje.   god of wealth

阿耶/财富之神

akwete.   "highlife" music style developed by Sir Victor Uwaifo

阿奎特/维克托·乌瓦伊弗发展的一种 "舞曲" 音乐风格

alaafin.   king of Oyo

安尔拉菲/奥约帝国国王

aladura.   group of indigenous Christian churches

阿拉杜拉/本土基督教教堂堂群

Alhaja.   title for Muslim women who have performed the pilgrimage to Saudi Arabia

阿嘉/对去过沙特朝圣的穆斯林女性的称呼

Alhaji.   title for Muslim men who have performed the pilgrimage to Saudi Arabia

阿吉/对去沙特朝圣过的穆斯林女性的称呼

amala.   starchy food made from yam

安马拉/山药制成的淀粉类食物

apala.   modernized traditional music

安帕拉/现代化的传统音乐

ayo.   game carved from wood，played by two people

阿哟/一种由木头雕刻而成的双人游戏

babalawo.   Ifa priest and diviner

巴巴拉沃/伊琺的祭司和占卜人

182

boubou.   poncho sewn at the sides

博博袍/缝边的斗篷

buka.   restaurant

布卡/餐厅

chinchin.   made from wheat flour and served as snacks

亲青/面粉制的零食

Chukwu.   Igbo's name for the Supreme God

库克乌/伊博人对最高神的称呼

diga and kuza.   fast-paced dances among the Tiv

迪伽和库扎/一种迪夫快节奏的舞蹈

dundu.   fried yam

钝杜/炒山药

efo elegusi.   vegetable soup with melon seed

埃佛·埃里古斯/甜瓜子蔬菜汤

ekpo.　secret society among the Ibibio

艾克普/伊比比奥人中的秘密社团

emedo emighan.　music of the Benin court

埃曼杜·安弥汗/贝宁族法院音乐

emoba.　drum beaten only within the Benin palace

安莫巴/只在贝宁宫殿演奏的乐鼓

esu.　god of energy and crossroads among the Yoruba

安苏/约鲁巴的力量之神和交叉路之神

fufu.　carbohydrate food

福福/碳水化合物食品

gari.　cassava powder

伽力/木薯粉

gari.　Hausa nucleated villages

嘉里/豪萨族的聚居村落

gbedu, koso, and ogidigbo.　exclusive drums and music for the Alaafin (king) of Oyo

戈贝度、苦苏和欧吉第博/为奥约国王表演的鼓曲和音乐

gurudi.　coconut biscuits

古鲁迪/椰子饼干

Ifa.　divination system

伊琺/占卜系统

iya nla, iya agan, afere, and keke. drums of the Yoruba deity, Obatala

以亚拉, 以亚阿甘, 阿费勒和克克/约鲁巴神 "欧巴塔拉" 的鼓

iyan.　carbohydrate food made from yam

伊宴/山药制成的淀粉类食物

jihad.　Holy War

吉哈德/圣战

juju.　popular music

吉剧/流行音乐

kakaki. flute blown among the Hausa or Yoruba to announce the presence of the king

卡卡可/豪萨和约鲁巴人为国王演奏的中长笛

kanye. Hausa dispersed compounds

坎耶/豪萨人分散居住的房群

Khasa. handwoven, embroidered cloth

卡萨/手工编织绣花布

kirari. to entertain kings and guests at weddings and other important ceremonies among the Hausa

吉拉里/豪萨族在婚礼和其他重要庆典上娱乐国王和宾客的

kulikuli. peanut cake

酷里酷里/花生糕

maboube. Fulani word for a group of makers of wool blankets

麻包贝/富拉尼语，指做羊毛毯的人

Mahdi. last prophet who will appear one day to "clean" society of all of its problems

救世主/预言中称某天会出现并扫净社会一切问题的救世主

mosa. corn fritter

摩萨/玉米油炸馅饼

odu. body of religious, social, and philosophical knowledge

欧杜（诗歌）/介绍许多宗教、社会和哲学知识

183　odun egungun. celebration of ancestors among the Yoruba, with masquerades appearing in public

奥顿古古/约鲁巴族人戴面具祭祀祖先的活动

ofi. handwoven textile

奥菲/手工织物

ofor. symbol of oath making

欧弗/宣誓的象征物

ogun.   god of iron

奥贡/铁之神

oje.   material world among the Kalabari

欧杰/卡拉巴里人的物质世界

ojebe.   poems among the Igbo that praise noble title holders

《欧杰比》/伊博人赞美高贵之人的诗歌

omolangidi.   toy

奥莫兰吉地/玩具

ori.   destiny，as symbolized by the head

欧瑞/命运，头部象征着命运

oro.   cult of a secret society

奥罗/秘密团体的习俗

orunmila.   god of wisdom.

欧伦米拉/智慧之神

osima.   drum beaten in Ondo to announce a war

奥斯玛/在翁多宣誓战争时的击鼓

owo.   money

奥沃/钱

owo.   Urhobo soup

奥沃/乌尔霍博语的"汤"

oya.   river goddess

欧雅/河流女神

ozzidi.   musical blend of highlife，reggae，rock，and African rhythm
played by Sunny Okosun

奥兹迪桑/尼·奥克苏演奏的一种混合爵士舞曲、雷鬼、摇滚和非洲
鼓节奏的音乐

poncho.   variety of traditional dresses such as the buba and babban rigga

波奇布巴/如巴班里嘉等各种传统服饰

purdah.   married women isolated from public view

面纱/已婚妇女不得在公共场所露面

Ramadan.　thirty-day fasting period among Muslims

斋月/穆斯林 30 天的斋戒

Sabon Gari.　also known as "Hausa Quarters," it is a community of migrants who live in separate neighborhoods

萨博嘉里/即"豪萨人区",不同地区的人迁移到某处共同居住在某个社区

sakara.　Yoruba music type

萨卡拉/约鲁巴的一种音乐类型

sango.　god of thunder and lightening

桑戈/雷神和闪电之神

sanyan.　silk cloth among the Yoruba

桑颜/约鲁巴人的丝制服装

suya.　roasted beef or chicken with a combination of savanna spices served on skewers

酥雅/草原香料烤制而成的牛肉或鸡肉串

tambari.　drum is struck a dozen times to announce a new king in Katsina

塔巴里/在卡齐纳,宣誓新国王就位敲击的 12 下鼓声

telegh ishol.　female dancing pattern among the Tiv

特·里基/迪夫族女性舞蹈

teme.　layers of spiritual forces among the Kalabari

特姆/卡拉巴里族的神力分层

tsamiya.　silk cloth among the Hausa

桑米雅/豪萨族的丝制服装

184　tunga.　Kanuri hamlet that farmers reside in while exploring fertile farmlands

屯嘉/卡努里小村庄,农民外出开拓肥沃农田时居住的小村庄

ulama.　communities of learned Islamic men

乌力马/穆斯林的学者或宗教、法律的权威

unguwa.　number of compounds located outside of a walled village among the Hausa

乌古瓦/豪萨族居住在有围墙的村庄以外的房群的数量

uta.　Ibibio orchestra that performs ritual songs of regeneration

乌塔/伊比比奥族管弦乐，复兴庆祝仪式乐曲演奏的乐器

waka.　type of Yoruba song that is neither juju nor fuji

瓦卡/一种约鲁巴歌曲，既非通俗乐也非福基（一种流行的尼日利亚音乐类型）

zakat.　almsgiving to the poor and the needy by Muslims

天课/穆斯林每年一次的慈善捐

zoure.　reception room for guests among the Hausa

族勒/豪萨族的宾客接待室

文 献

本书中引用的许多书籍和文章已经在尼日利亚出版，由于读者并不能完全读到，本人在此处列出最重要的基本参考引用资料。

概述

有关非洲文化与风俗概况和尼日利亚文化与风俗的相关文献，详见：

Simi Afonja and Tola Olu Pearce, eds., *Social Change in Nigeria* (London: Longman, *1984*);

Z. S. Ali, ed., *African Unity: The Cultural Foundations* (Lagos: Centre for Black and African Arts and Civilization, 1988);

Bassey W. Andah, A. Ikechukwu Okpoko, and C. A. Folorunso, eds., *Some Nigerian Peoples* (Ibadan: Rex Charles, 1993);

Molefi Kete Asante and Kariamu Welsh Asante, eds., *African Culture: The Rhythms of Unity* (Westport, CT: Greenwood, 1985);

William R. Bascom and J. Herskovits, eds., *Continuity and Change in African Cultures* (Chicago: University of Chicago Press, 1959);

Peter P. Ekeh and Garba Ashiwaju, eds., *Nigeria Since Inde-pendence: The First 25 Years*, *Vol. VII*, *Culture* (Ibadan: Heinemann, 1989);

Toyin Falola and A. Adediran, eds., *A New History of Nigeria for Colleges*, *Book One: Peoples*, *States and Culture before 1800* (Lagos: John West, 1986);

T. O. Odetola, O. Olo-runtimehin, and D. A. Aweda, *Man and Society in Africa: An Introduction to Sociology* (London: Longman, 1983);

Marcellina U. Okehie-Offoha and Matthew N. O. Sa-diku, eds. , *Ethnic and Cultural Diversity in Nigeria* (Trenton, NJ: Africa World Press, 1996);

Kwesi Wiredu, *Philosophy and an African Culture* (Cambridge: Cambridge University Press, 1980).

与文化政策有关的资料可见:

Garba Ashiwaju, ed. , *Africacult: Intergovernmental Conference on Cultural Policies in Africa* (Lagos: Cultural Division, Federal Ministry of Information, 1979).

导言

与尼日利亚历史及其他相关的事实如下:

Toyin Falola, *The History of Nigeria* (Westport, CT: Greenwood, 1999);

Toyin Falola et al. , *The Military Factor in Nigeria* (Lewiston, NY: Edwin Mellen, 1994);

Tom G. Forrest, *Politics and Economic Development in Nigeria* (Boulder, CO: Westview, 1993; rev. ed. , 1995);

A. Kirk-Greene and D. Rimmer, *Nigeria Since 1970: A Political and Economic Outline* (London: Hodder and Stoughton, 1981);

Eghosa E. Osaghae, *Nigeria Since Independence: Crippled Giant* (London: Hurst and Company, 1998);

Stephen Wright, *Nigeria: Struggle for Stability and Status* (Boulder, CO: Westview, 1998).

有关尼日利亚殖民时期的发展历史, 见:

J. F. Ade Ajayi, "The Continuity of African Institutions under Colonialism," in T. Ranger, ed. , *Emerging Themes of African History* (Nairobi: East African Publishing House, 1968), 190 ~ 199;

James S. Coleman, *Nigeria: Background to Nationalism* (Berkeley: University of California Press, 1971).

部分信息虽然已经过时, 但地理方面的信息很可靠:

K. Michael Barbour, Julius S. Oguntoyinbo, J. O. Onyemelukwe, and James C. Nwafor, *Nigeria in Maps* (London: Hodder and Stoughton, 1982).

Jean-Pascal Daloz, *Le Nigeria: Société et politique* (*Bibliographie annotée, réflexions sur l'état d'avancement des connaissances*) (Paris: Institut D'Etudes Politiques, Universite' de Bordeaux 1, 1992).

有关石油工业的信息:

Peter O. Olayiwola, *Petroleum and Structural Change in a Developing Country: The Case of Nigeria* (New York: Praeger, 1987).

宗教和世界观

有关本土信仰和世界观,详见:

Wande Abim-bola, *Ifa Divination Poetry* (New York: Nok Publishers, 1977);

F. A. Arinze, *Sacrifice in Igbo Religion* (Ibadan: Day Star Press, 1970);

Karin Barber, "How Man Makes God in West Africa: Yoruba Attitudes towards the Orisa," *Africa* 51 (1981), 724~745;

Sandra T. Barnes, ed., *Africa's Ogun: Old World and New* (Bloomington: Indiana University Press, 1997);

E. Bolaji Idowu, *African Traditional Religion: A Definition* (New York: Anchor Books, 1973);

M. D. W. Jeffreys, "Witchcraft in the Calabar Province," *African Studies* (Johannesburg) 25: 2 (1966), 95~100;

A. J. H. La-tham, "Witchcraft Accusations and Economic Tensions in Pre-Colonial Old Calabar," *Journal of African History*, 13: 2 (1972), 249~260;

John Mbiti, *Introduction to African Religion* (London: Heinemann Educational Books, 1979);

John Mbiti, *Af-rican Religions and Philosophy* (Garden City, NY: Anchor Books, 1970);

J. C. Messenger，"Ancestor Belief among the Anang: Belief Systems and Cults" in S. Ottenberg, ed., *African Religious Groups and Beliefs* (Meernt, India: Archana Publications for Folklore Institute, 1982)；

M. E. Noah，"African Religion in Old Calabar," *Journal of African Studies* 5: 1 (1978), 3 ~ 8; G. I. Nwaka, "Secret Societies and Colonial Change: A Nigerian Example," *Cahiers d'Etudes Africaines*, 18: 1 ~ 2 (1978), 187 ~ 200；

Victor C. Uchendu, *The Igbo of Southeast Nigeria* (New York: Holt, Rinehart and Winston, 1965)；

G. M. Umezurike et al., eds., *The Igbo Socio-Political System: Papers Presented at the 1985 Ahijoku Lecture Colloquium* (Owerri: Ministry of Information, 1986).

有关少数民族，详见：

E. Amadi, *Ethics in Nigerian Culture* (Ibadan: Heinemann Educational Books, 1982).

人们从各个角度和各类学科对伊斯兰教都进行了研究，以下是较权威的研究著作：

Peter B. Clarke, *West Africa and Islam: A Study of Religious Development from the 8th to the 20th Century* (London: Edward Arnold, 1982)；

Lamin Sanneh, *The Crown and the Turban: Muslims and West African Pluralism* (Boulder, CO: Westview, 1997)；

J. Spencer, *A History of Islam in West Africa* (Oxford: Oxford University Press, 1970).

20 世纪 50 年代以来，有关基督教的研究无论是数量还是质量都有进展，其中有：

J. F. Ade Ajayi, *Christian Missions in Nigeria, 1841 ~ 1891* (London: Longman, 1965)；

E. A. Ayandele, *The Missionary Impact on Modern Nigeria, 1842 ~ 1914* (London: Longman, 1966)；

Felix K. Ekechi, *Missionary Enterprise and Rivalry in Igboland, 1857 ~*

187

1914 （London：Frank Cass，1972）；

C. P. Groves，*The Planting of Christianity in Africa*，*4 vols.* （London：Lutter-worth Press，1954）；

A. J. H. Latham，"Scottish Missionaries and Imperialism at Calabar," *Nigeria Magazine*，132～133（1980），47～55；

O. U. Kalu，*Divided People of God：Church Union Movement in Nigeria*，*1875～1966* （New York：Nok Publishers，1978）；

O. U. Kalu，ed.，*The History of Christianity in West Africa* （London：Longman，1980）；

O. U. Kalu，*Christianity in West Africa：The Nigerian Story* （Ibadan：Day Star Press，1978）；

J. B. Grimley and G. E. Robinson，*Church Growth in Central and Southern Nigeria* （Grand Rapids，MI：William B. Eerdmans，1966）．

有关基督教的本土化，详见：

Rosalind I. J. Hackett，*Religion in Calabar：The Religious Life and History of a Nigerian Town* （Berlin：Mouton De Gruyter，1989）；

J. C. Messenger，"Reinterpretation of Christian and Indigenous Belief in a Nigerian Nativist Church," *American Anthropologist*，62：2（1960），268～278；

J. D. Y. Peel，*Aladura：A Religious Movement among the Yoruba* （London：Oxford University Press，1968）；

J. B. Webster，*The African Churches Among the Yoruba*，*1888～1922* （Oxford：Clarendon Press，1964）．

有关伊斯兰教和基督教发展历史的小结，详见：

Toyin Falola and Biodun Adediran，*Islam and Christianity in West Africa* （Ile-Ife：University of Ife Press，1983）；

N. S. S. Iwe，*Christianity and Culture in Africa* （Onitsha：University Publishing Co.，1975）．

有关宗教运动，详见：

Rosalind I. J. Hackett，ed.，*New Religious Movements in Nigeria*

（Lewiston，NY：Edwin Mellen，1987）．

有关宗教运动和宗教冲突近来发展的研究，详见：

I. M. Enwerem，*A Dangerous Awakening*：*The Politicization of Religion in Nigeria*（Ibadan：IFRA，1995）；

Toyin Falola，*Religious Violence in Nigeria*：*The Crisis of Religious Politics and Secular Ide-ologies*（Rochester，NY：University of Rochester Press，1998）；

Jibrin Ibrahim，"Religion and Political Turbulence in Nigeria," *Journal of Modern African Studies*，29：1（1991），115～137；

Simeon O. Ilesanmi，*Religious Pluralism and the Nigerian State*（Athens：Ohio University Press，1997）；

Matthew Hassan Kukah，*Religion*，*Politics and Power in Northern Nigeria*（Ibadan：Spectrum，1996）；

Mathews Hassan Kukah and Toyin Falola，*Religious Militancy and Self-Assertion*：*Islam and Politics in Nigeria*（London：Avebury，1996）；

Pat Williams and Toyin Falola，*Religious Impact on the Nation State*：*The Nigerian Predicament*（London：Avebury，1995）．

188

文学和媒体

有关本土文学和民间文学的资料很多，其中有：

Uchegbulam N. Abalogu et al.，eds.，*Oral Poetry in Nigeria*（Lagos：Nigeria Magazine，1981）；

Ulli Beier，ed.，*African Poetry*：*An Anthology of Traditional Poems*（Cambridge：Cambridge University Press，1966）；

J. P. Clark，*The Ozidi Saga*（Iba-dan：Ibadan University Press，1977）；

Ruth Finnegan，*Oral Literature in Africa*（Ox-ford：Oxford University Press，1970）；

Graham Furniss，*Poetry*，*Prose*，*and Popular Culture in Hausa*（Washington，DC：Smithsonian Institution Press，1996）；

H. A. S. Johnston，*A Selection of Hausa Stories*（Oxford：Oxford

University Press, 1966）;

Bernth Lindfors, *Folklore in Nigerian Literature*（New York: Africana Publishing Company, 1973）;

Oyekan Owomoyela, *Yoruba Trickster Tales*（Lincoln: University of Nebraska Press, 1997）;

Wole Soyinka, *Myth*, *Literature and the African World*（Cambridge: Cambridge University Press, 1976）.

有关纸媒的信息，详见:

Dayo Duyile, *Makers of Nigerian Press*（Lagos: Gong Publications, 1987）;

Festus Eribo and William Jong-Ebot, *Press Freedom and Communication in Africa*（Trenton, NJ: Africa World Press, 1997）;

Onuora E. Nwuneli, *Mass Communication in Nigeria: A Book of Readings*（Enugu: Fourth Dimension, 1985）;

Chris W. Ogbondah, *Military Regimes and the Press in Nigeria*, *1966 ~ 1993*（Baltimore, MD: United Press of America, 1994）;

Edyinka Orimalade, ed. , *Mass Media and Nigeria's Development*（Kuri, Nigeria: National Institute for Policy and Strategic Studies, 1987）.

有关尼日利亚电视媒体的历史，详见:

Obaro Ikime, ed. , *20th Anniversary History of the WNTV*（Ibadan: Heinemann, 1979）;

V. I. Ma-duka, "The Development of Nigerian Television（1959 ~ 1985）," in Peter P. Ekeh and Garba Ashiwaju, eds. , *Nigeria since Independence: The First 25 years*, *Vol. VII*, *Culture*（Ibadan: Hienemann, 1989）, 107 ~ 138;

Adeyinka Orimalade, ed. , *Mass Media and Nigeria's Development*（Jos: National Institute for Policy and Strategic Studies, 1987）.

有关尼日利亚戏剧和剧场的信息，详见:

Ebun Clark, *Hubert Ogunde: The Making of Nigerian Theatre*（Oxford: Oxford University Press, 1979）;

Ernest Ekom, "The Development of Theatre in Nigeria, 1960 ~ 1967," *Journal of the New African Literature and the Arts*, 11 ~ 12 (1971), 36 ~ 49;

Michael Etherton, *The Development of African Drama* (London: Hutchinson, 1982);

Yemi Ogunbiyi, ed., *Drama and Theatre in Nigeria: A Critical Source Book* (Lagos: Nigeria Magazine, 1981);

Bakary Traore, *The Black African Theatre and Its Social Functions* (Ibadan: Ibadan University Press, 1972);

Biodun Jeyifo, *The Yoruba Popular Travelling Theater of Nigeria* (Lagos: Nigeria Magazine Publications, 1984).

有关尼日利亚文学的卷帙浩繁，此处空间有限。部分著作如下：

Chidi Amuta, *The Theory of African Literature: Implications for Practical Criticism* (London: Zed, 1989);

J. Booth, *Writers and Politics in Nigeria* (London: Hodder and Stoughton, 1981);

Chinweizu et al., *Toward the Decolonization of African Literature* (Enugu: Fourth Dimension, 1980);

Chinweizu, *Invocations and Admonition* (Lagos: Pero Press, 1986);

Katherine Fishburn, *Reading Buchi Emecheta: Cross-Cultural Conversations* (Westport, CT: Greenwood, 1995);

James Gibbs, *Wole Soyinka* (Westport, CT: Greenwood, 1988);

George M. Gugelberger, ed., *Marxism and African Literature* (London: James Currey, 1985);

Eldred Durosimi Jones, *The Writing of Wole Soyinka* (London: Heinemann, 1983);

Bernth Lindfors, *Popular Literatures in Africa* (Trenton, NJ: Africa World Press, 1991);

Bernth Lindfors, *Early Nigerian Literature* (New York: Africana, 1982);

Bernth Lindfors, ed., *Conversations with Chinua Achebe* (Jackson:

189

University Press of Mississippi，1997）；

Bruce King，ed.，*Introduction to Nigerian Literature*（Lagos：University of Lagos Press，1971）；

Obi Maduakor，*Wole Soyinka：An Introduction to His Writing*（New York：Garland，1987）；

Adewale Maja-Pearce，*A Mask Dancing：Nigerian Novelists of the Eighties*（London：Hans Zell，1992）；

Adewale Maja-Pearce，ed.，*Wole Soyinka：An Appraisal*（Oxford：Heinemann，1994）；

Craig W. McLuckie，*Nigerian Civil War Literature*（Lewiston，NY：Edwin Mellen，1990）；

Benedict Chiaka Njoku，*The Four Novels of Chinua Achebe*（New York：Peter Lang，1984）；

Donatus Ibe Nwoga，ed.，*Critical Perspectives on Christopher Okigbo*（Washington，DC：Three Continents Press，1984）；

Chikwenye Okonjo Ogunyemi，*Africa Woman Palava：The Nigerian Novel by Women*（Chicago：University of Chicago Press，1996）；

Raisa Simola，*World Views in Chinua Achebe's Works*（New York：Peter Lang，1995）；

W. H. Whiteley，*A Selection of African Prose*，*2 vols.*（Oxford：Oxford University Press，1964）；

有关尼日利亚文学的小结，详见：

Yemi Ogunbiyi，ed.，*Perspectives on Nigerian Literature*，*2 vols.*（Lagos：Guardian Publishers，1988）．

艺术和建筑／民居

有关尼日利亚艺术各方面的学术研究众多，例如：

Rowland Abiodun，Henry J. Drewal，and John Pemberton，*The Yoruba Artist：New Theoretical Perspectives on African Arts*（Washington，DC：Smithsonian Institution Press，1994）；

C. O. Adepegba, *Yoruba Metal Sculpture* (Ibadan: Ibadan University Press, 1991);

C. O. Adepegba, *Nigerian Art: Its Tradition and Modern Tendencies* (Ibadan: Jodad, 1995);

Paula Girshick BenAmos, *The Art of Benin* (Washington, DC: Smithsonian Institution Press, 1995);

Philip J. C. Dark, *An Introduction to Benin Art and Technology* (London: Oxford University Press, 1973);

Simon Ottenberg, *New Traditions from Nigeria: Seven Artists of the Nsukka Group* (Washington, DC: Smithsonian Institution Press, 1997);

Thurstan Shaw, *Nigeria: Its Archaeology and Early History* (London: Thames and Hudson, 1978);

Frank Willett, *African Art* (New York: Thames and Hudson, 1993); and Kate Ezra, *Royal Art of Benin* (New York: Harry Abrams, 1967).

190

有关宗教对艺术的影响, 见:

J. A. Adedeji, "The Church and the Emergence of the Nigerian Theatre, 1866 ~ 1914," Part 1, *Journal of the Historical Society of Nigeria*, 6: 1 (December, 1971), 25 ~ 46; Part 2, 6: 4, (June, 1973), 387 ~ 396.

有关住房类型见:

J. W. Leiber, *Efik and Ibibio Villages* (Ibadan: Institute of Education, University of Ibadan, Occasional Publication, 13, 1971).

有关建筑, 见:

Claude Daniel Ardouin, *Museums and Archaeology in West Africa* (Washington, DC: Smithsonian Institution Press, 1997);

Labelle Prussin, *African Nomadic Architecture: Space, Place, and Gender* (Washington, DC: Smithsonian Institution Press, 1997).

饮食和传统服饰

有关尼日利亚美食的资料有:

Nancy Braganti and Elizabeth Devine, *Travelers' Guide to African Customs and Manners* （New York： St. Martin's Griffin， 1995）；

Heidi Cusick， *Soul and Spice： African Cooking in the Americas* （San Francisco： Chronicle Books， 1995）；

Dorinda Hafner， *A Taste of Africa* （San Francisco： Ten Speed Press， 1993）；

Bertha Montgomery and Constance Nabwire， *Cooking the African Way* （New York： Lerner Publishing， 1988）；

Dokpe Ogun-sanya， *My Cooking： West African Cookbook* （Austin， TX： Duspy Enterprises， 1998）．

有关食物和农作物的化学性质和营养价值，详见：

V. A. Oyenuga， *Nigeria's Foods and Feeding-Stuffs* （Ibadan： Ibadan University Press， 1968）．

有关农作物的历史和饮食习惯的变化，详见：

Eno Blankson Ikpe， *Food and Society in Nigeria： A History of Food Customs， Food Economy and Cultural Change， 1900 ~ 1960* （Stutt-gart： Steiner， 1994）．

有关尼日利亚的服装、布品和身体装饰的资料有：

Susan B. Aradeon， *Traditional African Dress and Textiles* （Catalogue of the Ex-hibition of West African Dress and Textiles， at The Museum of African Art， Wash-ington DC， April-September， 1975）；

Eve de Negri， *Nigerian Body Adornment* （Lagos： Nigeria Magazine， 1976）； and T. A. Ogunwale， "Traditional Hairdressing in Nigeria," *African Arts*， 3 （Spring， 1972） 44 ~ 45.

婚姻、家庭和性别角色

有关女性和政策，三大有价值的研究是：

J. A. A. Ayoade， Elone J. Nwabuzor， and Adesina Sambo， eds.， *Women and Politics in Nigeria* （Lagos：Malt-house， 1992）；

E. Nina Mba， *Nigerian Women Mobilized* （Berkeley：Institute of In-ternational Studies， University of California， 1982）；

Women in Nigeria（WIN）, *Women in Nigeria Today*（London：Zed, 1985）.

教育和城市化对女性的影响，相关讨论见：

K. Little, *African Women in Towns*（Cambridge：Cambridge University Press, 1973）.

有关不同文化的婚姻类型的资料，见：

Josephine N. C. Agbamuche, *Customary Marriage in Akwukwu-Igbo*（Lagos：Unicom Enterprises, 1981）；

J. C. Cotton, "The Calabar Marriage Law and Custom," *Journal of the Royal Anthropological Society*, 4：15～16（1905）, 302～306；

Jerry Nickson, *The Nigerian Family*（New York：Hanville, 1985）；

Vincent B. Khapoya, *The African Experience：An Introduction*（Englewood Cliffs, NJ：Prentice-Hall, 1994）.

有关氏族、家庭和婚姻的资料，见：

B. J. Callaway, *Muslim Hausa Women in Nigeria：Tradition and Change*（Syracuse, NY：Syracuse University Press, 1987）；

C. Cole and B. Mack, eds., *Hausa Women in the Twentieth Century*（Madison：University of Wisconsin Press, 1991）；

Mary Douglas and Phyllis M. Kaberry, eds., *Man in Africa*（New York：Anchor Books, 1971）；

James L. Gibbs Jr., ed., *Peoples of Africa*（New York：Holt, Rinehart and Winston, 1965）；

Diane Kayongo-Male and Philista Onyango, *The Sociology of the African Family*（New York：Longman, 1984）；

Jacques Maquet, *Africanity：The Cultural Unity of Black Africa*（New York：Oxford University Press, 1972）；

A. R. Radcliffe-Brown and Daryll Forde, eds., *African Systems of Kinship and Marriage*（New York：Oxford University Press, 1965）.

有关宗教婚礼的彩礼和现代生活方式，见：

S. T. Akande, *Marriage and Home Making in Nigerian Society*（Ibadan：

191

Day Star Press, 1971);

F. A. Arinze, *The Christian and Chastity in Living in Our Faith* (Onitsha: Tabaisi Press, 1983);

B. Kisembo, L. Magesa, and A. Shorter, *African Christian Marriage* (New York: Macmillan, 1977);

John Osom, *Moral Implication of High Bride-Price in Nigeria: Annang Case Survey* (Rome: Pontificia Uni-versitas Lateranensis, 1989).

其他与性别角色有关的资料，见：

Nancy J. Hafkin and Edna Bay, eds., *Women in Africa* (Stanford, CA: Stanford University Press, 1976);

Onaiwu W. Ogbomo, *When Men and Women Mattered: A History of Gender Relations among the Owan of Nigeria* (Rochester, NY: University of Roch-ester Press, 1997).

社会习俗和生活方式

详见：

Ramatu Abdullahi, *Self-Concept and Cultural Change among the Hausa* (Iba-dan: Ibadan University Press, 1986);

Angela Fisher, *Africa Adorned* (London: Collins, 1984);

Julian H. Steward, ed., *Contemporary Change in Traditional Societies* (Urbana: University of Illinois Press, 1967).

有关电影业发展的成果：

Manthia Diawara, *African Cinema: Politics and Culture* (Indianapolis: In-diana University Press, 1992);

Hyginus Ekwuasi, *Film in Nigeria* (Ibadan: Moon-light, 1987);

Francoise Ptaff, *Twenty-Five Black African Filmmakers* (Wesport, CT: Greenwood, 1988);

David Robinson, *The History of World Cinema* (New York: Stein and Day Publishers, 1981);

Dina Sherzer, *Cinema, Colonialism, Postcolonialism* (Aus-tin:

University of Texas Press，1996）；

　　Kristin Thompson and David Bordwell，*Film History：An Introduction*
（New York：McGraw-Hill，1994）．

　　有关城市化、工业化和经济变化的成果，见：

　　Godwin Ukandi Damachi，*Nigerian Modernization*（New York：The
Third Press，1972）；

　　Poju Onibokun，*Urban Housing in Nigeria*（Ibadan：Nigerian Institute of
Social and Economic Research，1990）；

　　Margaret Peil，*Lagos：The City Is the People*（Boston：G. K. Hall，1991）；

　　David R. Smock，*Cultural and Political Aspects of Rural Transformation*
（New York：Praeger，1972）．

音乐和舞蹈

　　简要介绍非洲现代音乐和舞蹈的资料，见：

　　Wolfgang Bender，*Sweet Mother：Modern African Music*（Chicago：
University of Chicago Press，1991）；

　　Billy Bergman，*Goodtime：Emerging African Pop*（New York：Quill，
1985）；

　　John Mill Chernoff，*African Rhythm and African Sensibility*（Chicago：
Chicago Uni-versity Press，1979）；

　　John Collins，*African Pop Roots*（London：Foulshams Publications，
1985）；

　　Ronnie Graham，*Stern's Guide to Contemporary African Music*（London：
Off the Record Press，1965）；

　　A. M. Jones，*Studies in African Music*（Oxford：Oxford University Press，
1959）；

　　John Storm Roberts，*Black Music of Two Worlds*（New York：William
Morrow，1974）．

　　有关出版作品有：

　　L. J. P. Gaskin，*Selected Bibliography of Music in Africa*（London：

African Bibliographical Series B，1965）．

有关吉剧音乐，见：

Christopher Alan Waterman，*Juju：A Social History and Ethnography of an African Popular Music*（Chicago：Uni-versity of Chicago Press，1990）．

有关菲拉的资料，见：

Carlos Moore，*Fela Fela：This Bitch of a Life*（London：Allison and Busby，1982）．

其他重要的引用资料：

Roger D. Abrahams，*African Folktales*（New York：Pantheon Books，1983）；

S. Akpabot，*Ibibio Music in Nigerian Culture*（East Lansing：Michigan State University Press，1975）；

E. J. Alagoa，"Ijo Drum Lore，" *African Notes*，6：26（1971），63～71；

S. Bedford，*Yoruba Girl Dancing*（London：Heinemann，1974）；

R. E. Egudu，"Igodo and Ozo Festival Songs and Poems，" *Conch*，3：2（1971），76～78；

A. Euba，"An Introduction to Music in Nigeria，" *Nigeria Music Review*，1（1977），1～38；

Charles Kell，*Tiv Song*（Chicago：University of Chicago Press，1970）；

P. Klaus Wachsman，*Music and History in Africa*（Evanston，IL：Northwestern University Press，1971）；

Roderic Knight and Kenneth Bilby，"Music in Africa and the Caribbean，" in Mario Azevedo，ed. ，*Africana Studies：A Survey of Africa and the African Diaspora*（Durham，NC：Carolina Academic Press，1993），243～276；

M. Laurence，*Long Drums and Cannons：Nigerian Dramatists and Novelists，1952～1966*（London：Macmillan，1968）；

Oyin Ogunba，"The Poetic Content and Form of Yoruba Occasional Festival Songs，" *African Notes：Bulletin of the Institute of African Studies*（Ibadan），6：2（1971），10～30．

索引

（索引所标页码为原书页码，见正文页边。）

194

195

197

200

202

202B202B

202B202B

202B202B

202B202B

202B202B

202B202B

202B202B

202B202B

202B202B

202B202B

202B202B

202B202B

202B202B

关于作者

托因·法罗拉是德克萨斯大学奥斯汀分校法兰西·希金博特姆·诺尔历史系荣誉教授。他写了许多有关尼日利亚的著作，其中包括《尼日利亚历史》（格林伍德，1999）。

202B202B

202B202B

202B202B

202B202B

202B202B

202B202B

202B202B

202B202B

202B202B

202B202B

202B202B

202B202B

202B202B

202B202B